DIANE EICHENBAUM

SIGNOS DA ALMA

Utilize o poder do seu signo solar para superar
bloqueios e aumentar potencialidades

Tradução de
ANGELA MACHADO

2ª EDIÇÃO

NOVA ERA

CIP-Brasil. Catalogação-na-fonte
Sindicato Nacional dos Editores de Livros, RJ.

E33s
2ª ed.
Eichenbaum, Diane
Signos da alma: utilize o poder do seu signo solar para superar bloqueios e aumentar potencialidades / Diane Eichenbaum; tradução de Angela Machado. – 2ª ed. – Rio de Janeiro: Nova Era, 2006.

Tradução de: Soul Signs
Inclui bibliografia
ISBN 85-7701-208-5

1. Astrologia. I. Título.

02-1662

CDD – 133.5
CDU – 133.52

Título original norte-americano
SOUL SIGNS

Copyright © 1998 Diane Eichenbaum
Copyright da tradução © 2002 Distribuidora Record de Serviços de Imprensa S.A.
Publicado mediante acordo com Simon & Schuster, Inc.

Todos os direitos reservados. Proibida a reprodução, no todo ou em parte, sem autorização prévia por escrito da editora, sejam quais forem os meios empregados, com exceção das resenhas literárias, que podem reproduzir algumas passagens do livro, desde que citada a fonte.

Direitos exclusivos de publicação em língua portuguesa para o Brasil adquiridos pela EDITORA NOVA ERA um selo da EDITORA BEST SELLER LTDA.
Rua Argentina 171 – Rio de Janeiro, RJ – 20921-380 – Tel.: 2585-2000
que se reserva a propriedade literária desta tradução

Impresso no Brasil

ISBN 85-7701-208-5

PEDIDOS PELO REEMBOLSO POSTAL
Caixa Postal 23.052
Rio de Janeiro, RJ – 20922-970

EDITORA AFILIADA

Signos da alma é dedicado
ao trabalho curador da astrologia
e a todas as pessoas que a amam e a utilizam.

Sumário

Agradecimentos 11

Introdução 13

Parte I *A Evolução da Astrologia* 19

Parte II O *Signo Solar: Uma Impressão Digital da Alma* 39
O *Poder da Sua Alma e o Bloqueio do Seu Ego* 49
O *Seu Caminho da Transformação* 65

Parte III O *Que o Seu Signo Solar Revela* 81

Áries 89
Poder da Alma: Coragem, Instigação
Bloqueio do Ego: Autogratificação
Caminho da Transformação: Consideração

8 Signos da Alma

Touro 105
Poder da Alma: Realização
Bloqueio do Ego: Auto-indulgência
Caminho da Transformação: Avaliação

Gêmeos 119
Poder da Alma: Inspiração
Bloqueio do Ego: Dispersão, Influenciável
Caminho da Transformação: Comunicação Autêntica

Câncer 135
Poder da Alma: Criação
Bloqueio do Ego: Sensibilidade, Manipulação
Caminho da Transformação: Relacionamentos Familiares

Leão 155
Poder da Alma: Generosidade de Espírito, Amor
Bloqueio do Ego: Auto-absorção, Otimismo Excessivo
Caminho da Transformação: Jogos de Poder

Virgem 173
Poder da Alma: Produtividade, Discriminação
Bloqueio do Ego: Negatividade
Caminho da Transformação: Serviço

Libra 191
Poder da Alma: Conhecimento, Consciência
Bloqueio do Ego: Perfeccionismo absoluto, Negação
Caminho da Transformação: Relacionamentos
    Pessoais, União

Sumário 9

Escorpião 213
Poder da Alma: Transformação
Bloqueio do Ego: Domínio, Isolamento
Caminho da Transformação: Entrega

Sagitário 233
Poder da Alma: Visão, Aspiração
Bloqueio do Ego: Pensamento de Desejo, Extravagância
Caminho da Transformação: Espiritualidade

Capricórnio 257
Poder da Alma: Contribuição, Organização
Bloqueio do Ego: Superação, Preocupação
Caminho da Transformação: Responsabilidade

Aquário 279
Poder da Alma: Originalidade, Humanitarismo
Bloqueio do Ego: Rebeldia, Silêncio
Caminho da Transformação: Intimidade

Peixes 299
Poder da Alma: Imaginação, Compaixão
Bloqueio do Ego: Escapismo, Auto-engano
Caminho da Transformação: Ilusão, Transcendência

Parte IV *O Signo Solar e o Seu Oposto* 321

Áries e Libra 337
Ação Responsável

10 Signos da Alma

Touro e Escorpião   341
Valores Transformados

Gêmeos e Sagitário   345
Visões Inspiradas

Câncer e Capricórnio   349
Orientação na Criação

Leão e Aquário   353
Doação Inovadora

Virgem e Peixes   357
Serviço Desinteressado

Bibliografia   361

Agradecimentos

Gostaria de expressar minha gratidão às minhas filhas Terry e Elizabeth por me apoiarem nesta grande aventura de escrever o meu primeiro livro, por me ouvirem cada vez que telefonava para ler uma página e avaliar o que pensavam. Obrigada pela disponibilidade.

Signos da alma não teria existido sem o encorajamento de Jan Miller, meu agente literário e bom amigo, e sem a gentileza e o apoio do meu editor, Sydny Miner.

Este livro é um milagre. Aconteceu somente com o apoio de amigos maravilhosos que passaram horas lendo e fazendo críticas: minha irmã, Bobbye Butler, que sabia que eu conseguiria; Jill Ungerman, pela generosidade de espírito e pelo seu conhecimento, ensinando-me o equivalente a um curso universitário da arte de escrever, e Hattie Wiener, que me precedeu ao escrever o seu primeiro livro, *Retro-Age*, e que me ajudou com sugestões.

Obrigada aos meus amigos que dedicaram tanto do seu tempo e talento: a DeLois Faulkner, que me deixou escrever

12 Signos da Alma

em sua bela casa em Santa Barbara; a Dawn Gaskill, Connie, Simmons, Ann Satterfield, Colette McAlister, Kay Lee, Martha Burton, M'Layne Murphy, Connie Hetzel, Arlene Johnson, Beverley Wilson, Linda Stasi, Jackie Eckles, Beverly Bledsoe, John e Beverly Sterry, Karen Gresham, Harl e Jimmy Asaff e Bobbye Hall, todos por me emprestarem seus ouvidos e olhos, e me incentivarem.

Agradeço a Denise DeBaum, que leu o livro do princípio ao fim e no final exclamou: "Você o escreveu sozinha?" Quero agradecer também aos meus clientes de todos esses anos por me permitirem partilhar de suas vidas e constatar a astrologia funcionando.

Acima de tudo, devo muito à astrologia por ser um assunto tão fascinante e que nunca considerei enfadonho, nem por um minuto sequer, nesses vinte e cinco anos.

Introdução

Aqui estamos nós em pleno século XXI, uma época em que a tecnologia e a ciência realmente atingiram as estrelas. Assuntos antes misteriosos são agora explicáveis. Até mesmo olhar para o espaço não é mais o que foi antes. Sabemos o que se encontra lá. Será que sabemos? Fomos informados pelos astrônomos que existem bilhões de estrelas e de constelações além do que já pensávamos. O que virá a seguir?

Onde está a excitação? Onde está a maravilha? Perdemos algo ao esquecermos a maneira antiga de aceitar o novo? Trocamos a conversa na praça após o jantar pelo bate-papo na Internet? Trocamos as perguntas pelas respostas, que permanecem insuficientes?

Acredito que estejamos todos procurando por algo — qualquer coisa — que nos trará uma informação significativa sobre nós mesmos e o universo no qual vivemos. Podemos calcular como chegar a Marte, mas continuamos a não saber por que ele está ali e o que representa para nós.

14 Signos da Alma

Podemos conhecer mais sobre o mundo e os céus do que os nossos ancestrais, mas trocar as perguntas pela tecnologia não nos impediu de fazer as mesmas perguntas antigas. Ainda queremos saber como tornar as nossas vidas mais expressivas em termos de amor, sucesso, felicidade e a simples paz mental.

Ironicamente, todos os avanços na tecnologia nos conduziram de volta ao mesmo lugar dos nossos ancestrais — as estrelas. Sentimo-nos perdidos e lutamos para entrar em contato com outros humanos, conosco e, principalmente, com as nossas naturezas espirituais. Durante o século XX, muitos de nós tentamos isso recorrendo a psiquiatras, à metafísica e até às drogas e ao álcool.

Não sou uma exceção. Antes de começar a estudar astrologia, em 1972, como vários outros pensava que era apenas algo divertido e nunca um estudo que poderia ser levado a sério, porque não tinha uma base científica.

Então, um dia, a minha opinião mudou. Enquanto conversava com uma mulher numa festa, fiquei surpresa de ver como ela parecia um leão, com um tipo de cabelo e um nariz largo que todos os membros da família dos felinos possuem. Casualmente perguntei qual era o seu signo e ela respondeu que era de Leão. Surpresa, perguntei-me se a astrologia teria realmente alguma validade. Haveria um princípio ou uma lei universal que nos afetava a todos e que eu estava menosprezando? A pergunta me levou a uma busca que durou 25 anos.

A astrologia, como sabem, não é nova. Não é nem *velha*. É antiga! Antes da época dos gregos, somente a realeza tinha acesso ao conhecimento e à sabedoria dos céus. Atualmente quem não sabe qual é o seu signo solar? Vocês podem dizer com honestidade que passam por cima da coluna do horósco-

Introdução 15

po do seu jornal todos os dias? Muito poucas pessoas conseguem isso. Todos queremos saber o que o futuro nos reserva.

Quando a astrologia é utilizada somente como entretenimento ou para se prever o futuro, seu significado mais profundo como um sistema holístico integrado de pensamento é com freqüência desprezado.

A informação astrológica que está prontamente disponível em livros e colunas é sincera, mas algumas vezes deve ser encarada com restrições. A humanidade não pode ser dividida resumidamente em 12 grupos convenientes, com personalidades e destinos completamente idênticos. Não somos como bonecas Barbie astrológicas.

O Sol é a primeira coisa que um astrólogo procura ao fazer a leitura de um mapa. Como ele descreve um círculo completo através das constelações, exerce uma impressão bastante poderosa sobre as pessoas nascidas em cada signo solar. Combinando-se com o ascendente, que é encontrado considerando-se a hora do nascimento e a posição da Lua naquele dia, obtêm-se vários dados essenciais para uma interpretação astrológica.

A astrologia é uma maneira simples de compreender a natureza de um outro ser humano. O comportamento estranho de alguém que lhe é muito querido — seja um amor, a esposa, filho, pai ou amigo — pode muitas vezes ser explicado por meio de alguma compreensão sobre o seu signo solar. Todos nós agimos sob as influências invisíveis de nosso próprio signo, mesmo que não o saibamos.

Acreditem-me, vocês não precisam ser astrólogos para compreender aspectos do seu próprio caráter ou do caráter dos que lhe são mais chegados. Por exemplo, uma geminiana aprende a ser paciente com a mente abstrata do seu marido

16 Signos da Alma

aquariano. Ele não está interessado nos pequenos detalhes que ela ama tanto. Num bom relacionamento, isto funciona e — sim — eles aprendem a fazer concessões. A compatibilidade — física, emocional e astrológica — é tecida junta. Quando puxamos um fio, tudo começa a desenrolar.

As Evoluções Humanas

O seu signo solar não é tanto quem você é, mas o que você está se tornando. Quando evoluímos e desenvolvemos a consciência, surge uma oportunidade de expressarmos o poder da alma do seu signo solar.

É interessante o fato de a palavra alma (em inglês *soul*) derivar da palavra sol (em inglês *sun*). O poder é a força de vida pura para a qual você está naturalmente habilitado. O *poder da alma* indica uma fonte de autoridade e influência divinas e também de validade mental e moral. Cada signo solar possui uma parte separada desta informação.

A antiga mensagem codificada nos signos é a promessa de Deus da esperança de um direcionamento significativo em nossas vidas. A mensagem inequívoca das estrelas é a liberdade de adotar o nosso poder de alma num caminho evolucionário através da eternidade.

Combinada com outros métodos de auto-avaliação, o estudo da astrologia dotou-me de uma visão totalmente diferente para resolver os problemas em minha vida. Compreendi que o poder do meu signo solar era exclusivamente meu — a mim encaminhado no nascimento para meu próprio benefício e para ser utilizado durante esta vida. Não poderá ser retirado de mim.

Não precisei buscá-lo fora de mim. Já o tenho. À medida que aprendi a reconhecer e a aceitar o meu poder com confiança, pude receber melhor o que vem da minha alma. Esta revelação expandiu o meu pensamento e me permitiu levar uma vida mais plena.

Esta mensagem, revelada durante uma meditação, era muito simples: me foi dito pela minha voz interior que aceitasse a minha vida como uma oportunidade para crescer conscientemente, aguardando cada dia vigilante e com esperança. (Descobri que, em geral, as mensagens da alma são rápidas e muito claras. Não espere uma grande câmara de eco e música diferente quando a sua alma estiver falando com você. A vida não é como um filme da década de 1940.)

Como pude constatar, um terço das pessoas no mundo está ativamente interessado nos signos solares, enquanto outro terço nem ao menos se preocupa com essa informação. Resta um terceiro terço potencialmente aberto esperando respostas.

O signo solar é o símbolo da sua identidade pessoal nesta vida. É tão individual quanto a sua impressão digital. Na verdade, pense nele como a impressão digital da sua alma.

Parte I

A Evolução da Astrologia

Antigos Astrólogos

Muitas vezes tenho me perguntado se os sistemas astrológicos rudimentares praticados no antigo Egito, na Babilônia, na Suméria e na China foram baseados numa superstição infantil ou num sistema de informação evoluído de um tempo anterior não registrado e que está perdido para nós atualmente. Parece não haver resposta. *Sabemos* que na Antiguidade a astrologia e a astronomia receberam um peso científico igual.

Alguns dizem que Toth/Hermes, o antigo sacerdote com cabeça de íbis, levou a astrologia da Atlântida para o Egito. Ele foi reverenciado como o mensageiro dos deuses, e diz-se que escreveu 42 livros de aprendizado sagrado, entre os quais quatro versavam sobre astrologia. Esses livros foram destruídos duas vezes em Alexandria, primeiro pelos romanos e depois pelos cristãos. Independentemente da maneira como é apresentada, a sabedoria hermética que atravessou as eras signifi-

22 Signos da Alma

ca a mestria pela regeneração do corpo, a iluminação da mente e a transmutação das emoções.

A astrologia é uma das heranças mais antigas e preciosas. Na Mesopotâmia e no Egito, o sinal escrito para representar Deus era uma estrela. Do alto dos zigurates babilônios os sacerdotes-astrólogos observavam as estrelas e registravam as suas descobertas em pequenas tábuas de argila. Na Grã-Bretanha grandes astrônomos-matemáticos construíram Stonehenge e outros monumentos de pedra para traçar os movimentos celestes. Os primeiros maias, cuja cultura dominou a Península de Iucatán no México desde 3113 a.C. até a chegada dos espanhóis no século V da nossa era, observavam os corpos celestes do alto das suas pirâmides, e desenvolveram um mapa astrológico circular com símbolos de animais.

Uma das referências mais conhecidas da astrologia encontra-se no Novo Testamento. O Evangelho de Mateus fala de três magos (sacerdotes-astrólogos eruditos) que seguiram uma grande estrela para encontrar o Jesus recém-nascido. Sacerdotes e astrônomos na Antiguidade aprendiam a astrologia e prediziam eventos a partir da disposição das estrelas. Suas práticas religiosas eram centradas em torno dos movimentos solar e lunar, e a maioria dos seus templos foi construída segundo esses ensinamentos. A palavra *magus* significa "mestre". Os astrólogos de hoje acham que os três magos sabiam da conjunção de Júpiter, Saturno e Vênus daquela noite, facilmente vista a olho nu e tão próximos entre si que pareciam uma única estrela enorme no céu noturno. Interpretaram o seu significado como a reencarnação de uma grande alma, e chegaram com presentes para honrar a criança.

Atualmente muitas pessoas no hemisfério ocidental não estão familiarizadas com a filosofia oriental da reencarnação,

A Evolução da Astrologia

o renascimento da alma num novo corpo por várias vidas. Segundo esta crença, renascemos pela graça de Deus e recebemos muitas oportunidades para superar a ignorância e a confusão que nos aprisionaram em outras vidas. Isto é chamado de automestria.

Certos seres, após viverem várias vidas, atingem um estado evoluído de consciência e voltam à Terra para ajudar os outros. No século VI, o Conselho de Nicéia em Constantinopla baniu a teoria da reencarnação, por isso esta antiga e importante tradição foi perdida no Ocidente. Existem várias teorias sobre o motivo pelo qual ela foi retirada do dogma da Igreja, sendo interessante notar que o conceito da reencarnação estava vivo na época dos primeiros discípulos cristãos.

Na Ásia, não é incomum ouvir sobre grandes seres — pessoas avançadas nos estudos espirituais — que visitam uma grande alma no seu nascimento. Havia uma estrela no nascimento de Krishna, e ele foi visitado pelos Grandes Sábios. Quando o último Dalai Lama faleceu, três lamas, ou monges tibetanos, um dos quais era astrólogo, seguiram determinados sinais e presságios que finalmente revelaram a eles a identidade do novo Dalai Lama reencarnado.

As origens da astrologia estão perdidas na pré-história. Parece até que chegou ao mundo totalmente completa. Existem diferenças de cultura para cultura, mas elas são parecidas. Pode ter chegado até nós vinda de uma antiga era chamada pelos egípcios de Primeiro Tempo. Foi quando os grandes seres ou sábios andavam na Terra e ensinavam as pessoas como viver no seu reino do tempo, o eterno presente. Talvez a astrologia fosse parte dos ensinamentos destes seres divinos. Ela foi trazida para o Ocidente quando Alexandre, o Grande, conquistou a Suméria e a Caldéia em 280 a.C. Os astrônomos de

24 Signos da Alma

Alexandria descobriram um número enorme de antigas tábuas de argila que ainda estamos interpretando até hoje. As proezas militares de Alexandre deram origem a uma civilização parte grega, parte asiática. Ele sempre tinha yogues hindus na sua comitiva, como também vários astrólogos. Diz-se que o sistema hindu de astrologia tem pelo menos cinco mil anos de existência.

Os caldeus registraram os eclipses solares e lunares e os movimentos dos planetas dos tempos antigos — por "quatro mil anos", segundo a sua tradição. Sua capacidade de traçar os movimentos dos astros excede em muito a sua compreensão científica. Foram os gregos que aprimoraram os movimentos diários dos planetas com os cálculos dos seus próprios especialistas, e adicionaram o seu panorama místico de deuses (que tinham tomado "emprestado" dos egípcios) para criar os mapas que temos atualmente. A mitologia é provavelmente baseada nas vidas de pessoas importantes da época pré-diluviana. Se o nosso mundo for tragado por alguma catástrofe, as pessoas do futuro chamarão Vênus de Madonna e Marte de Sylvester Stalone? Podemos somente conjecturar.

Os caldeus montavam os mapas somente para o rei ou quando ocorriam eventos importantes. Os gregos viam qualquer razão como um motivo para traçar o mapa de nascimento das pessoas (muito democrático!). Até hoje, a astrologia é principalmente lunar no Oriente e solar no Ocidente. Um mapa lunar baseia-se na posição da Lua no momento do nascimento, enquanto o mapa solar é derivado da posição do Sol. Novamente esta diferença surgiu com os gregos que, talvez influenciados por Alexandre e pelas suas estadas no Egito onde o deus Sol era proeminente, viam o símbolo individualista e dinâmico do Sol como o corpo vivo.

A Evolução da Astrologia

Bagdá, o maior centro de ensino na Idade Média, ligou os sacerdotes-astrólogos na Índia, China, Babilônia e Pérsia com os estudiosos da Espanha, Itália e Grécia, preservando os ensinamentos dos antigos caldeus e gregos. Esta confluência de conhecimento criou uma rica herança de verdades espirituais, filosóficas e intelectuais que vemos até hoje.

Várias pessoas famosas lançaram mão da astrologia. Na antiga Pérsia, Zoroastro, um sacerdote que viveu 258 antes da conquista de Alexandre, o Grande, tornou-se conhecido pela sua prática da astrologia. Reformador e profeta, criou uma religião que influenciou o judaísmo, o cristianismo e o islamismo. Na China, os imperadores eram escolhidos em virtude do seu conhecimento astrológico. Na Grécia, a astrologia floresceu na época principal da sua cultura e de seu poder, um período que muito influenciou a nossa cultura atual.

Os astrólogos dos tempos antigos eram grandes matemáticos e astrônomos. A maioria deles era também ocultista ou alquimista, e se beneficiou de manuscritos que foram destruídos ou que simplesmente desapareceram. Tragicamente grande parte do seu conhecimento nunca chegou a ser registrada e foi perdida.

Grandes pensadores como Pitágoras, Platão e Aristóteles utilizaram os princípios astrológicos em suas filosofias. Pitágoras criou uma tradição intelectual de sabedoria mística que influenciou profundamente o desenvolvimento da filosofia grega clássica e o pensamento europeu medieval. Ele estava particularmente interessado na influência da astrologia e dos números em todos os empreendimentos humanos. Copérnico reconheceu os conceitos pitagóricos em sua hipótese de que a Terra e outros planetas percorriam órbitas em torno do Sol.

26 Signos da Alma

O filósofo Platão, que viveu na Grécia em torno de 360 a.C., viu o universo como uma esfera celeste composta de uma única substância, uma mistura de Igualdade e Diferença com Existência. Hipócrates, contemporâneo de Platão e tradicionalmente tido como o pai da medicina, declarou que um médico que não usasse a astrologia para auxiliá-lo no diagnóstico e na prescrição dos medicamentos merecia ser chamado de tolo! Aristóteles, influenciado por Platão, adicionou a causa e o efeito, uma abordagem mais racional aos ciclos celestes. Tais idéias formaram a base da astrologia até a psicologia assumir o posto no século XX.

Na época medieval, os textos científicos árabes e os manuscritos gregos foram traduzidos para o latim; entre eles havia livros de astrologia dos tempos antigos. O poeta do Renascimento, Dante, autor de *A divina comédia*, creditou a sua eloqüência ao seu signo solar, Gêmeos. Dois séculos depois, Nostradamus, médico e astrólogo de três reis franceses, escreveu previsões para o futuro disfarçadas em versos que até hoje ainda não foram desvendadas. Suas projeções baseavam-se nos movimentos dos planetas e nas visões que tinha nas chamas de um pote. John Dee, astrólogo da Rainha Elizabeth I, determinou o dia da sua coroação segundo o alinhamento das estrelas. Seu poderoso reinado de 44 anos provou a excelência de Dee na escolha da data propícia.

Outros astrólogos na Europa foram membros de sociedades secretas: os Maçons, os Cavaleiros Templários, os Rosa-cruzes e a Sociedade da Aurora Dourada. Os primeiros estadistas americanos que escreveram a Constituição e a Carta dos Direitos foram também membros de sociedades secretas.

Pessoas de prestígio ou de poder sempre procuraram ajuda nas estrelas, embora com freqüência preferissem não tor-

A Evolução da Astrologia

nar pública esta informação. A realeza, chefes do governo, clérigos e presidentes dos Estados Unidos tiveram muitas vezes seus próprios astrólogos pessoais, embora a profissão tenha as suas desvantagens e a probabilidade de cair em desgraça. Uma antiga tábua de argila da Mesopotâmia fala de um eminente astrólogo do rei que falhou ao predizer um eclipse e que foi enviado para fazer tijolos sob o sol escaldante. Hitler teve vários astrólogos. Quando não gostava das suas previsões, matava-os.

O astrólogo de Napoleão era um monge chamado LeClerc. Imaginamos se LeClerc contou a ele toda a história. Talvez Napoleão, sendo leonino e excessivamente positivo, ouviu somente aquilo que queria — um traço típico do Leão!

Embora a Igreja Católica tenha desacreditado da astrologia, os papas tinham astrólogos à sua disposição e o Vaticano ainda possui a maior coleção de livros sobre a astrologia do mundo.

Após a Renascença, a astrologia não foi levada muito a sério até o final do século XIX e início do XX. Albert Einstein era interessado na metafísica. Carl Jung, um psiquiatra suíço, baseou a sua teoria dos tipos de personalidade no conhecimento que obteve das antigas artes metafísicas. Um astrólogo fazia o mapa de todos os seus pacientes, que ele usava para obter uma visão preliminar da natureza básica deles antes de iniciar o tratamento. Até hoje, com as nossas conquistas extraordinárias na ciência, a astrologia está sendo reconhecida como uma ferramenta insubstituível para o autoconhecimento e o crescimento pessoal.

Ao entrarmos num novo século, estamos a ponto de fazer uma grande transição para a era de Aquário. Este é um dos 12 períodos sucessivos de 2.160 anos, cada um correspondendo

Signos da Alma

a um dos signos do Zodíaco. Um ciclo completo de 25.920 anos baseia-se num fenômeno conhecido como *precessão dos equinócios*. Devido a uma pequena oscilação gradual da Terra em torno do seu próprio eixo polar, o Sol gradualmente se move para trás através do Zodíaco.

As grande eras são dominadas pelas influências do seu signo regente da mesma maneira que os indivíduos nascidos sob signos solares diferentes são influenciados pelos princípios de cada signo. Durante essas grandes eras cósmicas, a constelação dominante influencia todos os processos de vida na Terra, inclusive os símbolos da arte e as cerimônias de expressão religiosa. Cada signo enaltece funções específicas, e ao lermos a história com uma atenção maior podemos relacioná-la às eras consecutivas.

A grande era de Touro coloriu todas as religiões com o símbolo deste animal. Então, por volta de 2000 a.C., a era taurina foi sucedida pela ariana, e o deus com cabeça de carneiro Amon-Ra tornou-se o símbolo perfeito para o espírito cósmico. Na era seguinte, que teve início no primeiro século d.C., o peixe tornou-se o símbolo para a era de Peixes que está terminando agora. Ao entrarmos neste novo século começamos a fazer a transição para as influências de Aquário. Durante a última era aquariana, aproximadamente há 26.000 anos, floresceram as civilizações perdidas da Lemúria e da Atlântida. Edgar Cayce, o Profeta Adormecido, disse em seus transes que esses povos antigos atingiram um nível científico muito maior do que o que temos atualmente. Eles eram naturalmente conservacionistas; os sexos tinham as mesmas oportunidades e posição social; utilizavam todo o poder do cérebro e até o fim da sua civilização vivenciaram as suas crenças espirituais diariamente. Talvez as influências da nova

A Evolução da Astrologia

era tragam os avanços de que precisamos para atingir novamente esses pontos.

Um Sistema Feito pelo Homem

A astrologia é uma combinação de ciência e teoria esotérica. A ciência da astronomia é utilizada para formar um mapa, mas a sua interpretação é uma arte baseada na sabedoria daquele que o interpreta. É um sistema feito pelo homem destinado a nos ajudar a compreender as complexidades da vida. O zodíaco completo de 12 signos comporta-se como uma única unidade racional, e um astrólogo bem treinado pode decodificar esta inteligência criativa.

Como a astrologia é um sistema, ela pode ser usada de maneira bem simples ou bem abstrata. Compare-a com tocar um piano: você pode tocar com um único dedo uma melodia bem simples ou com ambas as mãos e acompanhar uma orquestra.

Os signos solares são formados pelas constelações, que são grupos imaginativos de estrelas fixas que se encontram ao longo do cinto eclíptico que circunda a Terra. O Sol passa por várias constelações — Órion, Delfim e Cisne — que não são incluídas no atual zodíaco. Os babilônios listaram 18 constelações. À medida que a astrologia evoluiu, este número foi simplificado para dez, depois 11 signos, com vários graus de poder. Finalmente, no segundo século da nossa era, o astrólogo grego Ptolomeu nos deu o que conhecemos hoje como um zodíaco equilibrado com 12 casas. Suas teorias sobre a astrologia foram escritas num livro chamado *Tetrabiblos*, e seu conhecimento afetou enormemente o crescimento da astrologia.

30 Signos da Alma

O Oriente continuou a desenvolver uma astrologia que era primordialmente fatalista. Podemos agradecer aos gregos a adição do elemento da lógica e da possibilidade de individualização dos signos solares através da participação pessoal no mapa.

A palavra *zodíaco* significa "círculo de animais." O círculo do zodíaco que utilizamos no Ocidente é dividido em 12 partes iguais chamadas *casas*. Todos os signos possuem regentes animais, exceto os signos de ar de Gêmeos, Libra e Aquário e o signo de terra de Virgem. Estes quatro signos foram dotados com o pensamento e a comunicação, por isso um símbolo animal sem a fala não seria apropriado.

Um determinado signo rege cada uma das 12 casas e recebe o nome do formato das estrelas naquela constelação. Por exemplo, o primeiro signo é o de Áries. Se realmente usarmos a nossa imaginação, conseguiremos ver a forma de um cordeiro nas estrelas que formam a constelação de Áries. O Leão é o mais fácil de ser imaginado: o corpo e a cauda estão bem desenhados pelas estrelas, e o pensamento precisa somente de uma simples conjectura.

Os primeiros mapas astrológicos eram chamados de *horóscopos*, que significa "veja a hora". O círculo do mapa é um desenho do céu. São incluídos os sete corpos celestes visíveis — o Sol, a Lua, Mercúrio, Vênus, Marte, Júpiter e Saturno — e os quatro planetas descobertos mais recentemente — Urano, Netuno, Plutão e Quíron. Isto é chamado de *mapa natal*. Mostra o signo ascendente, a posição da Lua e as casas nas quais os planetas estavam no momento do nascimento. Com essas informações realiza-se a interpretação do mapa.

Astrologia Contemporânea

Até a última parte do século XVIII, o nosso sistema solar consistia em sete corpos celestes: o Sol, a Lua e os cinco planetas. Embora o telescópio tenha sido descoberto em 1608, passaram-se vários anos até a descoberta de Urano (1781), Netuno (1846) e Plutão (1930). A astrologia continua a evoluir. Quíron, a última adição ao zodíaco, foi descoberto em 1977, e os astrônomos ainda não estão certos de ser ele um planetóide ou um cometa. Os astrólogos o estão observando para discernir as suas influências.

A descoberta desses novos corpos coincide com mudanças no conhecimento e no avanço do mundo. Como evoluímos cientificamente e desenvolvemos telescópios mais potentes para descobrir mais planetas no nosso sistema solar, estamos sincronicamente prontos a avançar para novos estados de consciência. Por exemplo, na astrologia contemporânea, Urano traz novas idéias e avanços técnicos. Quando foi descoberto, as pessoas que viviam naquela época despertaram para a idéia de que tinham o direito de ser livres. Novas máquinas como o descaroçador de algodão e a máquina a vapor foram inventadas no final do século XVIII, e atualmente vários usos da eletricidade são regidos por Urano. Algumas vezes chamado de *o despertador*, este planeta vibrante traz mudanças culturais, revelações espirituais e revoluções políticas. As revoluções tiveram início na América, depois na França e na Rússia, e continuam até hoje.

Urano ainda emana liberdade enquanto gira em torno do Sol a cada 84 anos. Ainda não completou três ciclos em torno do Sol desde que foi descoberto, mas o mundo mudou de forma apreciável neste tempo. Fomos encapsulados no mundo

32 Signos da Alma

uraniano dos computadores e da informação na década de 1990. Podemos somente supor quais as novas invenções, revoluções e revelações que nos esperam. Onde Urano se encontra no mapa natal, haverá mudança e libertação.

Netuno é um planeta do mistério, nunca visível a olho nu. Trouxe para a consciência humana a existência de reinos menores, que não são visíveis. Vivemos num mundo de ilusões e desilusões. Netuno rege o subconsciente, onde nascem os nossos sonhos e estamos livres para criar, sem as restrições da realidade terrena. Quando Netuno foi descoberto em meados do século XIX, era uma época de grande sofrimento e idealismo. Em 1846, ocorreu a grande fome irlandesa das batatas; O *Manifesto comunista* de Karl Max foi publicado em 1848; Harriet Beecher Stowe escreveu *A cabana do pai Tomás* em 1851, e em 1859 John Brown fez o seu famoso ataque-surpresa à Harpers Ferry.

Com a fundação da Sociedade Teosófica e a Ciência Cristã, o espiritualismo floresceu na Inglaterra e nos Estados Unidos. Foram desenvolvidos novos produtos importantes: o éter para a cirurgia sem dor, os plásticos feitos de derivados do petróleo e as primeiras fotografias coloridas. Num mapa natal, Netuno indica o idealismo e a fantasia.

Plutão é um pequeno planeta nos limites do nosso sistema solar. O signo de Escorpião é regido por ele, que governa o sexo, o dinheiro alheio e a morte. Com a sua descoberta, em 1930, veio a Grande Depressão, o surgimento do nazismo e a Segunda Guerra Mundial com a devastação atômica. O cíclotron foi desenvolvido em 1931, seguido do pósitron em 1932 e da fusão nuclear em 1938. O computador foi descoberto nessa mesma época. Atingimos um novo nível de tecnologia — poderoso o suficiente para nos destruir.

Até essa época, a pessoa comum tinha pouca esperança de uma transformação tanto no aspecto físico como no emocional. Se estivesse doente, pouca coisa havia a fazer. O poder de transformação de Plutão tornou-se disponível a partir da psicanálise e das novas técnicas médicas. Os seres humanos podem alterar até o nível celular. Plutão no mapa natal representa a transformação e a regeneração.

Quíron é o corpo celeste cuja colocação revela o seu questionamento de vida e o propósito da alma. É considerado como um indicador importante do seu papel na nova era de Aquário. O símbolo astrológico para Quíron é a letra K sobre um pequeno círculo. Lembra uma chave e simboliza o poder de Quíron de abrir portas para uma consciência mais elevada. Sua órbita, entre Saturno e Urano, simboliza a ponte entre a personalidade, que envolve o Sol, a Lua e os cinco planetas próximos, e a alma, que envolve os três planetas mais exteriores: Urano, Netuno e Plutão.

Um ser mitológico, Quíron era um centauro (metade homem, metade cavalo). Foi professor de deuses, deusas e de importantes mortais. Diz-se que governa as ervas e a cura, e também a astrologia e outras disciplinas místicas. Por meio da sua influência, o estudo dos assuntos metafísicos evoluiu para um movimento cultural. Por exemplo, quando comecei a estudar a astrologia em 1972, tive de pedir todos os meus livros pelo correio. Agora posso comprá-los em qualquer livraria e até em farmácias.

A posição de Quíron entre Saturno, que rege o tempo, e Urano, que rege as experiências transpessoais, traz um novo conceito: o eterno agora. Podemos vivenciar tais experiências atemporais entrando em contato com a nossa alma e iniciando mais uma vez um caminho de crescimento contínuo. Com

34 Signos da Alma

Quíron na nossa consciência universal, podemos todos buscar a nossa parte na cura de um mundo ferido.

O Holograma

As pessoas me perguntam por que a astrologia funciona e como os planetas do nosso sistema solar podem nos afetar. Isto é um mistério muito antigo que nunca foi inteiramente explicado, porém existem várias teorias. Para mim, a explicação mais lógica é a teoria holográfica.

Um holograma é uma fotografia tridimensional conseguida com um raio *laser*. A impressão da fotografia é iluminada por outro raio *laser*, aparecendo uma imagem tridimensional realista do objeto original. Quando cortada em duas, cada metade mantém a imagem completa. Este processo pode ser repetido enquanto a figura puder ser partida em duas.

A teoria holográfica universal que mencionei indica uma imagem do todo, ou completude, bem semelhante ao do próprio zodíaco. Você pode separar cada signo ou cada planeta e derivar significados separados das partes individuais, porém cada parte ainda mantém o todo básico do zodíaco completo.

Segundo esta teoria, um nível mais profundo de realidade, uma dimensão mais complexa além da nossa, um super-holograma do passado, do presente e do futuro, todos existem simultaneamente. Esta teoria sugere também que o tempo é uma ilusão, que com as ferramentas apropriadas podemos atingir este nível de realidade e perceber os cenários do passado ou do futuro.

Penso que a astrologia é uma dessas ferramentas. Os efeitos do signos solares e dos planetas é bem real. Suas vibrações

A Evolução da Astrologia

sutis são sentidas pelo corpo emocional. Cada signo tem a sua própria essência especial e mensagem que estimulam respostas diferentes. Assim como são formados determinados aspectos nos céus, tornamo-nos conscientes das dificuldades, da ansiedade. Outros trazem um sentido de poder e de alegria.

Uma sessão de aconselhamento com um astrólogo muitas vezes conduz a uma sensação de resolução e de esperança. Você pode descobrir que uma leitura astrológica confirma e valida o que você já sente, e essa informação encoraja a sua autoconscientização e também o seu crescimento emocional e espiritual.

O Presente

A *Enciclopédia britânica* define astrologia como "um tipo de divinação que consiste na interpretação da influência dos planetas e das estrelas nos assuntos terrenos de modo a predizer os destinos de indivíduos, grupos ou nações". Embora ela seja um excelente veículo para o prognóstico, não estou ligada à divinação ou ao futuro agora. Quero focalizar sobre os nossos signos solares no momento presente. Isto é muito mais estimulante do que o futuro ou o passado.

Muitos clientes meus me procuram para fazer previsões, mas acredito que devemos estar no momento presente para criar o futuro. As previsões que fiz dão apoio ao momento que os clientes estão vivendo agora. O presente é um ponto de equilíbrio entre o passado e o futuro, e nossas vidas estão num processo constante de avaliação e interação entre eles. Podemos calcular as posições dos planetas e dos signos para qualquer momento e decodificar os seus significados, mas como co-criadores com Deus temos uma escolha de como reagir num

36 Signos da Alma

determinado momento quando vivenciamos os eventos das nossas vidas.

Pensamento Científico

Nos últimos vinte anos, a tendência a negar as ligações entre os céus e os eventos humanos diminuiu.

Estamos cada vez mais conscientes dos poderosos campos magnéticos que existem em todo o sistema solar. A atmosfera da Terra é constantemente bombardeada por um vento solar e uma corrente de partículas subatômicas do Sol emanando do *big bang* da criação universal. O argumento de que nenhuma evidência científica pode justificar a influência que os céus exercem sobre as vidas humanas é cada vez menos convincente. Estudos sobre peixes, pássaros e outras formas de vida mostram que elas possuem a habilidade de navegar nestes campos, indicando que os sistemas nervosos dos organismos vivos são sensíveis às forças eletromagnéticas. Também as teorias de como os planetas influenciam um ao outro de modos sutis são pouco compreendidas até agora.

Somente neste século XXI, poderemos compreender que as distâncias físicas não são tão importantes quanto pensávamos. Não importa se as partículas subatômicas como os elétrons estão a 150 centímetros ou a cinco bilhões de quilômetros de distância, pois elas permanecem em comunicação entre si.

No livro *Em defesa da astrologia* (Ed. Siciliano, 1992), John Anthony West comenta todos os prós e contras da astrologia. Na conclusão ele diz: "Não somente a evidência factual sustenta os mandamentos da astrologia como também agora é possível desenvolver uma teoria plausível para o modo pelo

A Evolução da Astrologia

qual os efeitos astrológicos se manifestam dentro de uma estrutura do mundo físico conhecido. A física moderna e a astronomia, ambas, esclarecem que o antigo conceito da *harmonia das esferas* não é mais uma metáfora poética, mas uma analogia legítima traçada sobre um sistema solar unificado no qual cada parte afeta todas as outras via o conhecido fenômeno da ressonância."

Para mim, uma das ilustrações mais tranqüilizadoras do amor universal ou de um Deus amoroso, independentemente de como o vemos, é que o nosso Sol e a nossa Lua parecem ser do mesmo tamanho que a Terra. Embora exista uma tremenda diferença na sua massa, a partir da nossa posição no espaço, eles estão perfeitamente equilibrados. Encontro um grande significado nisto. Do caos emerge a simetria perfeita. Não causa surpresa o fato de os antigos terem ficado tão maravilhados com os céus.

Os fenômenos celestes possuem atualmente um grande significado prático como nos tempos antigos. Se Adão criou a astrologia pela orientação de Deus, como atestam os antigos filósofos, ele foi sábio na sua escolha das estrelas como mensageiros celestes. Entre os objetos da natureza, nada é mais apropriado do que as estrelas para transmitirem para todas as eras a mensagem sagrada de Deus de inspiração, completude e liberação.

Parte II

O Signo Solar:
Uma Impressão Digital da Alma

Em 1972, decidi freqüentar uma aula de astrologia. Foi uma experiência que mudou a minha vida. Nunca esquecerei a minha primeira leitura astrológica. Foi feita pelo meu professor de astrologia, Elbert Wade, em Dallas, no Texas. Pouco sabia o quanto aquela leitura iria influenciar a minha vida. Naturalmente esta nova direção aparecia no meu mapa: Plutão, o planeta da transformação, estava formando um trígono exato (um aspecto muito favorável) com a minha Lua em Aquário, o signo da astrologia.

A astrologia me guiou em vários caminhos. Nunca me aborreço com ela. É tão fascinante agora como foi em 1972. O estudo dos símbolos conduz a várias direções, e o simbolismo na astrologia fez da minha vida uma experiência poética e evolutiva. Desperta o meu interesse por mais conhecimento. A astrologia tem sido a base de uma pesquisa pessoal para compreender a mim mesmo e aos outros. Ampliou a minha erudição de modos inenarráveis, levando-me a novas filosofias e idéias que enriqueceram a minha vida e conduziram-me

42 Signos da Alma

a uma prática séria da meditação do yoga. Com as minhas pesquisas, posso oferecer aos meus clientes não somente o benefício do meu extenso estudo da astrologia, da história e da religião mas também uma orientação baseada nas várias coisas que aprendi na busca do meu crescimento psicológico e do caminho espiritual.

O zodíaco fornece uma visão das nossas forças e das nossas fraquezas. Na verdade, a astrologia fornece uma informação importante que normalmente leva muito tempo para ser descoberta. É uma arte, uma maneira de trazer simbolicamente o material subjetivo para a nossa realidade objetiva. O seu signo solar descreve melhor a sua natureza básica e a maneira pela qual você expressa o seu ego. No mundo de hoje, como nos tempos antigos, as pessoas queriam saber o seu signo solar e o das pessoas com as quais estão envolvidas. O signo solar nos ajuda a ver características em nossas vidas que não poderíamos ver de outra forma. Cada signo nos passa um sentido do sagrado e a maneira de expressar a nossa alma.

Cada signo solar possui uma característica de alma que é inteiramente para seu uso. Chamo isso de *poder da alma*. Por outro lado, pelas características inerentes ao seu signo solar, você pode criar um comportamento que o sabotará na sua vida diária. Você vê o mundo da maneira como quer e o seu ego doentio toma conta. Chamo isso de *bloqueio do ego*.

Freud desenvolveu um conceito triplo da psique: o superego, que é o ser superior; o id, que é o ser básico, e o ego, que reside na área da racionalização da mente como um ponto objetivo de referência. O ego é o nosso sentido de identidade no mundo.

Estas três partes descrevem a dinâmica da mente humana. Eu as utilizo porque são palavras comuns em nossa socie-

O Signo Solar: Uma Impressão Digital da Alma

dade. Como o ego trabalha constantemente para integrar os seus sentimentos internos com os seus pensamentos do mundo exterior, formam-se defesas protetoras, particularmente no início da vida. Tais mecanismos de defesa baseiam-se em nossos medos, reais ou imaginários. O medo e a confusão no início da vida nos levam a suprimir os sentimentos verdadeiros e a formar bloqueios que nos prejudicam a vida inteira. Esses bloqueios criam textos que encenamos constantemente até despertarmos para a verdade da alma.

Os bloqueios do ego de todos os 12 signos baseiam-se no medo da perda do controle. Cada signo solar possui uma preferência natural, pré-ordenada de necessidades e desejos. Quando eles são negados, formam-se bloqueios na personalidade que permanecem até que haja uma conscientização e a cura.

Qual é o poder do seu signo solar e como os bloqueios do seu ego o impedem de atingir a realização plena? Somente este conhecimento o ajudará a melhorar a sua vida. Os bloqueios do ego existem para auxiliá-lo a fazer escolhas melhores. Eles o ajudam a começar a ter uma visão mais positiva.

Cada um de nós tem uma lição específica de vida que é inata ao nosso signo. Chamo isto de *caminho da transformação*. Estas lições de vida parecem acontecer sempre, mesmo quando tentamos interrompê-las. Por exemplo, o caminho da transformação de Câncer é o dos relacionamentos familiares. Os assuntos da família são a sua principal preocupação, porém, apesar do poder da sua alma de nutrir, é impossível para eles adotar todas as pessoas que conhecem. E, quando agem fora do seu bloqueio de ego da manipulação, tentam impulsivamente agradar a todos e, pelo contrário, terminam drenados e deprimidos, e ninguém fica

44 Signos da Alma

satisfeito. Infelizmente, as pessoas que tentam agradar são, com freqüência, inconscientes da manipulação que existe por trás dos seus atos.

Os cancerianos são um alvo freqüente de pais possessivos e de filhos exigentes. Ao sentir que são pessoas que podem fazer tudo da maneira certa, eles se perdem de si próprios. O medo de não ser amado ou de ser abandonado é a força motivadora que cria a disfunção. Ao resistirem à necessidade de ser um pai ou filho perfeito, podem melhorar o relacionamento com os membros da família e trabalhar as suas próprias lições de vida.

Você pode contar com uma coisa certa: independentemente do seu signo solar, o seu caminho da transformação aparecerá de alguma forma na sua vida. Ele não é bom e nem mau; é neutro. A lição está na maneira de percebê-lo e em como conviver pacificamente com ele.

Ligação Emocional

Segundo o dicionário *Webster*, as emoções são "uma reação psíquica e física como a raiva ou o medo, experimentada subjetivamente como uma forte sensação e que fisiologicamente envolve mudanças que preparam o corpo para a ação".

Na vida diária, você está em reação emocional contínua com o seu ambiente. Os seus relacionamentos pessoais estão estimulando continuamente uma miríade de respostas emocionais, e a vida seria sem graça sem elas. Mas viver sob a pressão extrema dos altos e baixos emocionais é fisicamente esgotante.

O Signo Solar: Uma Impressão Digital da Alma

À medida que o mundo é bombardeado com informações, especialmente nesta época da história, ele adiciona mais conflito emocional em sua vida. A astrologia funciona quando, corretamente usada, liberta da ligações com as emoções. Ela ajuda a "descolar". Isto não quer dizer que as suas emoções são negativas. É a sua *ligação* aos dramas emocionais, sem o benefício do processo mental objetivo, que o impede de assumir a ação correta.

A mente e o ego são bons amigos, mas é fácil ficar encalhado na mente e negar os sentimentos quando o ego está bloqueado por condições passadas. Para se conhecer bem, você deve sentir as suas emoções sem reagir em excesso, fazer afirmativas mentais positivas e depois agir sobre a sua própria decisão.

Emoções como amor e empatia são essenciais à nossa saúde espiritual e emocional, mas a raiva e o medo aparecem mais próximos da superfície no mundo atual. Com freqüência, a sua sensação de bem-estar na vida diária é diminuída pelas respostas temerosas ao meio ambiente. Simplesmente ler o jornal ou ouvir as notícias a cada dia é suficiente para estabelecer uma experiência emocional negativa. Contudo, é possível tornar-se livre da tirania do seu aspecto emocional. Deixe que os seus sentimentos o levem para o seu bloqueio de ego e compreenda o que as suas respostas e ações significam. Tais batalhas não são ganhas com facilidade, mas a conscientização corresponde a mais da metade da luta.

É gratificante compreender que, quando você identifica os seus problemas, cria uma oportunidade de resolvê-los. Ao combinar os meus estudos na área espiritual com a prática da astrologia, aprendi que cada signo solar é dotado de uma autoridade inerente para transformar o comportamento negativo em ação positiva.

46 Signos da Alma

A energia da disfunção é exatamente igual à energia da criação. Existe uma lei do equilíbrio no universo. A cada momento existe um mundo completamente positivo e um mundo completamente negativo disponível para cada um de nós. Quando focalizamos a mente no positivo ou no negativo, puxamos a nossa energia naquela direção.

Para movermo-nos para uma ação positiva, é necessário um desvio na perspectiva e um intenso desejo de mudar. A astrologia, um sistema de símbolos, traz uma informação necessária para ampliar o horizonte e efetuar esta transformação de mudança de vida.

É preciso mudar a maneira de ver o mundo; seja mais desligado, mais objetivo e menos reativo. Tenha um coração compassivo, seja gentil com você mesmo. Existem recompensas bem maiores quando você aprende a ser paciente dando o tempo necessário para se conectar com a sua alma. Você fica mais centrado, os medos desaparecem automaticamente e abre-se a porta para um poder imenso.

O Salto Quântico

É possível que no futuro aprendamos a lidar com as nossas emoções de um modo mais amadurecido. Quando isto acontecer, a astrologia poderá tornar-se obsoleta e finalmente não funcionar como uma orientação e uma ferramenta de aprendizagem. Equilibramo-nos numa nova era ao entrarmos no século XXI. A consciência da humanidade está para realizar um salto quântico. Será como se todos nós estivéssemos despertando juntos. Quando atingirmos este glorioso ponto evolucionário de equilíbrio mental e emocional, não haverá mais guerras na Terra.

O Signo Solar: Uma Impressão Digital da Alma

Segundo as crenças hindus, até atingirmos este pináculo, estaremos vivendo um tempo de grande perigo, a *Kali Yuga*, uma época em que as pessoas são regidas por suas cabeças e não por seus corações. Se a sua mente não estiver aberta para a inteligência mais elevada do coração, as emoções ficam reprimidas e não são resolvidas. O medo é incentivado em cada canto da terra para manter o poder mundano, e as pessoas se assustam com qualquer coisa espiritual. Parece mais seguro refugiar-se na mente analítica, separada das necessidades emocionais e espirituais.

Se você está pronto para ampliar a sua consciência agora, a astrologia pode ser uma parte importante desse processo. Para utilizá-la, é preciso querer respostas. Quando o momento certo chegar, as respostas corretas virão. O bom e velho cepticismo não faz tanto mal assim. Na verdade, quando comecei a interpretar os mapas, a minha atitude era totalmente céptica. Precisei de cinco anos de descrença para ficar convencida de que estava lidando com algo divinamente sintonizado e de grande utilidade para todos aqueles que eram abençoados com a sua utilização.

Uma Ferramenta da Aspiração

Pesquisando em livrarias locais, descobri que, embora o campo da auto-ajuda estivesse repleto de livros excelentes, pouco tinha sido escrito para o público que ligasse astrologia com esperança, aspiração e crescimento pessoal. Senti que era o momento de as pessoas usarem a astrologia como uma ferramenta para o crescimento e para a mudança e não somente como um arquivo de características de personalidade.

48 Signos da Alma

Meu objetivo ao escrever este livro é utilizar a astrologia dos signos astrológicos e torná-la uma ferramenta disponível para a transformação emocional e espiritual. Este método mostrará o caminho para sua capacidade natural como ela é revelada pelo seu signo solar, pelo ascendente e posição da Lua. Quando descobrir o seu poder de alma, será importante também saber o que lhe impede de usar este dom natural. Será bom ler sobre todos os signos, pois cada um deles rege alguma área da vida no seu mapa natal.

Para se abrir para a felicidade pessoal, você deve reconhecer os bloqueios emocionais que inibem o seu poder. O que são as fraquezas senão setas que apontam o caminho para o nosso verdadeiro poder? A qualidade do relacionamento que você tem consigo mesmo diz respeito somente a você. Este livro foi escrito para ajudá-lo nesta autodescoberta, o primeiro passo em qualquer processo de cura.

A cura emocional vem através do auto-exame. Você retorna a um estado saudável de totalidade quando enfrenta os medos, a raiva, e recusa aquilo que o fere emocionalmente em primeiro lugar. A cura é a totalidade e, quando você sabe quem você é, a cura é completa.

Huston Smith, um professor das grandes religiões do mundo, disse:

Se a vida nos disser a resposta
tirará de nós
a nossa liberdade.

Seria ótimo se a astrologia tivesse todas as respostas. Ela não tem, mas auxilia bastante com uma riqueza interminável de informações que continua a se revelar pela observação e pelo estudo.

O Poder da Sua Alma e o Bloqueio do Seu Ego

É difícil admitir que as estrelas exercem, de alguma forma, uma influência sobre nós. Não há uma maneira lógica para explicar isto.

Sabemos que a Lua afeta os líquidos do nosso corpo e os oceanos da Terra. Os cientistas dizem que as forças eletromagnéticas possuem uma influência real sobre os nossos sistemas nervosos, e descobri que as pessoas se parecem e agem como os seus signos solares, mas isto não é uma comprovação.

Podemos calcular e interpretar a astrologia de inúmeras maneiras, porém para realmente se beneficiar dela é preciso haver um pouco de fé. É preciso se afastar do conhecimento normal e penetrar no mundo dos símbolos.

Os símbolos astrológicos são alguns dos mais antigos no

50 Signos da Alma

mundo. Foram encontrados em várias partes de uma forma ou de outra, e parece haver uma sobreposição entre os símbolos em todos os sistemas, orientais e ocidentais, sugerindo uma ligação anterior.

Os símbolos são ferramentas pictóricas destinadas a evocar uma idéia ou conceito em sua inteireza. São um meio de desviar do intelecto e ir direto ao coração, centro da compreensão. Não sei por que ela funciona, mas posso estudar os signos num mapa, saber o seu significado e partilhar isso com os outros. É o que faço.

Ao se entregar a estes símbolos transcendentes e permitir que seus significados interinos venham para a sua consciência, você, também, pode partilhar do seu mistério. É algo que nos torna mais capazes.

Como astróloga, notei que a maioria das pessoas não conhecem, ou se recusam a admitir, o poder do próprio signo. Parece bem mais fácil ver as deficiências e faltas e negar os poderes da alma que são oferecidos como um direito seu por nascimento.

Felizmente tais poderes aguardam o momento propício, esperando pelo seu despertar. Não vão embora. Quando chega o dia em que você se sente digno e pronto para uma experiência expandida de poder, precisará somente pegar o que é realmente seu.

A astrologia divide o círculo da vida em 12 signos solares e distingue cada um. O seu signo é por si só uma casa de força. O poder da sua alma está nas suas impressões digitais. Se aspirar a ele, ele cresce, fica reforçado e desenvolve a sua consciência. É aqui que você precisa daquele salto de fé. Não se preocupe com a validade da astrologia, mas compreenda que ela lhe dá simbolicamente a informação de que você precisa para ser equilibrado mental, física e espiritualmente.

O Signo Solar: Uma Impressão Digital da Alma

Muitas pessoas temem o próprio poder. Imagino a hesitação que vem do medo de o utilizarmos mal ou de ficar aprisionado por ele. O poder será como uma batata quente! Significa ter controle, autoridade e influência sobre os outros. É muito dinâmico. O poder tem mãos pesadas e carrega em si muita responsabilidade. É fácil ver como o medo do poder pode confundir as pessoas que estão apegadas aos bloqueios dos seus egos.

Mas não é o poder que corrompe — é o medo do seu ego de perdê-lo que o tenciona. O ego deseja sempre o controle. Quer o poder e tenta afastá-lo do poder puro da alma que é um direito seu. O primeiro passo para a remoção dos seus bloqueios de ego é reconhecê-los. É onde a astrologia ajuda.

Tenho uma imaginação muito viva, por isso sou como um mago nas preocupações. O*s caçadores da arca perdida*, de Steven Spielberg, não são nada se comparados aos dramas que desenvolvo com o meu cérebro fértil. Passei várias noites com febre cerebral — os pensamentos girando na minha cabeça a respeito de coisas que eu não conseguia mudar ou não realizei, indo e vindo, indo e vindo, sem nenhum proveito. As preocupações vêm da tentativa de ter controle sobre o passado e o futuro, quando o presente é o único momento que é produtivo. Como capricorniana, meu bloqueio de ego é realizar em excesso. Levei anos para aprender a soltar o resultado (o futuro) e simplesmente desfrutar do ato de criar sem me preocupar com o depois. Para permitir que a contribuição do poder da minha alma funcionasse em minha vida, tive de aprender a me entregar ao aqui e agora. É o bloqueio do meu ego de realizar em excesso que deixa tudo neste estado. Quando estou agindo para atingir um objetivo, cada momento é repleto de excitação e criatividade, e realizo muito mais.

O Ego Saudável

Estar seguro consigo mesmo é um ponto muito sério. Devemos aprender a ver os eventos da vida a partir de um nível de confiança. Precisamos saber quem somos. Estar apoiado nesse conhecimento nos permite fazer escolhas melhores. Como todos, você deseja ficar mais participante, ser notado e lembrado por quem é. Ao desejar ampliar cada momento da vida, assume uma vitalidade que torna todas as pessoas que encontra felizes por conhecê-lo. Tem amor pela vida. É poderoso!

Para atingir este estado de confiança, você deve se avaliar e compreender o seu ego. Isto requer auto-observação. Deve olhar para si mesmo com uma visão de raio *laser*. Então, quando souber quem você é, o seu desenvolvimento como "ser humano" começará a acontecer.

A análise transacional transcreve as três categorias da consciência humana de Freud — id, ego e superego — na *criança*, no *adulto* e nos *pais*. Utilizo três classificações correspondentes para descrever a personalidade: o ser básico, a mente e a alma.

O ego que discuto aqui é duplo. O ego saudável combina todas as três partes da consciência. É poderoso porque está ligado à alma, que é a sua parte mais sábia e que lhe proporciona o desligamento necessário para lidar com as suas emoções e expressar-se de modo positivo.

O outro, o ego doentio, é uma combinação de disfunção do id (a criança) com o ego. É a sua parte que é emocionalmente imatura e reativa, nascida do medo que estabelece limitações auto-impostas. O ego doentio origina o bloqueio do ego.

Se você é leonino e o seu bloqueio do ego é o otimismo excessivo, é difícil evitar que assuma riscos mesmo quando sabe

O Signo Solar: Uma Impressão Digital da Alma

que as chances estão contra você. Adora vencer contra tudo, dar as cartas. O seu poder da alma sabe instintivamente que não precisa de outro fracasso, e pacientemente envia pensamentos posteriores de gratificação. A resolução chega quando o ego saudável, o adulto, fica convencido da sua capacidade de ser feliz sem estes estímulos extremos.

Aconselho-o a não ver o ego como um mal. Ele é necessário como ponto pessoal de referência. Diferencia e integra os seus mundos exterior e interior. O ego saudável é o seu sentido verdadeiro de ser. Avalia as situações e toma as decisões. Como buscador da verdade, você deve se ver como alguém poderoso antes de poder ser emocionalmente saudável. A atitude é tudo!

Aprender a retardar a gratificação introduz padrões elevados e ética na sua personalidade. Quando amadurece, a sua alma (algumas vezes chamada de consciência) se apresenta e o socializa para compreender os outros e também lidar com o estresse dos conflitos. Isto é algumas vezes vivenciado como uma voz sábia em sua mente — não confundir com a mente crítica, que pode oprimir e ser negativa. Ouça sempre a voz pequena e suave que nunca critica, mas sugere calmamente uma abordagem realista e amorosa para um problema ou confronto.

Existe um estágio de maturidade, que começa na adolescência, no qual o ego tem a capacidade da compreensão racional, do pensamento introspectivo, do raciocínio dedutivo e do comportamento socialmente aceitável. Nesse estágio, você começa a separar o seu próprio ego da autoridade e do envolvimento com seus pais. Embora esta etapa seja uma parte necessária do seu conhecimento aprendido, ela não é fácil. Por isso os anos da adolescência são tão difíceis, como um resfria-

54 Signos da Alma

do da personalidade. O ego imaturo de um adolescente sente a necessidade de romper com a família, havendo por isso, geralmente nessa fase, uma rebelião contra a autoridade.

O próximo estágio é o nível mais alto do desenvolvimento da personalidade, com uma forma de pensamento mais integrada, incluindo a capacidade de consolidar conceitos, conectar idéias e relacionar uma verdade com outra. Este estágio é o da maturidade total, mas francamente não são muitas as pessoas que atingem esse ponto no seu desenvolvimento. Na verdade, os seus bloqueios de ego vêm das suas primeiras experiências da infância e das reações emocionais não resolvidas da sua adolescência. Esta ansiedade contínua não permite que o ciclo de maturação se inicie.

Os bloqueios do ego mostrados pelo seu signo solar são formados pelos mecanismos de defesa destrutivos que se desenvolvem no início da vida e são baseados na propensão natural de cada signo para determinados comportamentos. O seu comportamento improdutivo e autodefensivo é causado por um ego adolescente imaturo que está danificado e busca o controle e a manipulação.

Entretanto nem tudo está perdido. Você é capaz de amadurecer durante toda a sua vida. A evolução é a sua própria vida. Na verdade pouco tem sido dito sobre a alegria pura da maturidade. Quando eu era bem imatura, não muito tempo atrás, pensava que o ditado "a recompensa da paciência é a própria consciência" era pura redundância. Agora vejo a sabedoria que existe nela. Com uma resistência calma e uma compreensão tolerante, o ego e a alma fazem as pazes entre si e juntos formam a maior felicidade que você pode experimentar. Você não precisa de nada para melhorá-la. Como um vinho envelhecido, a vida melhora com a idade.

O Signo Solar: Uma Impressão Digital da Alma

O coração é o mediador entre o ego e a alma. Somente ele consegue atingir o equilíbrio. Dentro dele está a sabedoria para atingir este maravilhoso ato de equilíbrio. Quanto mais consciente você estiver dos seus direitos pessoais como ser humano, melhores as suas oportunidades de ligar as suas necessidades de ego com as suas necessidades de alma.

É importante parar e pensar que, se o ego imaturo (o ser básico) deve fazer um sacrifício e desistir das suas maneiras antigas, é importante oferecer algo em troca. Ele precisa ser compensado com algo superior aos seus antigos desejos egoístas, tais como paz de mente, um sentido de segurança e mais conforto na vida do dia-a-dia. Isto significa que você precisa despertar, comunicar-se diretamente com a realidade e, o mais importante, mudar os seus valores. Isto não é fácil, mas é rico em recompensas.

Você deve reconhecer que as respostas são interiores e não estão do lado externo em alguma estrela longínqua. Pede-se que você abandone o irrelevante em sua vida e reconheça com a simplicidade do coração que você é um *ser humano*. É livre para assumir a busca da realidade com o coração aberto de uma criança, porém de um ponto de vista maduro.

A Alma e o Ser Básico

Pessoas de todos os signos agem em dois níveis separados de consciência. O mais elevado, a alma, é totalmente sábio e amoroso, espiritualmente evoluído e materialmente desapegado. A alma é quem você verdadeiramente é no seu nível mais profundo. Alguns dizem que a nossa alma permanece conosco até que o nosso ciclo de reencarnação termine, e nos torne-

Signos da Alma

mos puro espírito. Não podemos vê-la, mas para sermos verdadeiramente felizes devemos formar uma ligação com ela. Ovídio, um poeta romano nascido em 43 a.C., disse: "Essas coisas que a natureza nega à visão humana, ela revela para a alma." A alma está em cada poro do seu corpo, e você pode conectar-se com a informação que chega constantemente olhando para dentro de si mesmo. A meditação lhe dá um meio de acessar a informação.

Novamente aqui é preciso um salto de fé. Muitas pessoas dizem que a comunicação com a alma acontece por meio de uma experiência sentida no coração e que ilumina a sua consciência. Mas você não pode viver no medo e na confusão e ao mesmo tempo vivenciar a alma. O seu coração se fecha e interrompe a comunicação. É possível saber sobre ela na sua mente e permanecer com o coração fechado. É uma lição que dura a vida inteira manter o coração aberto para a alma. É um sinal como um afagar a cabeça ou esfregar o estômago.

A sua mente precisa estar livre dos pensamentos e das emoções negativas para haver uma experiência de alma. Se você não estiver ligado com ela, os bloqueios o estarão controlando. É por meio de sua alma que o poder do seu signo se manifesta, embora a alma seja realmente independente da personalidade. A personalidade é o veículo da alma nesta vida, mas não é ligada a ela. A sua alma vem ao plano terreno com as lições necessárias para a sua evolução. A meditação e a contemplação são métodos perfeitos para limpar a conversa negativa da mente e acomodar esta rica fonte. A sua alma deseja liberá-lo do número infinito de reencarnações na terra e enviá-lo para o seu novo caminho em novos mundos de experiência.

Existem vários tipos de meditação. Não é necessário ficar sentado em posições desconfortáveis. Andar é um bom méto-

O Signo Solar: Uma Impressão Digital da Alma

do para entrar em estado meditativo, assim como os cantos ou uma música calma podem guiar a sua mente para um local de paz.

Várias fontes espirituais falam de contatos com guias etéreos. A Bíblia está permeada destes encontros com Deus — por exemplo, a sarça ardente que falou com Moisés. Todos os profetas do Antigo Testamento ouviram vozes que vinham do alto, algumas com visões, outras, não.

Outros níveis de consciência são habitados por seres superiores que estão ali para nos guiar e inspirar. Alguns deles são anjos que nunca encarnaram, e outros são grandes mestres que não estão encarnados agora. Eles são fontes de conhecimento e sabedoria ilimitados e vivem em dimensões superiores das quais temos uma vaga idéia. Estes grandes seres estão totalmente despertos para o que Platão chamou de mundo das idéias — os pensamentos e cenários conceituais que registram o passado e compõem o futuro — e ocasionalmente nos enviam uma mensagem. Os nativos americanos possuem guias espirituais animais e muitas pessoas em todo o mundo dizem que são guiadas por xamãs indígenas mortos.

Não sabemos se estes seres maravilhosos são autônomos ou simplesmente belas manifestações das nossas próprias almas. O profeta americano Edgar Cayce disse que o seu guia nunca se mostrou, parecendo ser uma parte mais sábia e universalmente conectada ao próprio Cayce. Por seu intermédio, Cayce teve acesso a um campo energético de informação ao qual chamou de registros akásicos. Ele sustentava que tudo que acontecera no tempo e no espaço estava registrado naquele reino, e que este nível de consciência está aberto a todos aqueles que possuem as chaves certas. Acredito nele, mas deve-

58 Signos da Alma

mos evoluir até um determinado nível espiritual para nos harmonizarmos com esta riqueza de informação.

Durante as minhas leituras de mapa, senti que estava harmonizada com esta fonte de informação e que ela me orientou para interpretar os símbolos da astrologia. Minha alma e a alma do meu cliente se unem, e a informação correta chega através da minha mente. Explico isto para o cliente da maneira mais clara que posso. Existe muito poder de cura nessa ligação e, quando a leitura termina, ambos nos sentimos renovados.

Carl Jung acreditava que existe uma história que se repete na vida de cada um e que está ligada a mitos antigos, ou arquétipos. Cada mito possui o seu significado especial que nos ajuda a encontrar o significado em nossas vidas. Jung sentiu que nós entrávamos no consciente coletivo — o reino da alma — durante o nosso sono, que por meio dos nossos sonhos poderíamos descobrir o nosso próprio mito que nos ajudaria com a autodescoberta. Ao descobrirmos o nosso mito pessoal, temos a informação de que precisamos para curar as nossas feridas emocionais.

Fiquei emocionada quando descobri que as nossas almas são ligadas a todas as outras almas na Terra e a todos os grandes seres no universo. A religião, a psicologia e a metafísica concordam que existe um nível superior de consciência ao qual contatamos durante a meditação e na prece. Através das nossas almas comunicamo-nos com níveis superiores de consciência em todo o universo. É reconfortante saber que essas grandes fontes estão disponíveis para nós para nos passar informação e apoio amoroso. Nesse estado elevado de consciência, temos um sentido de unidade com todas as coisas. Dessa fonte retiramos poder e inspiração.

O Signo Solar: Uma Impressão Digital da Alma

Quando você utiliza o poder da sua alma, ele é tanto individual quanto universal: você não perde a sua identidade. Quando está ligado à alma, existe uma parte de você que fica separada, que ouve e vê todos os eventos na sua vida. É aí que está o poder. Para desfrutar de todo o seu poder da alma, você deve ser tanto o observador quanto o participante ao mesmo tempo. Deve observar a si mesmo como observa os outros, ouvir a si próprio como ouve os outros. Deve conseguir ver a si mesmo como os outros o vêem e compreendem.

Ao desenvolver tal habilidade, você se torna mais poderoso na consciência da alma. Contudo, é fácil sair dessa unidade com o poder. Ao ficar envolto pela emoção de um acontecimento, você opera fora do seu bloqueio, e o poder é perdido.

O outro nível de consciência — o ser básico, o id ou a criança — é o oposto do poder da alma. É onde os seus bloqueios de ego assumem e você age envolvido em si mesmo, sem racionalizar e de modo materialista. Como o ser básico não pensa e nem raciocina, ele responde totalmente fora dos sentimentos. Grande parte da sua motivação é ser feliz ao buscar o conforto e a segurança sensuais. Para sentir-se seguro e contente, o ser primitivo age de maneiras imaturas, suplicando uma coisa atrás da outra sem pensar de maneira apropriada.

Os seus bloqueios do ego são formados pelos mecanismos de defesa que o ser básico estabelece no início da vida. Surpreendentemente, os poderes positivos que estão esperando para serem realizados estão no fundo do subconsciente bem ao lado desses bloqueios, e o ser básico é que controla ambos. Você deve fazer um acordo de paz com o seu ser básico para superar os seus bloqueios e se expandir no seu potencial.

É muito bom saber que a sua alma supervisiona o ser básico, dando sempre um apoio confiável e um amor incondicio-

60 Signos da Alma

nal. Você pode depender desse dom maravilhoso de proteção que está sempre disponível para você. Poucas pessoas compreendem isso; ao contrário, permanecem suspensas no pavor, no medo e na raiva esperando o pior de si mesmas.

Para aumentar a confusão, ambos os níveis de consciência falam com você através da mente. Mas qual a voz que você deve atender? A mente é como o oceano, não pára nunca. Quando você amadurece, desenvolve o discernimento necessário para equilibrar estas facetas opostas da sua personalidade. O ser básico parece ter uma voz mais alta, desejando assumir e rebelar-se contra a alma, como uma criança turbulenta.

A resolução chega quando o ser básico, sofrendo de um bloqueio do ego, admite a orientação do poder da alma pela confiança e pela entrega. Ao mesmo tempo, ocorre uma cura no caminho da transformação à medida que a mente integra a necessidade do ego com uma solução comovente. É uma experiência libertadora e a vida se torna muito mais fácil.

Você pode entrar em contato com esta orientação acalmando a mente e ouvindo o seu coração. Essa é a voz que sempre fala a verdade.

A Mente

Paciência e disciplina são os pré-requisitos para cuidar da mente, assim como os pais cuidam de um filho. A sua mente é uma entidade maravilhosa, semelhante a um computador, que é limitada pela sua própria natureza. É tarefa dela classificar a informação passada e extrair as possibilidades do futuro todas juntas.

O Signo Solar: Uma Impressão Digital da Alma

Se você permanecer na mente e evitar os seus sentimentos, como tem orgulho de fazer, nunca estará realmente vivo. É por meio dos sentimentos e das emoções que você vive no momento de modo vibrante. Identificar-se com alguma coisa é estar unido a ela. Se você estiver totalmente identificado somente com a mente, a sua vida não terá sentimentos e os eventos serão somente registrados, nunca verdadeiramente vivenciados.

A mente parece trabalhar em dualidades, ou comparações e contrastes. Há sempre dois lados em tudo. Quando você está em conflito mental e emocional, pesando os pensamentos várias vezes, é fácil ficar deprimido. Esta dualidade o mantém continuamente fazendo malabarismos com as idéias e situações — passado e futuro, certo e errado — impedindo-o de estar contente no momento em que está vivendo agora.

Esse sentimento de inquietude é minorado quando você compreende que o verdadeiro local da mente está no seu coração; se escutar bem, ouvirá o aconselhamento sábio da sua própria alma. Você deve se identificar com o poder da sua alma. Neste nível de consciência, o seu caminho da transformação é transcendido. O amor e a inteligência ficam integrados e a sua vida flui com paz de mente em face de qualquer problema que surgir.

Consciência

O que é a consciência? Você começa a desenvolver a sua consciência pessoal no dia em que nasce e penetra no seu corpo físico. Entretanto, parece que o próprio cérebro — e talvez o corpo todo — foi desenvolvido para receber e compreender

Signos da Alma

os aspectos da consciência universal. Esse contato é necessário para que você realize as suas obrigações. É estarrecedor, embora estimulante, pensar que você é parte de um imenso sistema holográfico e que o seu corpo é a sua antena.

Este ato de ser vincula o despertar da mente para uma consciência crítica ao mesmo tempo que se torna cônscio de sentimentos internos fortes. A sua consciência é muito maior do que o cérebro e parece que é capaz de ir a qualquer ponto no universo que deseje.

Quando era criança, me perguntava por que as pessoas nunca discutiam a sua vida interior, um estado de consciência infinitamente mais rico e mais natural do que o exterior comum. Tinha oito ou nove anos quando realmente me dei conta de que ninguém falava das coisas verdadeiras na vida. Compreendi que a minha família e todos os que conhecia tinham uma outra vida escondida. Pensei que fosse a parte melhor, mas, como não era discutida, assumi que era proibida e não a mencionei para ninguém.

Eu era uma criança imaginativa, muito visual, por isso a riqueza do meu subconsciente era uma das minhas alegrias. Na minha vida, este rico estado subjetivo foi canalizado para o desenho, a leitura e a observação da natureza até que fui capaz de obter o controle sobre a minha vida para me expressar externamente, para ficar mais conscientemente atenta e saber como equilibrar os meus mundos interno e externo. Em latim, a palavra *ilusão* significa "interior". Acho que a maioria de nós tem de aprender a sua própria maneira de integrar as polaridades do mundo mundano e do mundo interior ilusório quando amadurecemos e nos tornamos adultos.

O Signo Solar: Uma Impressão Digital da Alma

O Amor É um Poder

O nível mais elevado de amor provém da alma, algumas vezes chamado de "ser superior". Este nível é uma essência, uma vibração que é totalmente amor e aceitação incondicionais. Quando você desenvolve o seu poder da alma do seu signo solar, um sentimento de conforto e de amor incondicional começa a permear o seu corpo e a sua mente. Você é então capaz de ser quem realmente é. Quando encontra a paz de mente, o seu coração naturalmente se abre e você desejará partilhá-lo com os outros. O seu bloqueio do ego não comanda mais o espetáculo. Quando você tem esta alegria no seu coração, os problemas da vida não parecem tão trágicos. Não importa o que acontece, você mantém a sua serenidade.

A verdade é que o amor pode ser somente partilhado. Não é um item para ser dado — esta não é a sua verdadeira natureza. Ele é um poder universal integrante e equilibrador. Você deve compreender que é digno deste amor mais elevado, por isso abra-se para ele. Ele está ali durante todo o tempo, esperando que você o receba.

Descobri que as pessoas gostam de dar aos outros, mas, como não são ensinadas a receber, sentem-se desconfortáveis com cumprimentos, presentes e até com uma palavra gentil. Infelizmente o sentido de poder que vem com a doação aos outros parece desaparecer quando nos movemos para uma posição receptiva.

O preço de dar é receber. Quando as pessoas dão a partir do seu coração, isto não é uma peça de poder. Uma pessoa sábia adquire a precaução e a confiança necessárias para receber o que é bom, o que por sua vez permite aos outros o poder de dar. Ao seguir o exemplo generoso de Deus, o dom de

64 Signos da Alma

dar e receber deve ser aproveitado por você. As ligações desaparecem, e o anseio por algo exterior a você acaba.

Você está vivendo um momento muito excitante. Tem a oportunidade de compreender a sua consciência mais elevada e o seu potencial criativo. Cada vez mais e mais pessoas estão buscando os caminhos que desenvolvem os aspectos espirituais ou cósmicos da mente. Você tem a chance de tornar-se mais consciente e mais amoroso, de rir mais. Um sinal seguro de um ser desenvolvido é o senso de humor. O seu caminho de alma é uma perspectiva e um passo mais leves — uma chance de ser livre.

O Seu Caminho da Transformação

Cada um de nós nasce com lições específicas em nosso ciclo de vida. Na Índia, este dilema é chamado de *karma*. E, junto com as lições que está fadado a aprender, você nasce também com a sua própria programação genética, com o ambiente, os assuntos geracionais e a dinâmica familiar — todos além do seu controle.

É realmente um ato de malabarismo!

O caminho da transformação do seu signo solar explica por que determinadas condições prevalecem em sua vida e por que estes padrões ocorrem repetidas vezes. O seu caminho da transformação é o destino que você deve encarar na sua vida. É um sistema de pensamento que tem em comum com todos os outros assuntos do seu signo solar.

66 Signos da Alma

Destino

Quando você consulta um astrólogo e tem o seu padrão de vida explicado, torna-se consciente dos aspectos do seu destino, os bons e os maus. Para mim faz sentido que estas características reflitam o desdobramento dos processos naturais de outras vidas e também os padrões hereditários e os programas familiares desta.

O seu destino é continuamente criado pela maneira como você pensa e com o que faz. Não é necessariamente negativo, embora seja da nossa preferência pensar sobre isto desta maneira. Cada ação que realizamos (karma significa "ação" em sânscrito) provoca uma reação igual; o bom produz uma recompensa e o mau, um efeito que precisa de correção, embora estejamos livres a qualquer momento para mudar tudo. Temos o direito como almas de superar um erro que fizemos no passado ou na vida atual.

Liz Greene, uma astróloga de renome mundial, diz em seu livro *A astrologia do destino* (Ed. Cultrix, 1999): "Compreender o nosso destino é compreender o nosso relacionamento com as leis naturais do universo." A cura do destino pode ser realizada somente após haver um reconhecimento de um poder superior. Após esta brecha na consciência, nosso livre-arbítrio e a nossa sagrada liberdade de escolha nos ajudam a superar a ignorância trazida das vidas passadas.

O nosso bloqueio do ego, o nosso poder da alma e o nosso caminho da transformação são todos predestinados. Ésquilo, um dos maiores dramaturgos de Atenas, diz em sua peça *Prometeu acorrentado*: "Nem mesmo Zeus, o Rei dos Deuses, pode escapar do destino." Você escolhe vir para o plano terreno no dia do seu aniversário exatamente no momento certo

O Signo Solar: Uma Impressão Digital da Alma

para a sua lição de alma. Assim como o seu tipo sangüíneo e a sua estrutura óssea, o seu momento de nascimento e tudo que ele vincula não podem ser mudados. Mas você pode, entretanto, agindo com o poder da alma do seu signo solar, ultrapassar as dúvidas e medos do bloqueio do ego. Então a sua resposta ao seu destino muda e as expectativas não realistas desaparecem. Quando você toma a decisão de seguir o fluxo, a sua busca pela felicidade melhora muito.

Como disse o grande filósofo alemão Nietzsche: "O destino do homem prepara momentos felizes e não tempos felizes."

Destino e Livre-arbítrio

Quando falo sobre a astrologia para um grupo de pessoas que não conhece nada sobre o assunto, surge sempre o tópico sobre o destino. A nossa vida é só destino? Temos alguma escolha? Qual o controle que temos? O que podemos fazer para mudar o nosso destino, ou isso é possível? A resposta daria um livro. A minha explicação como astróloga e estudiosa da vida é: a astrologia baseia-se numa lei da ordem natural onde existem objetivos básicos que apóiam o crescimento e a maturidade.

Cada signo solar separado encerra em sua natureza uma sabedoria inata suficiente para ser totalmente poderoso no mundo, criando tudo de que você precisa na vida. Uma palavra ou um pensamento podem mudar a sua vida se você agir com o poder suficiente para isto. Isto é feito através do contato com a sua parte brilhante e congenitamente poderosa, a sua alma. Esta parte sábia e conhecedora de você proporciona o bom julgamento necessário para que você aprenda com as suas

68 Signos da Alma

experiências de vida. As sutilezas ficam mais fáceis de serem detectadas. Em vez de confusão, você pode simplesmente *saber* quando avançar ou retroagir. Pode vivenciar uma melhor qualidade de vida, e as dúvidas em relação a si próprio desaparecerão.

Está escrito. Este é o significado de destino, e como os planetas passam pelas constelações num padrão previsível, o nosso destino está escrito nas estrelas. Um ditado espiritualista importante que ouvi várias vezes afirma: "Tudo está onde se supõe encontrar." Traduzo isto como: nascemos no momento perfeito e morremos no momento correto para realizar o nosso destino e a nossa sina. Você não pode vir para o plano terreno no momento errado ou partir num momento impróprio.

Acredito também que exista uma ligação positiva entre a conduta humana e a lei ordenada da natureza. Não acho que mereçamos uma punição, embora ao olharmos para o mundo encontremos várias pessoas que esperam pela sua. Não há como ver o cenário inteiro do ponto de vista individual. Possivelmente você não conhece o início e nem o fim.

O bloqueio do ego está ligado aos resultados. Quando você está ligado emocionalmente ao controle da situação, perde o seu estado superior de consciência e cai numa complicação maior. Você deve permanecer no momento e entregar a sua vontade à vontade superior para superar a sua ignorância e confusão. A entrega para a sua melhor parte significa ter uma grande força.

Acredito na reencarnação. Isto me dá uma perspectiva diferente sobre as coisas que não conheço ou compreendo nesta vida. Neste momento na história tão egocêntrico e que nos acomete de um sentido de impotência, nós desejamos controlar tudo. Não podemos. Desejar estar no controle é o primeiro objetivo do nosso bloqueio do ego.

O Signo Solar: Uma Impressão Digital da Alma

No passado, particularmente até o século XVIII, as vidas humanas eram dominadas pelos monarcas, sacerdotes e militares, e controladas por cerimônias religiosas rígidas e ritos sociais. Havia pouca liberdade ou livre-arbítrio individuais. Os líderes ficavam aprisionados pelos modelos do governo que criavam tanto quanto os camponeses. Mas atualmente, com toda a nossa liberdade (particularmente no Ocidente) não temos visão e ficamos confusos, cegos para as conseqüências dos nossos atos, criando condições tóxicas ano após ano. Perdemos o contato com a natureza e a lei natural. Ao entrarmos nesta nova era de Aquário, espero que possamos criar uma maneira integrada e evoluída de encarar o nosso destino com mais responsabilidade pelos nossos atos e pelo efeito que terão no futuro.

Por que Eu?

As lições mais difíceis de serem aprendidas são as que parecem injustas. De onde vem isto? Por que isto aconteceu comigo? Ouço tais perguntas todos os dias. O signo sob o qual você nasceu pode lhe dar informações valiosas de como lidar com a dificuldade e com as situações dolorosas.

Por exemplo, uma cliente minha libriana veio para uma consulta. Estava com trinta e poucos anos, atraente como a maioria dos librianos. Sua carreira estava muito bem. O problema era que a sua vida amorosa não existia, mas sentia que era tempo de se casar e ter uma família.

Embora tivesse tido vários namorados, e até ficado noiva uma vez, o casamento a enchia de medo. Sempre que chegava a hora de tornar a relação mais séria, ela recusava. Fazendo

70 Signos da Alma

perguntas, descobri que era muito ligada à sua família. Isto me deu a chave que precisava para ajudá-la.

Libra é o signo que rege o Leste. No Hemisfério Oriental, os ancestrais são reverenciados, e com freqüência a família mora toda junta. O ego de cada pessoa não é muito individualizado. Existe uma consciência de grupo de família no Oriente que não prevalece no Ocidente.

Os librianos que nascem no Ocidente são muitas vezes atraídos pela filosofia oriental e com freqüência assumem características asiáticas. Saber que ela era libriana esclareceu para mim o seu dilema. O poder de Libra é a conscientização, a capacidade de ver tudo de um ponto de vista da empatia, considerando sempre as necessidades dos outros. É um poder maravilhoso, mas o bloqueio dela de perfeição absoluta a impedia de encontrar a felicidade com um homem e criar uma família própria.

À medida que pensava a respeito do problema dela, ocorreu-me que:

1. Ela estava tentando se casar para agradar à sua família e para encontrar o homem perfeito para eles, não para ela.
2. Sua imagem de si própria baseava-se no que as outras pessoas pensavam dela.
3. Era uma dessas pessoas que passavam uma imagem de segurança, mas no seu interior estava em conflito entre os seus pensamentos e os seus sentimentos.

Durante a leitura, senti que a minha cliente tinha uma grande necessidade de agradar a todos e de ser perfeita. Embora extremamente eficiente e decidida no trabalho, na vida amo-

O Signo Solar: Uma Impressão Digital da Alma

rosa não sabia que tinha o direito de ter aquilo que queria. Realmente não sabia o que precisava num homem para ser feliz num relacionamento. Quando estamos fechados para o nosso bom senso, ficando absolutamente ignorantes a respeito das coisas simples, o nosso caminho da transformação está ativo. Já notou outras pessoas inteligentes fazendo as coisas mais tolas? É óbvio para todos, exceto para elas, que os seus processos de pensamento estão desligados. Você pode estar certo de que elas estão lutando contra o seu caminho da transformação.

Após explicar para a minha cliente que o seu caminho da transformação nesta vida era o dos seus relacionamentos pessoais, sugeri que poderia aprender marcando encontros com homens que fossem atraentes para *ela*. Disse também que deveria conhecê-los como amigos e não se preocupar com o resultado da relação no primeiro encontro. Ver cada homem como um marido em potencial que deveria ser aceito pela sua família a aprisionava ao medo da rejeição que sempre acompanha o perfeccionismo.

O perfeccionismo estava mantendo a minha cliente voltada para os assuntos mentais externos. Seus objetivos eram baseados no *eu preciso*, *eu devo* e *tenho que*, e não sabia como se voltar para os seus próprios sentimentos a partir do seu coração. Quando aprendeu a reconhecer os seus padrões, começou a fazer escolhas melhores. Sugeri ainda que conversasse com amigos que fossem felizes no casamento e conseguisse informações sobre como marcar um encontro com o casamento em mente em livros e *workshops*. Senti também que poderia procurar um aconselhamento que fosse da sua escolha.

Acredito na ajuda da terapia quando temos um problema para tomar decisões produtivas. A astrologia *é* uma terapia de

72 Signos da Alma

conscientização, mas, se o problema tiver raízes profundas, a pessoa precisará conversar sobre ele com um terapeuta qualificado.

Escolhas

Muitas vezes confrontamo-nos com situações as quais não podemos controlar, como ser despedido, a surpresa de uma doença ou a rejeição de um ser amado. Passamos por épocas previsíveis como a adolescência e a meia-idade que podem virar a nossa vida de cabeça para baixo.

A cada dia somos apresentados a escolhas que nos poderão afetar por um longo tempo. Somos basicamente *aqueles que decidem*. Algumas decisões são tomadas rapidamente, sem muito pensar, e outras nos ocupam por bastante tempo.

Lidar com a escolha faz parte do nosso ciclo de amadurecimento. Ajuda-nos a lembrar que fazer escolhas é um dos maiores dons que temos como seres humanos. Tomar decisões corretas e ponderadas é mais fácil quando:

1. Temos a firmeza para resistir à tensão e adiar a ação.
2. Pensamos em todas as possibilidades e conseqüências.
3. Acalmamo-nos, lembrando do nosso poder de alma e ouvimos o nosso coração antes de agir.

Independentemente do signo, meus clientes com freqüência me perguntam: "Como sei o que é certo para mim? Como posso decidir o que é certo para mim? Como posso decidir o que fazer?" Acho que nunca é difícil saber o que é certo. Na maior parte do tempo, sabemos em nosso coração quando

O Signo Solar: Uma Impressão Digital da Alma

estamos fazendo uma má escolha, mesmo que neguemos. Se parece que existe um conflito entre duas direções e ambas parecem certas, veja isso como uma mensagem de que não está sintonizado consigo mesmo. Retarde um pouco a sua decisão. Tenho uma amiga canceriana que diz: "Quando estiver em dúvida, não aja." Quando estiver mais relaxado, a sua precisão natural voltará. Você também poderá dizer como a mestre siddha Gurumayi Chidvilasananda: "Quando em dúvida, seja gentil." Outra orientação é "Quando em dúvida, preste serviço." Saia do seu caminho e olhe para o cenário maior. É mais fácil ver o que é melhor para todos os envolvidos.

Quando você se vir como um ser ilimitado e co-criador com a sua alma, a vida se tornará a aventura que deve ser. Você sempre poderá sentir o que é certo e confiar em si mesmo. O poder da mudança e da retificação não está no passado ou no futuro, mas no momento em que você está vivendo agora. Se cometer um erro, quase sempre poderá ser bem-sucedido na próxima vez. Se não conseguir, tente novamente.

Quando o destino traz um momento de mudança de vida, você na verdade está recebendo uma oportunidade de agir de modo criativo. Somos todos responsáveis por todas as nossas ações. Somos responsáveis pelas conseqüências, mas nada é tão determinado que não pode ser mudado. O poder da escolha é uma das nossas maiores vantagens.

O seu caminho da transformação é realmente neutro. Tudo reside na maneira de encará-lo. Você tem a escolha de ver as coisas como positivas ou negativas a cada segundo.

Quando o seu caminho da transformação é ativado pelas frustrações da vida, um sentimento de ignorância controla a sua mente, e é difícil tomar a menor das decisões. Congelado pelo medo, temendo cometer um erro, você cai na crença ex-

74 Signos da Alma

trema do preto ou branco, do certo ou do errado, de vencer ou perder. A resposta é desistir do resultado. Você não pode controlá-lo de forma alguma. Mantenha o seu objetivo. Sem o medo constante de tomar uma decisão errada, o seu poder da alma amorosamente lhe dará as respostas, se você ouvi-lo.

Participação no Fluxo de Energia

A sua vida tem vários ciclos que podem ser vistos como correntes de energia. Para observar este fluxo, você precisa ver a vida de um ponto fora da sua consciência regular. Algumas pessoas chamam este ponto de vista objetivo de "A Testemunha". Desta posição destacada temos a clareza para fazer as melhores escolhas.

No meu olho da mente tenho um quadro mental desta corrente de energia psíquica. É como um rio, refletindo cada cor do arco-íris, mas emanando um belo azul translúcido.

Quando viajei para o Egito, era bem visível até onde o rio Nilo era utilizado para a irrigação. O verde vibrante das sementes do algodão e das outras vegetações se destacava do deserto, como se alguém tivesse passado uma régua e traçado uma linha onde a umidade parava. Diretamente sobre aquele ponto, começava o deserto. Não havia uma condição intermediária — ou era a vegetação verde ou o deserto amarelo. Onde a enchente acabava, era seco e estéril.

O Nilo é abundantemente vivo e tem uma aparência brilhante; é um rio intencional. A água corre tão rápida que parece como fios tecidos juntos, como uma corda que está sendo puxada para o mar. É assim que visualizo o fluxo da energia psíquica — belo, cheio de cores, restaurador, doador de vida e bem-vindo. Sempre que flui, a vida é renovada.

O Signo Solar: Uma Impressão Digital da Alma

Quantas vezes você teve a oportunidade de prosseguir com facilidade, de seguir o fluxo, mas preferiu o deserto da desesperança?

Se o seu objetivo é permanecer no fluxo, aqui estão algumas coisas que observei na minha vida e nas vidas dos meus clientes, e que poderão ajudá-lo.

1. A sua alma opera pelo poder do amor, e estar atento traz a compreensão de que você precisa para superar condições do passado.
2. Embora deseje ardentemente, não poderá fazer ninguém feliz; poderá somente partilhar a sua felicidade e contentamento com os outros.
3. O catalisador para curar velhas feridas vem a partir do perdão; o passado é liberado, colocando-o de volta no fluxo de apreciar a vida.
4. Quando observar a sua vida com amor, atingirá um ponto em que terá a oportunidade de notar que tudo acontece para o melhor.
5. Quando souber que tudo que acontece segue "a ordem divina", poderá aprender a confiar no seu julgamento atual para atingir o seu destino.
6. Quando você está seguindo o fluxo e surge uma dificuldade, compreende que lamentar-se é perda de tempo.
7. A perda e a frustração são parte da vida e chegam no momento apropriado. Estes eventos são nossos mestres; é com eles que nós aprendemos.
8. Em vez de perguntar: "por que isto está acontecendo comigo?", pergunte: "o que posso aprender com isto?" "Como isto aumentará as minhas forças?" "Qual a maneira que me tornará mais consciente?"

Signos da Alma

9. Os bons tempos ficam ainda melhores com a força que você ganha com estes momentos.

10. Em situações de grande desespero e estresse, quando as suas perspectivas parecem enfraquecer, você tem a chance de transformações ainda maiores pela entrega a este poder superior.

"Seguir o fluxo" significa ser capaz de estabelecer um relacionamento com o processo da vida como um todo. Ralph Blum, autor de O *livro das runas* (Ed. Bertrand Brasil), descreve a runa escandinava *Fluxo* desta forma: "Quando em águas profundas, seja um mergulhador."

Não tenha medo de mergulhar! Os processos da vida são cíclicos, e o que parece uma punição é uma oportunidade necessária e importante para a purificação e o crescimento. Ela limpa o caminho para o renascimento com o seu poder de alma e afasta as ansiedades desta vida que o mantêm no ciclo contínuo de reencarnação.

O Valor da Confusão

Quantas vezes nos deparamos com o dilema de definir a realidade de uma situação: "devo ir ou não?" "É a pessoa certa para mim?" "Qual o trabalho ou o colégio que devo escolher?" Lembre-se, a verdade é sempre relativa para o seu próprio ponto de vista pessoal — é ilusória. Somos separados pelos dois lados da nossa personalidade: a condição humana, feita pela nossa mente e pelos nossos sentimentos contra a nossa natureza espiritual interna. Nesta confusão não há meios de escapar da dúvida e da indecisão, exceto por *um puro e simples ato*

O Signo Solar: Uma Impressão Digital da Alma

de fé. Quando praticamos este dom do livre-arbítrio dado por Deus, ninguém pode lhe dar a resposta senão a sua própria alma.

Existe uma lei universal de caos ou confusão que os hindus chamam de *maya*, "a grande ilusão". Há sempre um véu da ilusão em tudo que chega em nosso caminho, e cada momento nos dá a oportunidade de rompê-lo. A questão é: queremos realmente perder as nossas ilusões? Podemos encarar a verdade? Nossos bloqueios do ego certamente apreciam a ilusão, e a recusa é feroz na maioria da vida das pessoas. Cada situação com a qual nos defrontamos nos dá a chance de nos vermos: as outras pessoas nos refletem. Vemos aquilo que queremos ver.

Agora que vivemos na era da informação, parece que somos subjugados pelos fatos e pela desinformação, aspectos de maya. Com a informação vem a necessidade de separar os fatos que são verdadeiros, mentirosos ou confusos na propaganda, na política e até nas fontes mais confiáveis: nossos pais, professores, colegas e até nossos professores espirituais. Mas são as ilusões que permitem que o indivíduo aja com o livre-arbítrio. Sem a lei do caos, ou maya, ficaríamos aprisionados em rituais e regras, cegos para a realidade sem esperança de mudança, desesperadamente confusos. Descobri que a confusão sempre precede uma decisão. É neste dilema de "é fato ou ficção? Real ou irreal? O que quero com isto?" que somos estimulados a prosseguir e tomar as decisões superiores que nos libertam da ignorância e da confusão trazidas das nossas vidas passadas. É como limpar o seu armário: quando você tira tudo do lugar, fica uma grande bagunça, mas, após separar as coisas e rearrumar tudo, você tem uma sensação maravilhosa de realização.

Signos da Alma

Parece que o mundo é um parque de diversão para as almas que procuram aproveitar a vida separadamente do Ser Supremo. Como elas nascem no mundo material, buscamos cada vez mais autonomia, mais realidade material e mais poder pessoal. Tornamo-nos profundamente enredados na individualidade, desenvolvendo o ego em excesso e ampliando o ciclo de reencarnação. Como é virtualmente impossível ser feliz fora da consciência de Deus, nossas almas têm um longo anseio de retornar à bem-aventurança suprema da nossa casa celeste. É a aspiração da alma que nos conduz de volta a Deus, mas isto deve ser feito sem perder o livre-arbítrio dela, o que é um equilíbrio delicado. Grandes mestres são enviados para nos ajudar a compreender, mas por causa de maya vários deles são mal compreendidos e rejeitados. Felizmente, se você deseja um conhecimento superior, pela misericórdia universal, existe sempre uma evidência adequada para distinguir a verdade da ilusão. Você pode ser liberado do ciclo de reencarnações, e um poder superior sustenta o seu crescimento.

Em nosso mundo atualmente, com a nossa inclinação para a lógica do lado esquerdo do cérebro e a tendência para ignorar a intuição do lado direito, somos alvos fáceis de maya. Para despertar do sono do lado esquerdo, devemos abrir as nossas mentes para planos mais sutis e lentamente voltarmos para o fluxo da realidade. Tal fluxo continua em outros reinos ou esferas da consciência, e à medida que evoluímos ficamos mais harmonizados com este conhecimento superior e com a verdade de Deus.

Você já se perguntou quais as características que desenvolveu nesta vida e que gostaria de levar com você pela eternidade? Qual o traço que desenvolveu que gostaria de levar com você, que gostaria de perpetuar na sua vida eterna? E quais

O Signo Solar: Uma Impressão Digital da Alma

memórias e anseios, quais os desejos não realizados e as ligações emocionais que o fazem retornar ao plano terreno?

É onde entra o caminho da transformação. Se você tiver apegos, medos e várias opiniões sobre o dinheiro, por exemplo, poderá voltar como um taurino, com um caminho para a transformação dos valores. Enquanto tivermos desejos terrenos e sentirmos confusão (maya), voltaremos ao cenário do crime. Cada momento faz parte da contagem. Você se torna aquilo que pensa. Cria aquilo que teme. Tive vários momentos em minha vida em que desejei ficar cinco minutos fora do palco, mas não funciona desta maneira. O universo registra de modo perfeito cada pensamento e cada ato.

Você se torna muito sensível quando compreende que, ao participar do fluxo de energia, os altos e baixos na vida trazem a única satisfação que realmente existe — uma vida interessante e variada com muita coisa para decifrar.

Evangeline Adams, uma grande astróloga que trabalhava na Cidade de Nova York na década de 1920, disse: "O conhecimento é poder, e a astrologia é a chave mestra para o cadeado da verdade." O seu signo solar e o seu mapa dão a orientação para você arbitrar o seu destino pelo uso da visão, do autodirecionamento, do autocontrole e da vontade de se conectar com o seu poder da alma.

Parte III

O Que o Seu Signo Solar Revela

A Linguagem dos Símbolos

A astrologia é uma linguagem simbólica que nos possibilita ter uma perspectiva objetiva de nós mesmos. Trata do mundo dos potenciais e das possibilidades, um passo além do nosso mundo tridimensional. Primeiramente nos dá uma perspectiva da consciência alterada, um método elevado do autojulgamento.

A maioria das pessoas se julga com dureza. Você já perguntou a alguém quais são os seus problemas sem obter uma resposta extensa? O simples fato de conhecer o poder e o bloqueio do seu signo oferece uma clareza para fazer avaliações e decisões positivas. É bom saber o que há de positivo sobre nós mesmos e também o que há de negativo.

Quando jovem, eu não era feliz com as características que supunha ter como capricorniana — ser responsável, prática, metódica e disciplinada. Não era muito incisiva também nas minhas piores peculiaridades — ser inibida e ter uma inclinação para realizar em excesso — pois sabia que eram autênticas. O que me desviou do caminho foi que não havia menção ao amor e nem à alegria, que estavam em primeiro lugar na minha mente naquele tempo. Não gostava do meu signo.

Levei anos de amadurecimento para compreender o valor dessas características capricornianas em minha vida, mas continuo procurando uma coluna de horóscopo que fale do amor pela vida do Capricórnio em vez de trabalho.

Com a minha prática, descobri que não estou sozinha; poucas pessoas sabem como utilizar os aspectos positivos do seu próprio signo solar. As dificuldades começam quando negamos o poder e a inteligência, que são o nosso legado natural, mantendo a visão de que somos meramente uma consciência limitada num corpo físico.

Ninguém é comum; somos todos *seres multidimensionais sob a forma humana*, num caminho evolucionário. Algumas das dúvidas pessoais podem ser evitadas simplesmente conhecendo-se a qualidade essencial do seu signo solar, o seu próprio dom do poder. Você também se beneficia dos poderes do seu ascendente, da colocação da sua Lua e até do oposto do seu signo solar.

Em 25 anos como astróloga profissional, tenho usado continuamente a astrologia como uma ferramenta para o meu próprio crescimento psicológico e espiritual. É preciso muita coragem para olhar para o próprio mapa e ver a realidade nua e crua sobre si mesmo, mas deve haver uma entrega à verdade e um desejo sincero de mudar antes que o mapa lhe revele muito sobre você mesmo, como faz com os outros.

O astrólogo se beneficia pessoalmente da astrologia por compreender que o seu próprio mapa conduz ao autoconhecimento, e esta conscientização ampliada abre a porta para a alma. O que aprendi com o meu mapa não somente me ajudou a me compreender melhor como ampliou as leituras que faço para os meus clientes. Pude ser mais precisa nas minhas interpretações vendo não somente os eventos principais como também os pequenos detalhes, tornando as sessões bem pessoais e estimulantes.

Após ler milhares de mapas, aprendi como interpretar não somente a personalidade do seu signo solar como também a maneira como as pessoas-chaves entram em sua vida. Sabendo somente a data do nascimento delas consigo informações que revelam a sua compatibilidade com elas. Mapas de compatibilidade podem ser feitos também para você e seu animal de estimação.

Tive um retorno maravilhoso dos meus clientes todos esses anos. A astrologia funciona! E funciona principalmente ajudando a preencher os hiatos na sua autocompreensão. Os seus relacionamentos com a família e com todos em sua vida aparecem no seu mapa, e também o modo como você se relaciona com eles *diariamente*.

Quando os seus bloqueios ou pontos fracos são revelados nas leituras, você é encorajado a agir de modo a contrabalançar o comportamento destruidor. Um cliente me disse recentemente: "A sua leitura não somente revela fatos sobre mim mesmo e sobre o meu futuro como me inspira a realizar o meu verdadeiro destino."

À medida que os mapas astrológicos ficaram cada vez mais reveladores para mim, comecei a ver como os signos solares mostravam características poderosas e específicas que atraem naturalmente as pessoas para a sua natureza mais elevada. Com o passar dos anos, vi a vida dos meus clientes evoluir radicalmente com a orientação astrológica. A astrologia é realmente uma terapia. Ela lhe dá a oportunidade de ver quais são os seus pontos fortes e quais são as suas fraquezas. Mais do que ser uma vítima da vida operando a partir do lado fraco, você poderá emergir como um ser humano poderoso.

O seu signo solar é um corpo de consciência que você pode chamar de signo "da família". O seu ascendente, que é determinado pelo momento do seu nascimento, descreve como você se mostra e a sua personalidade. Em geral, as pessoas agem mais como o ascendente do que como o signo solar. (A minha professora me disse há vários anos que não tentasse adivinhar o signo solar da pessoa por este motivo.) A Lua, que muda de trânsito a cada dois dias e meio, determina como você reage emocionalmente aos eventos da vida. A posição da sua Lua dá uma idéia da maneira como você foi criado. É a marca da família, e particularmente da mãe. Estes três fatores juntos orientam para criar uma vida satisfatória. Saber somente sobre estes três é suficiente para mantê-lo ocupado na pesquisa sobre a sua alma.

Como Utilizar Este Livro

A astrologia solar baseia-se na data do seu aniversário. Este é o sistema que utilizo neste livro. Com este método não é necessário fazer o mapa, mas é bom saber o seu ascendente, que é determinado pelo momento exato em que você nasceu, e a posição da sua Lua, encontrada no seu mapa natal.

Sabendo a data do seu nascimento, você pode aprender muito sobre si mesmo. O signo solar é partilhado com pessoas em todo o mundo. Onde você for poderá encontrar um companheiro de signo solar. Saiba o seu signo e também o de mem-

O Que o Seu Signo Solar Revela

bros da família e de amigos. Conheça os seus atributos e também os do ser amado.

Os 12 capítulos seguintes foram escritos sobre cada um dos signos solares. Esforcei-me para passar uma compreensão das qualidades de cada um, com uma ênfase especial nos bloqueios do ego e no poder da alma. O círculo completo do zodíaco é um ciclo de experiência. O zodíaco é um projeto do universo; os signos possuem uma seqüência natural trazendo todos os tipos de experiência necessários para induzir o crescimento da alma. Cada signo é uma parte distinta e separada da alma. Sugiro que leia todos eles, pois cada um rege uma área da sua vida — dinheiro, lar, relacionamentos, carreira, e outras. Com uma cópia do seu mapa você poderá seguir cada casa a partir do seu ascendente e aprender muito sobre você mesmo.

Os mapas astrológicos podem ser conseguidos atualmente com facilidade. Existem vários sites confiáveis na internet que enviarão o seu mapa por uma pequena quantia, mas a melhor maneira é ter o seu mapa interpretado por um astrólogo que lhe dê uma cópia.

Como somos afetados pelos nossos humores, é melhor ler sobre o seu signo mais de uma vez. O que parece pesado num determinado dia pode ser uma fonte de informação no outro. Você não é dominado pelos seus bloqueios de ego. Se reconhecer e aceitar o seu poder de alma, estará no caminho para conseguir um melhor relacionamento com você mesmo.

Cada signo solar está magneticamente ligado ao seu oposto, por isso procure por este signo também. Falaremos sobre ele na Parte IV deste livro.

Boa sorte nesta sua procura por novos caminhos de informação e de auto-ajuda. Nunca fiquei desapontada com a as-

88 Signos da Alma

trologia, e dou-lhe as boas-vindas para as suas maravilhas e sua eficiência prática. Que *Signos da alma* lhe tragam um conhecimento mais profundo que enriquecerá cada momento da sua estada na Terra.

Áries

21 de Março a 20 de Abril

Signo do Fogo regido por Marte

PODER DA ALMA: *Coragem, Instigação*
BLOQUEIO DO EGO: *Autogratificação*
CAMINHO DA TRANSFORMAÇÃO: *Consideração*

Áries é o primeiro signo do zodíaco. Pode parecer curioso para vocês iniciar o ano em 21 de março em vez de em primeiro de janeiro, mas na astrologia a energia do equinócio vernal, quando emerge a nova vida vegetal e animal, marca o ano novo da natureza. Quando a era precessional de Áries teve início em mais ou menos 2000 a.C., deixando para trás a grande era de Touro, houve uma mudança nas sociedades matriarcais para o domínio masculino. O Antigo Testamento registra que termi-

90 ♈ Signos da Alma

nou a adoração do touro (Baal) e o cordeiro passou a ser utilizado nas cerimônias de sacrifício. No Egito, teve início a dinastia de Amon-Ra, começando um período de adoração monoteísta. Esse foi o início da era patriarcal. É interessante o fato de que, tanto na cultura hebraica como na egípcia, os líderes foram chamados de Grande Pastor e levavam um cajado. O poder ariano da instigação os incitou por dois mil anos para criar as sociedades dominadas pelo masculino mantidas até agora na era de Peixes.

O primeiro momento de qualquer ação vem num clarão ígneo de potencial. Se vocês notarem este momento precioso e aproveitarem as possibilidades que ele oferece, certamente verão um empreendimento bem-sucedido. No zodíaco, Áries é considerado como sendo esta ação instigante e ígnea, tornando-o o iniciador que arrisca tudo para realizar os seus objetivos.

Vocês não têm medo. Parece natural instigar, sondar ou ser um pioneiro. Áries é regido por Marte, um deus da guerra, sendo simbolizado pelo carneiro, que rege a cabeça. Muitos arianos se parecem com carneiros, com ondulações dos lados da cabeça como se fossem chifres. São guerreiros desde o dia em que nascem; gostam de vencer, de ser o número um!

A coragem é um poder da alma de Áries e, quando vocês desejam realizar um objetivo, fazem de tudo para entrar em ação. O seu poder é a energia do começo que inicia o ciclo do caminho do Sol através das 12 constelações. Como o poder da coragem é o dom natural da sua vida, é mais fácil para vocês superarem os seus bloqueios que para os outros signos.

O termo coragem vem do francês *coeur*, que significa "coração". Implica firmeza de mente e de vontade em face do perigo ou da dificuldade extrema. Os arianos têm o temperamento

O Que o Seu Signo Solar Revela ♈ 91

de se manterem contra as oposições, as interferências ou as tentações. O poder da coragem ajuda também a suportar os períodos da sua vida que não são apropriados para a aventura ou o risco. Existem momentos em que vocês devem perseverar, deixar de lado a *persona* do Vencedor e simplesmente agüentar firme. Quando o ariano focaliza sobre a importância do momento e deseja ajudar, resolver problemas é a sua especialidade.

Não quero ignorar o ariano introvertido, que nunca fala abertamente e nem tenta chamar a atenção. Este percorre o mundo com coragem e astúcia mental. Uma cliente minha ariana disse recentemente que colocaria algumas das informações positivas da leitura do mapa que tinha feito para ela na sua "lista de motivos de orgulho". Gostei da idéia e tenho agora uma lista dessas para mim sobre a minha escrivaninha.

Uma professora de quarta série na Califórnia pediu que a sua turma escrevesse sobre o tema "Uma esperança para o mundo". Reproduzi aqui partes da composição de uma menina. Não sei qual é o seu signo, mas o seu espírito é ariano.

Eu sou a Lua.
Eu sou o céu.
Sou alguém que ninguém nunca foi.
Sou a pessoa que consegue tudo o que eles querem.
Sou a única princesa no mundo.
Sou um astronauta que sempre vai para Plutão.
Sou maior do que qualquer coisa.
Sou a regra principal.
Sou o mundo.
Sou como ninguém pode ser.
Sou uma bailarina que nunca tropeça quando está dançando.

92 ♈ Signos da Alma

Sou uma flor que nunca morre.
Sou um copo que nunca quebra.
Sou livros, livros e mais livros.
Sou alguém realmente grande.

Gloria Steinem, uma ariana, é um exemplo de persistência no longo arrastão do movimento de liberação das mulheres. É interessante acompanhar como ela cresceu pessoalmente à medida que o movimento progrediu em vinte anos. Sua aparência e suas idéias joviais ainda são atuais e apropriadas para as jovens mulheres da década de 1990.

Os arianos são lutadores da liberdade de expressão. São guerreiros nobres na vida, cheios de uma persistência teimosa e não reconhecerão uma derrota. Dois arianos pioneiros corajosos que trouxeram novas idéias para o mundo foram Thomas Jefferson e Joseph Campbell. Jefferson ajudou bravamente a criar os Estados Unidos desafiando e traindo a coroa da Inglaterra. Acreditava nos direitos dos colonos e agiu confiante sobre isto. Foi o autor principal da Declaração da Independência, embora tivesse uma vida ativa na França, o que era uma controvérsia. Os arianos estão sempre sobre o fio da navalha, e Jefferson era um verdadeiro renascentista, com inúmeros talentos. Sua bela casa na Virgínia, Monticello, que ele projetou, abrigava várias das suas invenções e seus jardins ainda encantam os visitantes. Sua cabeça tinha uma aparência nobre com uma pele rosada e cabelo vermelhos — um verdadeiro ariano.

A frase famosa de Joseph Campbell, "Persiga a sua felicidade", é certamente um sentimento ariano. Campbell é conhecido principalmente pelo seu trabalho com o Herói mítico,

O Que o Seu Signo Solar Revela ♈ 93

que é um símbolo solar. Sua abordagem original da mitologia foi necessária numa época em que a alegria tinha sido retirada da experiência mística por uma sociedade excessivamente literal.

É perfeita a escolha do ariano Joseph Campbell pelo Herói. Desde a infância, todos fomos fascinados e movidos por histórias de pessoas que são como nós em alguns aspectos mas que parecem realizar mais do que nós. Estes heróis não são todos seres míticos como o Rei Artur e Lancelot; atualmente existem figuras nos esportes, os astronautas e até heróis das revistas em quadrinhos como o Super-homem. Todos os heróis são buscadores de algo maior do que eles, e enfrentam obstáculos enormes para realizar seu objetivo. O ariano se ajusta perfeitamente a esta categoria, e como todos nós temos o Áries em algum lugar no nosso mapa natal, vocês e eu somos todos buscadores, e conseqüentemente os heróis de nossas próprias vidas. Nas histórias clássicas, o herói ou o rei com freqüência morre no final. Talvez isto indique que o ego está evoluindo à medida que vencemos cada batalha na vida e que devemos morrer na forma antiga para iniciar uma nova.

Áries — e o Áries em nós — passa por momentos em sua vida em que é intensamente fadado a começar várias e várias vezes e mais ou menos forçado a usar o seu poder da instigação. Após ter saído de uma empresa em que estivera empregada por muito tempo e começado a trabalhar por conta própria, sonhei que estava no fundo de uma piscina com todas as partes do meu corpo separadas e à deriva. Lembro-me que fiquei horrorizada e que despertei instantaneamente. Só consegui alívio da minha ansiedade sobre o significado do sonho quando li a explicação de Jung sobre a separação das partes, ou a morte do ego, uma fase do crescimento pessoal. Jung

94 ♈ Signos da Alma

fala sobre a inflação e o esvaziamento do ego à medida que atravessamos certas passagens da vida. O meu sonho de separação das partes do corpo certamente era um esvaziamento de como eu desejava me ver. O sonho significou que a minha vida tinha prosseguido tanto quanto possível numa direção. Após o ápice de uma experiência de algum tipo, positiva ou negativa, houve uma tendência de fragmentação na vida visando a uma rearrumação num caminho para novas alturas. Então, o mesmo processo é iniciado novamente. Isso fez muito sentido na minha vida naquele momento, por isso, com muito alívio, deixei o passado para trás, estabeleci novos objetivos para mim e, sentindo-me renovada, parti para uma nova vida.

Quando o seu desejo de ganhar um prêmio é realizado, vocês começam novamente. Após cada triunfo, há um esvaziamento. Vocês renascem e se encaminham para novos ideais, e a vida continua. Os arianos estão sempre prontos para um desafio. Raramente ficam parados por algum tempo; são os lutadores do zodíaco. Não conseguem se sentir desanimados por muito tempo, pois ficariam aborrecidos.

Talvez o planeta Marte tenha sido escolhido como regente de Áries porque fisicamente é um planeta vermelho. O vermelho é a cor do desejo e da paixão — que certamente descrevem muito bem a abordagem ariana na vida. A maioria dos arianos adora esta cor.

O símbolo de Marte é também o símbolo da energia masculina: um círculo com uma seta que se projeta para cima no lado direito. O círculo simboliza o amor ou a completude, e a seta indica o movimento para a ação.

Nunca me deparei com um ariano que não tivesse idéias fortes sobre tudo. Áries é a energia do "prosseguir a todo custo". Signo do fogo e de grande fé, não pergunta o porquê, mas se atira para o evento pela própria ação em si e aprende com a experiência.

Arianos, vocês são vencedores em tudo o que fazem, tentando sempre sobrepujar tudo. A palavra *perder* não existe no seu vocabulário. Procuram carreiras onde há muita ação, como os esportes, a carreira militar e o empresariado. Os arianos gostam de trabalhar de modo independente dos outros. Em geral não apreciam figuras autoritárias e possuem como poder da alma a coragem para enfrentar o desconhecido.

Áries rege a Inglaterra e a Alemanha, e as pessoas que nascem nestes países são excepcionalmente individualistas. É irônico que o povo cabeça dura e independente da Inglaterra entre nas filas sem reclamar, como cordeiros. É também interessante notar que a família real inglesa tem raízes alemãs.

A aparência do ariano é dinâmica: corpo forte, face e pescoço alongados e pele corada. Existe um brilho avermelhado no cabelo, e várias arianas pintam o cabelo de vermelho ou castanho-avermelhado. Os arianos estão sempre em movimento, os olhos são ígneos e diretamente focalizados no objetivo.

Gostam de muita ação, e os atores arianos são atraídos pelos desafios. Pensem nas personalidade de Eddie Murphy, Steven Seagal, Andy Garcia e David Letterman, que nunca se sentam. As arianas, que incluem Paulina Porizkova, Reba McIntire, Ellen Barkin e Diana Ross são chocantes em seu porte dramático.

Os arianos são muito expressivos. São os *sensíveis* que gostam de experimentar fisicamente. Podem ser ingenuamente destemidos, muitas vezes agindo sem dar um tempo para se conscientizarem dos perigos e das implicações dos seus atos. Isto os leva ao bloqueio ariano imposto por aceitarem o próprio poder e a realização dos seus objetivos: a autogratificação.

96 ♈ **Signos da Alma**

Bem, arianos, podem colocar suas luvas de boxe. Vou falar sobre todos os pontos contraditórios de vocês. Prendam a respiração. No lado melhor, são os primeiros a serem derrotados e depois prosseguem animadamente com inspiração e entusiasmo. Não conseguem parar!

O bloqueio da autogratificação os mantém em movimento e irrequietos, estimulando o desejo de vivenciar tudo fisicamente, mas o lado mental não é o seu forte. Com a tendência do Áries para a auto-absorção, vocês têm muito a aprender no relacionamento com os outros. A atitude de "em primeiro lugar eu" realmente prejudica a intimidade que um relacionamento pode trazer. Se tem de ser sempre você em primeiro lugar, é você consigo mesmo. Como uma pessoa pode se tornar íntima, se você está sempre em movimento, mesmo se os seus objetivos têm propósito? Os arianos precisam controlar o seu comportamento egocêntrico.

O caminho da transformação de Áries é a consideração. A palavra *consideração* significa pensar com cuidado, com paciência e simpatia pelos outros. Para ter um sucesso verdadeiro, vocês devem diminuir o ritmo o suficiente para considerar as necessidades das outras pessoas assim como também as suas. A autogratificação é a antítese da consideração. Vocês podem negar o seu comportamento egocêntrico pensando que consideram os outros — o que não poderia estar mais longe da verdade. Dediquem um tempo para fazer um inventário do que realmente está acontecendo nos seus relacionamentos e mais algum para confirmar as suas conclusões. Os arianos podem se perder quando unem os seus sentimentos e atitudes com os de outras pessoas. Isto conduz a suposições totalmente erradas.

Quando um bebê nasce, a primeira ação (bem ariana) é

O Que o Seu Signo Solar Revela ♈ 97

chorar, gritando para ser reconhecido e testando como é sentir-se um ser humano individualizado.

Um dos aspectos mais profundos da energia de Áries é o desejo de vencer todas as batalhas ou de superar qualquer dificuldade que surja. O nascido sob o signo de Áries gosta de ser o primeiro, resistindo a todas as tentativas de ser interrompido ou controlado. Esta atitude os faz mergulhar de cabeça numa luta seguida de outra pelo poder. Se a ação é boa ou má, isto é irrelevante. O discernimento sai pela janela quando o objetivo é o arrepio da excitação.

O seu desejo urgente de perseverar sob qualquer condição sem examinar precisamente os fatos os mantém com problemas até que ocorra um evento final que os incita a despertar. Vocês então ficam mais conscientes do cenário total apesar de si mesmos.

A popular série de televisão *Jornada nas estrelas* é um exemplo excelente desta inclinação audaciosa para assumir os riscos do ariano. A espaçonave Enterprise, sob o comando do Capitão Kirk e do Capitão Picard, viaja por anos a fio entre as galáxias, passando por uma aventura atrás da outra, quase não se recuperando de um trauma antes que surja outra crise. Este seriado de sucesso já tem mais de vinte anos, mas nunca houve qualquer menção aos resultados da sua missão. Seu objetivo parece ser somente a aventura. Sendo de um signo da terra, eu adoraria ver somente *um* episódio em que houvesse um projeto em que aparecessem os resultados. É muito apropriado que William Shatner seja ariano, como vários outros atores que trabalharam em *Jornada nas estrelas*.

Outro grande bloqueio do ariano é a sua obsessão pelo amor e pelo sexo. Um bom exemplo deste vício foi o famoso ariano Casanova, nascido na Itália em 1725. A história o classificou

98 ♈ Signos da Alma

como um aventureiro, mas suas amigas o chamavam de namorador, um julgamento longe de ser injusto considerando a característica "não deixe escapar nada" de Áries. Mas não pensem que somente os homens de Áries são obcecados pelo sexo; existem também *as* Casanovas. Além da carência, ambos os sexos escolhem objetos de afeto impossíveis, sem uma esperança de receber qualquer amor verdadeiro ou pelo menos um afeto em retorno. Enquanto os seus objetivos forem de conquistar amantes, o resultado é previsível: desastre e coração partido.

Com freqüência arianos e arianas se acham envolvidos num relacionamento com uma pessoa difícil de ser conquistada. Isto realmente aguça seu apetite de ser aquele que ataca e joga pesado para conseguir o que deseja. Os arianos muitas vezes confundem desejo com amor. Muitos arianos jovens chegam ao meu consultório confusos com a sua vida amorosa. Para provocá-los, peço que me mostrem a faixa com os nós, cada um correspondendo a uma pessoa que perseguiram e conquistaram. Revelam então uma lista secreta — dos que escaparam.

Arianos, vocês devem compreender que *vencer* o amor não é o objetivo de um relacionamento. Vocês podem prender a atenção de alguém por um tempo, mas não fazer essa pessoa amá-lo. Se tiverem sorte ou forem habilidosos o suficiente para ganhar o seu amor, isto os colocará numa posição de perdedor mesmo que não tenham, a princípio, consciência disto. Em vez do amor verdadeiro, é o "eu venci e você perdeu". Vocês então perdem o interesse e partem para a próxima aquisição.

Os arianos acham que o amor é um desafio. Enquanto houver uma perseguição e uma recompensa para vencerem, permanecerão interessados. Quando o caos acaba e o ser amado sucumbe, vem o desinteresse e o vício do amor ariano se voltar para novos desafios. Este amor de perseguição costumava ser considerado uma característica masculina, porém várias das minhas clientes arianas vêm para uma consulta desejando descobrir quando o seu próximo objeto de amor aparecerá. É necessária uma reavaliação da sua abordagem quanto aos compromissos. Um relacionamento compatível com atração de ambos os lados pode não ser tão excitante quanto uma perseguição, mas é muito melhor a longo prazo. Existem sempre pessoas que gostam de ser perseguidas. Precisam de muita atenção para montarem o seu ego, mas como os arianos logo se cansam de tomar conta e de cuidar, saem para novas caçadas.

Não é surpresa saber que várias pessoas viciadas em cocaína e em velocidade sejam arianas. O planeta Marte rege a adrenalina, e ir ao extremo pode também ser muito excitante. Já vi muitos arianos com problemas nas glândulas suprarenais por terem se esforçado demais, bebido cafeína em excesso ou, pior do que isto, usado drogas. Uma vez estava fazendo uma interpretação para uma cliente ariana e descrevi as características gerais de Áries dizendo: "Você gosta da velocidade." Ela se levantou e disse chocada: "Como você sabe?" Fiquei surpresa com a reação dela, pois era como eu a estava descrevendo. Ao ver o seu mapa e toda a sua energia ariana subjacente, não me surpreendi ao saber que estava com problemas por tomar anfetaminas. Os vícios podem conduzir a uma busca embriagada por empregos inexpressivos, relacionamentos problemáticos e outras situações de confronto na vida que nunca são resolvidas. A confusão e a depressão conduzem a um caminho autodestrutivo. Não haveria necessidade de tanta energia desperdiçada se vocês pensassem sobre as conseqüências dos seus atos, substituindo a gratificação imediata pela paciência e a perseverança.

100 ♈ Signos da Alma

O Que Pode Ser Feito

Agora que já fiz um quadro terrível dos seus pontos fracos, vamos ver o que vocês podem fazer para corrigi-los. Como são dotados de uma coragem considerável, a cura está ao seu alcance uma vez que decidam buscá-la. E a força da sua recuperação é exatamente igual à força do seu bloqueio.

Três Passos para Curar o Seu Bloqueio

1. Assim que tiverem consciência da necessidade da autogratificação, saibam que isto é o seu bloqueio do ego emergindo. É a parte do seu ser inferior empurrando-o para uma espiral descendente. Quando surge um bloqueio, vocês ficam dominados pela ansiedade. O primeiro sentimento é de ignorância: "Como posso lidar com isto sem me fazer de tolo?" O segundo é geralmente de medo. Depois surgem os mecanismos de defesa.

2. Diminuam o ritmo e utilizem o seu poder da coragem para transcender os pensamentos e atos autonegativos. Isto requer um pouco de fé e um comprometimento com um caminho espiritual. A coragem enfrenta os riscos, e vocês possuem esta habilidade.

3. Compreendam o seu caminho da transformação através da consideração pois isto os ajudará a se libertarem do comportamento destrutivo da autogratificação. Isto poderá levá-los para o seu caminho espiritual. Embora os arianos sejam independentes, seu destino é ser colocado em situações de vida em que as necessidades das outras pessoas parecem superiores. Deve haver uma avaliação cuidadosa das

necessidades de todos — das suas também — para resolver o assunto de vez.

Deixem-me levá-los através do processo. O seu bloqueio é a autogratificação e o seu poder é a coragem. Não devem se preocupar em ter de desistir da sua vida de aventuras. Não há nada de errado com a gratificação. É a sua falta de consideração que precisa ser curada. Vocês devem aprender a controlar a sua natureza impetuosa pensando antes, tendo paciência e usando o seu caminho da transformação da consideração pelos outros e também por vocês.

O próximo passo envolve a presteza de desistir do pulo cego para um comportamento autodestrutivo, embora pareça que ele lhes traz uma gratificação imediata. Ao usarem o seu poder da alma inato que é a coragem, poderão enfrentar o desafio de liberar a sua urgência. Vocês devem se dar um tempo para avaliar melhor a situação.

Vamos imaginar um cenário ariano típico. Vocês têm um excelente trabalho numa empresa que apreciam, mas o pagamento não é o que gostariam. Um dia ouvem falar de uma vaga em outra empresa que os intriga; ganharão mais e terão férias maiores. Vocês logo decidem que o lugar deve ser seu. Quando isso acontece, a posição não se ajusta ao seu plano de carreira. Fica fora do seu curso. Isto os impede de sair atrás dele? De jeito algum! Vocês a desejam ainda mais. Após terem ouvido sobre ela, mal conseguem dormir até terem se candidatado para a vaga. Esse é o bloqueio da gratificação imediata que os excita.

102 ♈ Signos da Alma

Como Aplicar os Três Passos Nessa Situação

Vamos visualizar o cenário novamente, desta vez mostrando vocês pisando no freio e usando a cabeça em vez de acelerar para conseguir a sua autogratificação.

Lá estão vocês no seu belo emprego ouvindo comentários sobre uma outra posição tentadora. Logo se vêem obcecados para consegui-la a todo custo. Essa sensação "tenho de conseguir", mesmo que saibam no seu íntimo que não é boa para vocês, é o sinal que estão na espiral descendente da autogratificação. Quando estiverem em conflito, é importante que diminuam a velocidade e peçam ajuda à sua alma para tomar uma decisão.

Desta vez, em vez de assumir um ato irresponsável e candidatar-se à vaga, vocês recomendam um amigo que é perfeito para ela, ou simplesmente decidem esperar até encontrar um emprego na sua área com melhor salário e férias maiores, perfeito para o seu futuro.

Parabéns! Vocês atingiram o ponto máximo. Trabalharam uma lição importante estando conscientes do seu poder da coragem, ultrapassando o seu bloqueio da autogratificação e conseguindo prosseguir no seu caminho da transformação através da consideração.

Este sentimento compulsivo de "tenho de conseguir" pode se aplicar a quase tudo: uma ligação romântica, uma casa, um emprego, um anel de brilhantes — essa é a idéia. Ao se descobrirem sentindo pressa em obter alguma coisa, é melhor puxar o freio e pensar mais um pouco.

O ariano precisa praticar o *devido processo*, um termo legal que significa pesquisa de causa e efeito. Por exemplo, vocês não podem sair e comprar uma companhia sem antes conferir

O Que o Seu Signo Solar Revela ♈ 103

o seu balancete. Existe uma agenda lógica de coisas a fazer antes de conhecer aquilo em que estão se metendo. Quando conseguirem ver acima da sua necessidade de sentir a adrenalina correr, e tiverem o tempo necessário para conferir tudo, vocês não terminarão se sentindo desesperadamente vazios.

Tenho uma filha ariana que trocava de emprego a cada dois anos até compreender que toda aquela mudança a impedia de crescer na companhia e formar bons relacionamentos pessoais com seus colegas. Estava sempre procurando algo novo e diferente, achando que haveria algo melhor à frente e sem saber como se estabelecer. Agora está numa posição em que tem responsabilidades múltiplas que evitam que se sinta desinteressada, e *ela* entrevista pessoas para se empregarem. (Finalmente todas aquelas entrevistas tiveram alguma utilidade!)

Não é necessário começar tudo novamente sem nada a apresentar pelo trabalho que já fizeram. A vida é uma aventura, e os altos e baixos são somente uma parte deste processo. Vocês realmente têm capacidade para fazer as melhores escolhas. Se pensarem sobre as possibilidades e derem o tempo necessário para a resposta correta, estarão, nas palavras da pequena aluna com espírito ariano do quarto ano, "maior do que qualquer coisa, a regra principal, o mundo".

Dinâmicos arianos, quando vocês decidem construir algo duradouro, os seus poderes naturais da alma — a coragem e a instigação — estarão disponíveis para serem usufruídos. O antídoto para as realizações em excesso e a luta incessante consiste em dar um tempo para ficar em contato com os seus sentimentos. O poder da sua alma reside no coração. A mente verdadeira é equilibrada no coração, e se vocês não estão presentes no seu corpo, não saberão o que o coração sente.

104 ♈ Signos da Alma

Norman Vincent Peale, um grande teólogo, disse: "Coloque o seu coração naquilo que está fazendo, e depois siga-o."

O fogo simboliza o espírito e, pertencendo a um signo do fogo, vocês são um ser espiritual vibrante. Deixe-me assegurar a vocês, meus espíritos ousados, uma coisa com que certamente poderão contar sempre em sua vida: o crescimento espiritual é o objetivo mais satisfatório entre todos, e a habilidade para compreender essa natureza é tudo o que importa para os nascidos sob o signo de Áries!

Touro

21 de Abril a 20 de Maio

Signo da Terra regido por Vênus

PODER DA ALMA: *Realização*
BLOQUEIO DO EGO: *Auto-indulgência*
CAMINHO DA TRANSFORMAÇÃO: *Avaliação*

Touro, o segundo signo do zodíaco, é onde a força criativa do universo experimenta uma mudança dramática, tornando-se feminina e irresistivelmente magnética. Quando os taurinos agem fora do poder da alma, pintam a si mesmos como os mais dignos de todo o bem da terra. Este sentido fundamental de merecimento cria uma ambiência de satisfação, sensualidade e um sentido de posse ilimitados. Por seu merecimento, atribuído por Deus, os taurinos resplandecem com o poder da realização.

106 ♉ Signos da Alma

Se os taurinos habitantes da Terra ficarem atentos ao que precisam para se sentirem seguros e contentes, é da sua natureza atrair tudo isto para o seu espaço. Seu poder inato de realização é a habilidade de visualizar aquilo que desejam e depois atrair para a sua vida. Como um signo da terra, a sua natureza é magnética. Possuem uma habilidade extraordinária para o encanto, para induzir e realmente fazer as suas exigências se materializarem.

Como taurinos, operando fora do seu poder da alma, sentem-se sempre confortáveis na terra e, quando amadurecem, possuem a habilidade de acumular riquezas. O que precisam é ter cuidado com a síndrome do "nem mais e nem menos": fazer o dinheiro suficiente para pagar as contas a cada mês e, se chegar um vento favorável, melhorar o seu refúgio. A chave para o seu sucesso financeiro e segurança está em saber qual é o seu valor mais elevado. Quando virem a si próprios como valiosos e desejáveis, a sua habilidade de magnetizar aumentará e dará frutos. Então realizarão tudo de que precisam e ainda mais.

A idéia de propriedade pessoal é muito importante no desenvolvimento de valores verdadeiros, que é o caminho da transformação do Touro. Para ter valores elevados, é preciso haver uma consideração cuidadosa das necessidades das outras pessoas e uma verdadeira perspectiva do que é melhor para todos. É preciso um estudo e uma apreciação cuidadosos para julgar o valor intrínseco de qualquer coisa substancial. O modo como valorizar a vida e o que existe nela cabe a vocês. O caminho da transformação é neutro: vocês vêem o seu mundo do ponto de vista da alma ou julgam tudo partindo da visão desesperada e empobrecida do ego doentio. As escolhas que formam a qualidade da sua vida são suas.

O Que o Seu Signo Solar Revela ♉ 107

Vocês nasceram com o direito divino de terem o seu próprio espaço físico e psíquico e de buscar a felicidade da maneira que acharem melhor, desde que não firam os outros. O signo de Touro é muito poderoso. Ele tem uma energia primordial, jovem, embora perfeitamente equilibrada com uma essência de alma sábia e antiga. A chave taurina para a felicidade pessoal vem pelo reconhecimento de que o seu poder da alma para a realização sempre os apoiará naquilo que desejam. Isto traz uma considerável paz de mente e atrai mais abundância.

Touro é um signo da Terra, e vocês amam todas as coisas que o plano terreno tem para oferecer. Quando a sua alma encarna num corpo taurino, vocês avaliam tudo de uma perspectiva bem física. Estando tão próximos da terra, os taurinos são extremamente sensíveis às fases da Lua e às vibrações da Terra. Essas vibrações sutis agem sobre o corpo emocional taurino, trazendo para a superfície os medos infundados. Reagindo a eles, vocês se entregam ao sentido mais profundo da sua impotência, que é a perda do controle, e, sem necessidade, dispensam uma energia valiosa preocupando-se com as conseqüências.

Quando a sua identidade tem a alma como base, os valores taurinos se estabilizam e o foco que é colocado sobre as coisas físicas se transfere para uma apreciação das riquezas intangíveis tais como amor, confiança e tranqüilidade. É imperativo o seu afastamento dos ambientes negativos para haver felicidade, embora sejam atraídos com freqüência para aquilo que os perturba como relacionamentos difíceis, com lutas pelo poder de dilacerar o coração. Após decidirem mudar da gratificação baseada no ego para a consideração elevada dos outros, ficam receptivos ao que é verdadeiro e bom. A força taurina

108 ♉ **Signos da Alma**

está em receber e, quando aprendem a gratidão, o desejo de adquirir fica equilibrado. Aprendem a alegria de dar aos outros. O ato de dar livremente abre espaço para mais fontes de abundância.

Existe alívio para os guerreiros taurinos nestas leis universais:

1. Aquilo que é seu chega até você.
2. Ninguém pode tirar aquilo que lhe pertence.

A teoria de Carl Jung da sincronicidade auxilia na compreensão de como tais leis funcionam. Jung disse que aquilo que nasce ou é feito em determinado momento possui a qualidade daquele instante do tempo. Para aplicar essas leis na sua vida diária: vocês têm o poder de realizar o que precisam, e o que conquistarem pertencerá a vocês enquanto a necessidade ecoar em seu interior. *Somos aquilo que pensamos.* A qualidade dos seus valores, a sua atitude e os seus pensamentos afetam o que vocês estabelecem para suas vidas. O próprio ato de ser atrai as possibilidades para o seu futuro. E então a escolha é *sua*.

As leis que encorajam a confiança no universo são úteis de serem contempladas. É muito bom sentir-se numa posição de meditação, limpar a mente e invocar o seu poder superior para ajudá-lo com os problemas que necessitam de uma solução. Quando vocês se libertam do bloqueio da auto-indulgência, podem confiar que a lei da graça agirá em sua vida. Tudo de que precisam para se sentir inteiros e completos virá até vocês. É preciso haver cuidado, pois existe uma outra lei da qual todos já ouvimos falar: "Cuidado com o que pede, pois poderá conseguir!" Por outro lado, se algo lhes foi tira-

O Que o Seu Signo Solar Revela ♉ 109

do antes que estivessem prontos para soltá-lo, não lhes cabe mais ter aquilo.

Os taurinos nascem com um desejo inato de ser fisicamente satisfeitos; a sensualidade é o seu principal dom. A primeira coisa que um bebê faz por sua vontade própria é colocar alguma coisa em sua boca. A seguinte é mantê-la pelo tempo que for possível. Os taurinos possuem um desejo profundo pela satisfação oral ou basicamente por qualquer tipo de alegria física. Gostam de tudo que vêem, sentem e lhes parece bom.

Os taurinos são os artífices do zodíaco. Adoram fazer projetos e são mestres artesãos, num estúdio ou numa cozinha. A sua arte tem com freqüência uma base orgânica, como a arte da cerâmica ou dos arranjos florais, havendo sempre uma sugestão sensual nas suas pinturas e esculturas.

Os taurinos adoram a boa comida; gostam de comer e são artistas culinários. O segredo do seu sucesso é o seu sentido de paladar refinado. Têm uma afinidade para unir pratos simples e completos, perfeitamente combinados.

Touro é um signo que rege a garganta. Assim como bons chefes de cozinha, são os músicos do zodíaco, e muitas vezes possuem belas vozes. Podem ganhar a vida com a música. Vários dos grandes cantores possuem o Touro como signo solar, ascendente ou Lua. Pensem em Barbra Streisand, Cher, Janet Jackson, Willie Nelson e Perry Como. Mick Jagger e Elvis Presley assombraram o público com os seus movimentos sensuais; ambos tinham Touro como ascendente.

Algumas das mais belas atrizes da tela são taurinas. Audrey Hepburn, Candice Bergen, Jessica Lange e Ann-Margret são exemplos das belas figuras do signo. Não somente possuem uma pele e um cabelo exuberantes como o seu dramático instinto as orienta na escolha das roupas e dos ambientes.

110 ☿ **Signos da Alma**

Taurinos e taurinas possuem uma pele maravilhosa e uma propensão para cuidar bem dela. Procure os frascos de loções para a pele, perfumes, banhos de espuma e cremes em seus banheiros. A maioria dos taurinos tem muita consciência do corpo, trabalhando para torná-lo belo. Vários buscam a cirurgia plástica para ficar tão atraente quanto possível.

O planeta Vênus é o regente de Touro. A adoração de Vênus manifesta-se diariamente em nossa cultura, e em especial os taurinos desejam ser jovens e belos. O símbolo do planeta é um círculo (do amor) sobre uma cruz (a vida na terra); é também usado como símbolo do feminino. Se o observarem bem, ele se parecerá com um espelho de mão. Já nos foi dito que a vida é um espelho. Talvez o símbolo de Vênus reflita esta verdade. Se olharem com honestidade para si próprios, poderão ver mais do que o ser físico; enxergarão o fundo da sua alma. Um inventário honesto do seu reflexo mais profundo lhes dará uma idéia do que os atrai, do que vocês realizarão. Será do seu poder ou do seu bloqueio?

Touro é o banqueiro do zodíaco, com um interesse devorador sobre as propriedades e o mercado de valores. Os melhores articuladores no mundo dos negócios são taurinos, e com freqüência eles terminam ganhando todo o pacote. O sucesso deles está menos na habilidade de aproveitar as oportunidades e mais na de se apegar às coisas de valor, tais como imóveis, artes ou jóias.

As palavras que podem descrever melhor este signo da terra são abundância, generosidade e extravagância. É difícil para vocês fazer algo de modo discreto. São consumistas maravilhosos, procurando sempre por coisas belas para comprar. O seu ponto forte é ter uma boa perspectiva sobre o valor verdadeiro dos produtos, e parecem capazes de conseguir o que

O Que o Seu Signo Solar Revela ♉ 111

querem por um preço bem baixo. Muitos taurinos são excelentes comerciantes.

O taurino possui um forte instinto de sobrevivência. Embora valorize o que é estável e um ambiente seguro, quando pressionado por situações que ameaçam a vida, perde o sentido de julgamento e obstinadamente mantém o risco em detrimento próprio — o bloqueio taurino pela auto-indulgência. Vejam Hitler, um taurino. Lançou um ataque desastroso sobre a Rússia quando a lógica era continuar a sua invasão da Inglaterra.

O mesmo aconteceu com Saddan Hussein, outro taurino, que controlou teimosamente o seu país através da propaganda na Guerra do Golfo. Sua falta de confiança em seus próprios soldados e o assassinato dos generais mais importantes o deixaram numa posição de derrota.

Com Vênus como regente de Touro, é pouco surpreendente que haja tanto drama e suspense guardados para você. Embora a energia venusiana do Touro seja suave e doce, num dia ruim pode se voltar para o pior. Quando examinamos as características do Touro, encontramos uma personalidade bem mais complexa do que a esperada. O cenário que vem à mente quando pensamos num domínio taurino é o de um reino pacífico onde tudo está organicamente em seu lugar, uma paisagem idealista onde o leão se deita junto com o cordeiro. Este quadro pastoral termina se o touro vê alguém entrando no seu território. É bem interessante que os países regidos por Touro sejam a Irlanda e Israel, belos locais onde as diferenças políticas criam uma instabilidade territorial, produzindo inevitavelmente um ambiente tóxico.

Embora o taurino desfrute de um ambiente pacífico e calmo, se for ameaçado esta atmosfera pode mudar rapidamente

112 ♉ **Signos da Alma**

para um cenário bem turbulento. Deus ajude a pessoa que invadir a sua propriedade. Como taurinos, vocês não somente reivindicam o seu próprio espaço como também são conhecidos por quererem obstinadamente o espaço do outro. (Pensem novamente em Hitler e Hussein.) O seu bloqueio pela auto-indulgência é realmente uma faceta exagerada da síndrome do "sou Eu" e do que "é Meu", ou o complexo da Criança Preciosa. Um Touro bloqueado tem uma abordagem egoísta: o seu dinheiro é o meu dinheiro, a sua terra é a minha terra, ou simplesmente, tudo sobre o que coloco as minhas mãos é meu. O trabalho nos bancos e as finanças são regidos por Touro, por isso não causa surpresa quando a ganância de uma corporação corre feroz e os sistemas de dinheiro no mundo tornam-se presas da manipulação e da usura. O poder de realização da alma dos taurinos deve beneficiar ambas as partes igualmente, ou o resultado fica contaminado e conduz à devastação.

A auto-indulgência é uma necessidade emocional de raízes profundas para controlar o seu ambiente e as pessoas que estão nele. Exigir que as *suas* necessidades sejam preenchidas está em primeiro lugar em sua mente. Quando mordem com teimosia mais do que conseguem colocar na boca, prevalece uma sensação urgente de escassez e de deficiência. Ao imaginarem-se despojados, agem como uma pessoa destratada pelo mundo inteiro, ignorando o seu poder fabuloso de realização e criando compulsivamente a sua própria queda. Chamo isto do drama de "Ninguém me ama, todos me odeiam, será melhor morrer". Vocês cavam um buraco de propósito e, sem esperança, rolam na lama lamentando a sua má sorte, como uma criança que espera ser resgatada. Acostumados ao caos e ao desastre, a sua depressão os mantém atados ao desaponta-

O Que o Seu Signo Solar Revela ♉ 113

mento. Os taurinos provavelmente foram os primeiros a tomar Prozac.

Uma tendência taurina de reagir em excesso baseia-se na sua tendência de considerar tudo temerosamente de grande valor. Quando as dificuldades surgem no seu domínio, uma reação de lutar ou fugir os mantém compulsivamente num ritmo veloz, esquecidos do restante. Num mundo turbulento, de ritmo acelerado e cheio de problemas, regido pela urgência, é fácil perder de vista os valores verdadeiros.

Muitos dos meus clientes taurinos receberam o diagnóstico da síndrome de Epstein-Barr, ou da fadiga crônica. Viver a vida correndo, num estresse constante pela sobrevivência, esgota a ligação mente-corpo. Outros taurinos mais serenos são tão duros consigo mesmos, escondendo-se e preocupando-se com coisas que não podem controlar, que acabam desgastados mental e emocionalmente.

De brincadeira chamo o Touro de signo da Princesa e da Ervilha. Hans Christian Andersen escreveu um bela história sobre uma linda princesa que não conseguia dormir durante toda a noite porque havia um pequeno grão de ervilha debaixo do seu colchão. O desconforto ficava bem aparente em virtude do seu precioso sangue real. Os nossos afetados amigos taurinos reagem ao menor empecilho e são chamados de príncipes ou princesas por trás.

Acredito que muitos de nós não suportem um confronto com um taurino irritado.

Os taurinos devem enfrentar o seu bloqueio pela auto-indulgência antes que ela os leve à solidão e ao desespero. Nas lições de vida de um taurino, existem sempre situações que forçam uma avaliação do valor e da validade pessoais. Não sei por que vários deles têm uma imagem pobre de si mesmos.

114 ♉ **Signos da Alma**

No seu egotismo negativo, agem como se tivessem o complexo de inferioridade mais importante de todos. Talvez seja a sua necessidade urgente de se sentirem firmes e seguros num mundo inseguro. Nem o dinheiro, nem o sexo e nem um poder ilimitado são a resposta, embora o taurino possa pensar que sim.

Sejam gentis com vocês mesmos, identificando-se com o seu bem fundamental e um sentido renovado de merecer aquilo que é perfeito para vocês. Isto transformará os seus valores. O simples fato de retardar as gratificações alargará seus horizontes para que atinjam os seus desejos mais elevados.

Não é errado cuidar das próprias necessidades, mas é necessário curar os sentimentos de pobreza interior. Quando aprenderem a respeitar a si próprios, experimentarão uma sensação de bem-estar que é uma parte essencial para atrair aquilo que desejam e que é verdadeiramente seu.

Um dos maiores seres que já passou pela Terra foi Buda. Ele nasceu sob o signo de Touro. Seus ensinamentos, como também todos os outros caminhos místicos do mundo, deixam claro que existe um enorme reservatório dentro de nós. Se vocês aprenderem a utilizá-lo de modo apropriado, poderão transformar a si próprios e o mundo à sua volta.

O Que Pode Ser Feito

Os taurinos estão sempre querendo alguma coisa. Entretanto, se lhes for perguntado o que desejam, será difícil encurtar a lista.

Se quiserem mudar e enfrentar o seu bloqueio, devem reconhecer quais são as suas necessidades e desejos, mais do que qualquer outro signo. É importante lembrar que a força do seu poder é exatamente igual à força do seu bloqueio. Confiar no poder da sua alma para a realização é a chave para curar as tendências auto-indulgentes que enfraquecem a sua busca pela felicidade. Não há escassez dela no universo.

Três Passos para Curar o Seu Bloqueio

1. Reconheçam o seu bloqueio pela auto-indulgência assim que ele aparecer. É uma parte do seu ser inferior, e causará muita infelicidade.
2. Confiem no poder da sua alma para a transformação para transcender o seu medo de desejar. Para superar a sua auto-indulgência, aprendam a confiar na sua capacidade de realizar tudo o que precisam.
3. Para se libertar do comportamento auto-indulgente e abrir o seu caminho espiritual, precisam mudar os seus valores. Este é o seu caminho da transformação. Quando redefinirem seus valores e desistirem da atitude defensiva, o mundo se abrirá para vocês.

Bem, taurinos, vocês merecem todas as coisas boas, mas para tudo há um limite. O seu bloqueio é a auto-indulgência e o seu poder é a manifestação. A sua atitude emocionalmente indulgente se manifesta quando vocês menos esperam — por exemplo, quando estão fazendo as compras do mês e investem tudo num casaco de pele! Ou quando o seu chefe lhes pede numa voz zangada que reescrevam uma carta pela terceira vez e vocês se delimitem mesmo sabendo que não conseguirão

116 ♉ Signos da Alma

no mercado um salário tão bom quanto o que recebiam. O seu caminho da transformação da avaliação exige que pesem os acontecimentos com olhos mais maduros. Caso contrário, criarão sempre as mesmas situações debilitantes.

A palavra *avaliar* significa "calcular ou taxar". Significa também estimar e apreciar. Ser objetivo e não se confundir com o medo da rejeição os ajudarão a escolher o que for melhor.

As suas indulgências não permanecerão divertidas por muito tempo. Haverá sempre um dia de provação quando as contas terão de ser pagas. O poder da realização funciona durante o tempo todo para lhes dar tudo de que precisam para ter uma vida feliz e realizada! Não há necessidade de indulgências urgentes.

Vou contar uma história taurina que já ouvi muitas vezes. Uma mulher rompeu com um homem que não é o melhor para ela. Ele não estava presente quando precisou dele e constantemente a rejeitou flertando com outras. Mas ela o quer de volta! Ao dizer "eu o quero a todo custo", ela admite a parte indulgente da sua personalidade e dá início a uma situação de derrota para si própria. A negativa a coloca num caminho de indulgência das suas fantasias de como seria doce o seu aniversário quando ele lhe desse flores. Ignora totalmente o fato de ele não lhe ter convidado para a festa de ano-novo do escritório dele. Uma indulgência leva a outra, e não passará muito tempo para ela ganhar peso e se detestar mais a cada dia.

Como Aplicar os Três Passos Nessa Situação

Naturalmente, não é simples. Os medos arraigados sobre o seu valor pessoal dão as cartas aqui. Com uma história de abuso (e pessoas muito sensíveis sempre se sentem abusadas), seja no emocional ou no físico, há muita culpa e ódio pessoais para serem trabalhados. É um momento para uma avaliação total dos seus objetivos e de suas tendências autodestrutivas.

Touro é o signo do amor, e um relacionamento é muito importante para a felicidade pessoal. Vocês merecem o amor que desejam. Ao retardarem a gratificação externa e internalizarem o amor por si próprios e pelos outros, começarão a curar este dilema.

Quando aprenderem a se valorizar mais, a paciência em processar os seus problemas ficará evidente. Confiar no seu poder da alma é o início. Vocês merecem o amor e têm a habilidade de realizar o que é bom e verdadeiro na sua vida. Não há necessidade de agarrarem-se no que os machuca e sim de apegarem-se às migalhas da felicidade. Estes passos simples de inquirição estabelecerão um trampolim para atrair uma vida amorosa mais realizada e satisfatória.

1. Simplesmente digam não para as situações negativas no início e assim que tomarem consciência delas.
2. Tragam pessoas e ambientes positivos para a sua vida. Esta é uma necessidade absoluta para o apoio de que precisam e que ajudará a construir a sua auto-estima.
3. Perguntem a si mesmos: "Esta pessoa, este local ou esta coisa significam amor, para mim?" Se não, afastem-se e não olhem para trás.
4. Vocês são o amor. Aceitem isto e esperem receber tudo de que necessitam.

118 ♉ Signos da Alma

5. As reações emocionais não devem exceder os fatos da situação atual. Sejam práticos. Não permitam a auto-indulgência.

Uma *boa coisa* é algo que se harmoniza com a ordem moral do universo. *Bom* é uma outra palavra para *Deus*. Acreditar no seu próprio valor assegura que vocês possam operar com o seu incrível poder de realização, trazendo tudo que é bom e verdadeiro para a sua vida.

Quando aprenderem a lidar com a consciência da alma, os apegos desaparecerão e o mundo será de vocês.

Gêmeos

21 de Maio a 20 de Junho

Signo do Ar regido por Mercúrio

PODER DA ALMA: *Inspiração*
BLOQUEIO DO EGO: *Dispersão, Influenciável*
CAMINHO DA TRANSFORMAÇÃO: *Comunicação Autêntica*

Sem dúvida, o signo mais charmoso entre todos os signos solares é Gêmeos. Quando você convida um geminiano para entrar na sua vida, o lado social se anima, você ri mais e a vida fica mais divertida. Gêmeos é um signo dual simbolizado pelos gêmeos e pelo número romano II. A personalidade geminiana é jovial, com uma curiosidade mental aguçada sobre a

120 ♊ **Signos da Alma**

vida. O seu regente planetário é Mercúrio, o planeta mais próximo do Sol, com a órbita mais rápida do nosso sistema solar, um planeta que os antigos astrólogos entenderam que governa a mente.

Mercúrio era o mensageiro dos deuses na mitologia grega. Com freqüência chamado de volúvel, era curioso, perguntador e de natureza amoral. Usava uma capa alada e sapatos com asas, símbolos da rapidez. A capa alada é muito poderosa. Derivou-se do símbolo de um antigo pássaro que representava a agilidade e a rapidez de mente, e atravessou as eras do mesmo modo que o deus com cabeça de íbis, Toth, da mitologia egípcia.

Mercúrio possui poderes mágicos como guia e mensageiro entre os três mundos: o Olimpo (mundo superior), a Terra (o mundo do meio) e o Hades (o mundo inferior). Suas mensagens eram principalmente as de amor entre os vários deuses e deusas no Monte Olimpo, e explorá-los lhe valeu uma reputação dúbia. Isto justifica o amor de Gêmeos pelas novidades e falatórios.

Os atributos de Mercúrio da sagacidade e da imaginação manifestam-se na personalidade geminiana de múltiplas maneiras, criando uma personalidade multifacetada que aprecia a variedade e a diversificação. O geminiano é sempre curioso sobre o que está acontecendo no ambiente à sua volta e preocupado com as relações mais chegadas de irmãos, irmãs, tios e tias. Até os vizinhos ou a vizinhança são considerados muito importantes na vida dele.

A natureza mercuriana de Gêmeos possui a habilidade de se adaptar casualmente às circunstâncias sempre mutáveis da vida, reunindo todos os tipos de impressões variadas e ansiando pela mudança. Diz-se que vocês estão sempre procurando

O Que o Seu Signo Solar Revela ♊ 121

pelo seu gêmeo. Isto justifica o desejo pelas viagens, pois anseiam encontrar o seu irmão perdido ou inacessível.

O poder de Gêmeos é a inspiração. Os geminianos são excelentes oradores e saem-se muito bem nos negócios onde ganham dinheiro com a fala espontânea e sem ensaios. São física e mentalmente ágeis, e fazem tudo que for preciso para corrigir uma situação desconfortável. Tive uma advogada geminiana que me ajudou em várias decisões difíceis. Quando lhe contei sobre um problema terrível, ela ficou perturbada. Coçou a cabeça por um minuto enquanto sua mente elucubrava sobre as possibilidades, e então disse alegremente: "Bem, é assim que agiremos." Fico sempre admirada com as suas soluções inspiradas. O geminiano tem sempre uma resposta para cada pergunta, uma idéia para cada problema; sem ficarem emocionalmente envolvidos, têm um raciocínio incrivelmente rápido. Suas mentes de computador nunca são imperfeitas sobre a informação necessária para resolver um problema.

Com a sua sagacidade geminiana, vocês possuem um tremendo potencial para o sucesso em qualquer área que escolherem. Têm muitos talentos físicos e mentais; é muito difícil para vocês decidir qual deles desenvolverão. As carreiras que podem escolher são quase ilimitadas. Gêmeos rege as mãos; conseqüentemente vocês têm talento em tudo que podem fazer com os dedos, qualquer tipo de arte — cozinhar, escrever e pintar. Porém o que fazem melhor é falar.

Minha mãe tinha uma Lua geminiana. Adorava escrever longas cartas cheias de minúcias sobre a sua vida do dia-a-dia na sua casa no Arkansas, e eu esperava para ler os detalhes perfeitos sobre o que ela e meu pai estavam fazendo, até a descrição exata da comida que preparara. Quando fui morar

122 Ⅱ Signos da Alma

numa outra cidade com vinte e poucos anos, suas palavras me ajudaram quando sentia saudade de casa.

Para entender um geminiano, é preciso compreender como o intelecto funciona. Devido à complexidade da mente, é necessário definir as suas características. A mente é a atividade mental consciente que percebe, pensa, deseja e, o mais importante, raciocina. Não pode sentir, somente registrar. Pode registrar os sentimentos, mas as suas partes mais subjetivas são muito complexas, e poucas são as pessoas que compreendem como ela funciona. Isto não quer dizer que o subconsciente não seja uma parte da mente, porém grande parte dele não é lembrada somente pela vontade.

A mente sozinha, separada da compreensão subconsciente do coração e da alma, nos leva a conclusões duais sobre o certo e o errado, o positivo e o negativo, o passado ou o futuro. Os gêmeos são o símbolo perfeito para a natureza dualista de Gêmeos, o que os mantém num estado constante de inquietude. A mente precisa ser acalmada para ficar no presente. Aqui está a verdade.

O caminho da transformação pela comunicação autêntica encoraja o Gêmeos a ser mais discriminador. A definição de verdade do *Webster* é "uma realidade transcendente, fundamental ou espiritual". Falar a verdade requer sérias considerações sobre os fatos para saber qual a ação correta e qual a destrutiva. A verdade é o objetivo mais alto da comunicação, e o Gêmeos precisa aprender a defini-la com precisão para atingir os aspectos positivos do seu caminho da transformação. Algumas vezes, ao tentar agradar a todos, o geminiano a interpreta erradamente. Manter-se próximos dos fatos sem impedimentos emocionais evita a distorção ou a má interpretação. Quando vocês ficam desconectados da verdade, correm

O Que o Seu Signo Solar Revela ♊ 123

o perigo de deixar uma trilha de meias-verdades e confusão. Estar presente na verdade do momento e conhecer a sua responsabilidade pessoal em relação a ela é um grande poder. Por outro lado, esta habilidade para alterar a verdade pode ser muito divertida. Os geminianos são grandes contadores de histórias, e muitos são histericamente engraçados. Comediantes como Joan Rivers, Bob Hope e Stan Laurel têm uma abordagem das situações da vida que é mordaz, embora divertida.

O dilema geminiano vem da fantasia sobre o futuro porque os nascidos sob o signo de Gêmeos pensam que o momento presente é desinteressante. É fácil serem atraídos para outra direção quando racionalizam que aquilo que está à frente oferece possibilidades maiores. Isto causa estragos em vocês e nos outros, pois pulam incessantemente de uma coisa para outra. Como o seu signo oposto, Sagitário, acham que a grama é mais verde do outro lado da cerca, e não conseguem resistir em dar uma olhada.

É importante compreender que o passado e o futuro são fragmentados. É impossível lembrar a cada minuto dos detalhes de um evento anterior, mesmo que tenha acontecido na véspera. O futuro é sempre flexível, e deve ser para que possamos utilizar o nosso livre-arbítrio. Mesmo aquilo que vemos com nossos próprios olhos não é absolutamente uma verdade ou o cenário total. Nosso cérebro registra os elementos visuais importantes de cada cena e preenche com lógica o restante do quadro, baseado na experiência e nas crenças pessoais, semelhante à maneira que um astrólogo correlaciona os símbolos num mapa. Pergunte a qualquer detetive que entrevistou uma testemunha no cenário de um crime.

A falha trágica de Gêmeos é a auto-sabotagem. Vocês vêem aquilo que querem ver e ouvem o que desejam ouvir. Sua

124 Ⅱ Signos da Alma

maravilhosa capacidade de organizar pode trabalhar contra vocês. Sua mente ágil formará um círculo interminável, trazendo novas informações até vocês ficarem exaustos. Quando aprenderem isto sobre si próprios, poderão ser inspirados a ter mais paciência com os fatos disponíveis. Para dar mais tempo a cada idéia, devem interromper o redemoinho da mente e entrar no poderoso momento presente. Dêem o tempo necessário para unir corretamente as melhores informações possíveis. Lembrem-se, vocês têm todo o tempo de que precisam quando estão centrados no momento presente. Podem esticar o tempo em vez de acelerar através dele.

A abertura de Gêmeos, que dilui as forças e facilmente os faz oscilar, mantém a sua vida num caos. Quando têm pressa e fazem escolhas apressadas, logo descobrem que as decisões precipitadas trazem conseqüências duradouras. A pergunta favorita de Gêmeos é: "o que está acontecendo?" — mas não fiquem com os sentimentos machucados se a sua resposta for ignorada. Os geminianos sempre têm a história toda montada e fazem interrupções contando novidades tão deliciosas e fascinantes que você deixa a sua própria história sem graça de lado.

É muito atraente este hábito da pressa, de mais pressa e de saber o que está acontecendo. Muitas culturas adoram isso, particularmente a americana. Os Estados Unidos possuem um ascendente geminiano. A Itália e a Grécia são outros dois países gregários regidos por Gêmeos, e a comunidade e a comunicação são os seus maiores interesses.

Lembrem-se, todos somos geminianos em algum ponto do nosso mapa. É nisso que os colunistas sociais se baseiam. A mídia e a informação mundial são regidas por Gêmeos — os tablóides dos mercados e das bancas de jornais, que incre-

O Que o Seu Signo Solar Revela ♊ 125

mentam os compradores impulsivos, não poderiam ser publicados sem este vício cultural da informação. Revistas, jornais, televisão e até a companhia telefônica são geminianos, regidos por Mercúrio. A companhia telefônica utiliza Mercúrio como um símbolo dos seus serviços. A imprensa está incluída na regência de Gêmeos, por isso é quase impossível confrontar a mídia. Ela já está na história seguinte.

A capa alada que Mercúrio usa dota o geminiano com o poder da invisibilidade. Embora este poder implique reinos superiores para a informação superior, pelo contrário, vocês podem usar a mágica de Mercúrio para desaparecer no momento de encarar a destruição pela qual são responsáveis. Confrontar um grupo ou pessoa geminiana que opera fora do seu bloqueio pela dispersão é próximo do impossível. Vocês já seguiram no caminho para o próximo evento; o passado acabou, são notícias velhas — "Ei, o que está acontecendo?"

O mundo geminiano é móvel e transitório, por isso viajar é uma parte importante da vida de Gêmeos. Os aviões, trens e carros são regidos por Gêmeos. Vocês adoram as viagens, e parece que as atraem como parte do seu trabalho e também da sua vida pessoal. A destreza de Gêmeos está em observar os fatos e depois uni-los. Viajar ajuda a ampliar a sua experiência. Os geminianos têm uma maneira quase misteriosa de captar coisas não faladas. Se os pensamentos estão no ar, como nos disseram, os geminianos adoram ouvi-los.

Os geminianos raramente se atêm ao passado. É mais provável que vivam no futuro. O antídoto para não dispersar a sua energia é permanecer totalmente conscientes, centrados no momento presente, e usar a sua inteligência concreta. Quando analisam a situação com honestidade, a sua comunicação é inspiradora, mas isto pode acontecer somente quando estive-

126 ♊ Signos da Alma

rem prontos para mudar a si mesmos. É irônico parecer que têm olhos atrás da cabeça em relação aos outros, mas, no que diz respeito à auto-observação, vocês não conseguem agir. Suas intenções são boas, mas estão com tanta pressa que a introspeção é deslocada para pregar botões na sua capa de chuva, colar fotos em álbuns e outros detalhes que não importam e os quais nunca evitam.

Mudança e variedade são as palavras deste signo versátil, mas é melhor ter cuidado com os amigos geminianos. Mudança pode significar que você está jantando sem companhia após o seu parceiro geminiano ter telefonado para cancelar novamente. Os astrólogos antigos costumavam dizer: "Nunca confie num geminiano." É uma acusação injusta para o tipo equilibrado, mas o geminiano disperso é como uma borboleta (um dos seus símbolos) esvoaçando na flor mais bonita desta semana nas redondezas, e que pode não ser você.

Existe um frêmito dispersando a mente para o futuro ou revendo o passado (embora Gêmeos seja um signo do futuro). Vocês gostam de se mexer. Quando estão sem foco, respondendo a todos os estímulos disponíveis do nosso mundo moderno e sendo facilmente levados pelos outros, é como se estivessem bêbados. A vida se torna um torvelinho, uma corrida que nunca acaba até que as promessas rompidas, as oportunidades perdidas e as meias-verdades constroem uma parede que aprisiona a alma.

Na energia de Gêmeos há várias facetas: vocês parecem ter várias personalidades, lembrando o personagem de *As três faces de Eva*. Este tipo de comportamento neurótico cria uma confusão mental tão intensa que é impossível tomar uma decisão lógica. Com tantas escolhas e tão pouco tempo, o geminiano fica dividido e torna-se desesperadamente disperso e ineficaz. Permanecer centrado em uma coisa é quase impossível para vocês se não compreenderem o seu poder da inspiração.

Vivemos num tempo em que a mente concreta é venerada, e somos encorajados a ser lineares em nossos pensamentos e negligenciar o cérebro direito criativo, não linear. A mente trabalha melhor quando ambos os lados ficam equilibrados, porém atualmente poucas pessoas são capazes de conscientemente integrar o pensamento dos lados esquerdo e direito do cérebro na nossa evolução. Nosso mundo do cérebro esquerdo foi ensinado a sempre olhar para o futuro; esta visão é como procurar pelo arco-íris, excitante, porém ao mesmo tempo desestimulante. Há um senso de futilidade em buscar o que está fora do alcance. Quando vocês realizam o seu objetivo, procuram algo ainda mais excitante. Esta busca por algo melhor os mantém separados da alma, a fonte da sua criatividade e do seu poder da inspiração.

Os geminianos são ótimos para ter idéias, mas não para segui-las. A única maneira de interromper esta dispersão interminável é terminar cada projeto em vez de pular para o seguinte somente para manter alto o nível de excitação. Os geminianos gostam de correr pela vida como os arianos. Digo sempre para os meus clientes geminianos que vocês podem lidar com duas carreiras e um *hobby* — e basta isto.

O medo com freqüência está escondido por trás da sua atividade em excesso, e vocês podem esconder uma tristeza por trás de um rosto alegre e de um comportamento afável. Os geminianos têm um medo subjacente de ser apanhados numa posição desagradável e sem saída. É esta paranóia que faz vocês optar pelas situações difíceis em vez de fazer as escolhas mais sábias de que são capazes. Existe sempre o encanta-

128 ♊ **Signos da Alma**

mento de um novo emprego, um novo relacionamento, uma nova casa. Quando estão no caminho errado, é muito difícil para os seus amigos e a sua família enxergar pessoas tão deliciosamente irresistíveis na estrada da autodestruição.

Não é fácil lidar com esses seres encantadores, mutáveis e caprichosos. Em primeiro lugar, vocês não são fáceis de parar: estão sempre com pressa de fazer algo que é extremamente importante e estão atrasados, sendo difícil encontrar o momento certo. E, em segundo lugar, vocês não ouvem os outros. A sua mente está em outro espaço, num local menos aborrecido do que aqui.

A busca pela excitação os torna um alvo fácil para o vício das drogas. Muitos geminianos são atraídos pela bebida e pelas drogas, acelerando suas vidas para limites impossíveis e tornando o torvelinho ainda mais rápido. Uma das estrelas mais excitantes e *sexies* do século XX foi a geminiana Marilyn Monroe, antes que o alcoolismo e as drogas tirassem a sua vida. Marilyn tinha a habilidade de se transformar bem diante dos nossos olhos, de uma moça bonita e comum (talvez um pouco rechonchuda) numa beleza estonteante. Esta transformação surpreendente parecia acontecer de acordo com a sua vontade, especialmente quando havia uma câmara por perto.

Geminianos como John Kennedy e Donald Trump parecem atrair uma dualidade, especialmente com as mulheres. Vários geminianos possuem agendas secretas e encontram dificuldades para serem fiéis num relacionamento. Uma ótima dica: os geminianos geralmente possuem uma letra repetida no seu nome. Marilyn Monroe, por exemplo, tem repetidas as letras "m", "n", "r" e "o".

Os geminianos não são somente encantadores e atraentes, muitas vezes são bonitos. Como exemplos temos Nicole

Kidman, Annette Bening e a soberba Naomi Campbell. Clint Eastwood fala por si só — maravilhoso.

Os geminianos adoram colecionar fatos; ao buscarem tantas pessoas para receberem conselhos, vocês terminam mais confusos do que estavam antes, oscilando para frente e para trás quando recebem novas informações. Isto exacerba o problema e o torna duas vezes mais difícil de ser solucionado. Na sua duplicidade, gostam de ter dois de cada coisa — dois médicos, dois terapeutas e até dois astrólogos para aconselhamento. Algumas vezes existem mais do que dois, pois Gêmeos rege a multiplicidade em geral. Na verdade, existem tantas opiniões variadas vindas de tantas pessoas que é impossível escolher as informações, tornando a sua busca inútil. Vocês seguem a sua cabeça, e de qualquer forma fazem aquilo que querem.

O Que Pode Ser Feito

Gêmeos possui uma das mentes mais brilhantes no zodíaco. O seu poder da alma — a inspiração — é a resposta para curar a necessidade compulsiva de desejar mais informações do que é necessário. As respostas já estão no interior. É importante lembrar que a força do seu poder é exatamente igual à do seu bloqueio. Confiar no poder da inspiração, o seu dom natural, abre uma passagem para a auto-satisfação tão profunda que não há necessidade de dispersar o seu potencial ou de ser levado pelos outros.

Vocês têm inspiração em todos os momentos e de todas as maneiras. Há muito conhecimento metafísico e orientação esperando pela sua atenção. Reúnam fatos, mas deixem que o coração e a alma sejam o seu guia.

130 Ⅱ Signos da Alma

Três Passos para Curar o Seu Bloqueio

1. Assim que observarem os seus sentimentos sendo dispersados e mudando de direção, reconheçam o seu bloqueio do ego emergindo. Ele é parte do seu ser inferior e o dirige para uma espiral descendente. O medo de ficar entediado ou aprisionado dá início a uma reação química que dispara o sentimento de urgência.

2. Agarrem o seu poder da inspiração para transcender ações e pensamentos negativos. Gêmeos nunca descarta uma idéia. Busquem na sua mente criativa e diminuam o seu ritmo. Dêem um tempo para as reflexões. Permitam que o seu poder da inspiração os auxilie a transcender os seus pensamentos e ações negativos.

3. Sejam honestos consigo mesmos; depois, quando desejarem ser ouvidos, terão um tom de verdade na sua voz. O seu caminho da transformação da comunicação autêntica é neutro. Vocês não estão sendo punidos por terem de fazer tantas escolhas. Elas são oportunidades que a vida coloca para que vocês tenham uma resolução interna e outra externa. Gêmeos é regido pelo planeta Mercúrio, que governa a mente. Ele é também chamado de regente das encruzilhadas. Para um geminiano parece existir uma encruzilhada após a outra. Se desejam se libertar da dispersão das suas energias, é preciso fazer um inventário daquilo que querem realizar. Parem de correr pela vida suspirando por tudo, ou não haverá ninguém para ouvi-los ou para levá-los a sério.

O Que o Seu Signo Solar Revela ♊ 131

Agora deixem-me conduzi-los pelo processo de crescimento e mudança. O seu bloqueio é a dispersão das forças, e o seu poder é a inspiração. Os geminianos procuram estar atentos em todos os níveis, mas não conseguem porque querem carregar mais do que podem. A explosão das comunicações que estamos atravessando na atualidade é um ímã para Gêmeos. Qual o bem de toda essa informação sem um comprometimento consigo mesmo? Vocês não precisam de mais dados. Pelo contrário, aprendam a diminuir o fluxo e criar uma vida que seja emocionalmente estável e centrada na realidade.

A saga geminiana da instabilidade no trabalho e dos relacionamentos rompidos é repetida até que cheguem à conclusão de que o tempo é relativo. Há sempre tempo suficiente para realizar os objetivos. Tudo de que precisam está dentro do seu alcance, e tudo que devem fazer é ver a si mesmos recebendo o tempo necessário.

Tenho um cliente geminiano que é um homem maravilhoso. É psicoterapeuta, com uma grande clientela. Seu dilema é como se casar novamente. Ele não tem tempo. Ficou órfão com pouca idade e o seu maior medo é ser abandonado. Embora conheça a razão básica disso, faz todo tipo de jogo para negá-la a si mesmo e não passar por outro casamento fracassado ou relacionamento rompido. Ele ainda é o menino pequeno que foi deixado pelos pais. Ainda que tenha sido um pai devotado, preenche a sua vida com tantas atividades em casa e ligadas à família que não tem tempo para a sua própria vida emocional. Quando encontra alguém com quem simpatiza, ele investe pesado e depois se afasta. "Eu a verei quando tiver mais tempo", ou "eu adoraria ficar junto com você, mas meu filho está indo para a faculdade e tenho muita coisa para resolver". O resultado é o esgotamento e a solidão. Quando encontrou uma

132 ♊ **Signos da Alma**

mulher que era perfeita para ele, agiu a partir do seu bloqueio, que consiste em dispersar as forças, e não houve tempo suficiente para vê-la. Naturalmente ele estava fugindo muito assustado.

Como Aplicar os Três Passos Nessa Situação

Escondida no poder da alma do geminiano está a motivação que pode transcender a carência ou a rejeição. Geminiano, você tem o poder de agir e de conseguir as respostas para si mesmo pelo fato de ter mente e corpo muito ativos. A energia necessária para suprir suas próprias necessidades emocionais está disponível para você se libertar das dores do passado e planejar calmamente o que deseja fazer. Ajudar os outros é algo maravilhoso para a autocura. Isto abre o poder da sua alma para a inspiração. Porém, viver num espaço de privação e constante necessidade esgota o poder que é preciso para curar os outros.

O terapeuta geminiano acaba desgastado. Ele não só é pessoalmente carente, como a sua profissão pressupõe uma tendência a se trabalhar em excesso. Parece mais interessado em sondar os problemas dos outros do que em enfrentar a ansiedade que o empurra para os píncaros. Deixar-se facilmente influenciar pelas necessidades das outras pessoas evita que enfrente os seus próprios problemas. Buscar mais tempo, mais amigos, mais dinheiro é uma tarefa interminável que leva ao desgaste, até que a vida se esgota.

Temos a seguir orientações úteis para o seu caminho da transformação.

O Que o Seu Signo Solar Revela ♊ 133

1. A resposta está dentro da sua alma, não na busca interminável da solução fora de vocês.
2. Este momento é o objetivo mais forte que têm para realizar os seus desejos. Agora é o momento mais positivo.
3. Enfrentem os seus sentimentos. Eles estão aí para ajudá-los a pesar as suas escolhas.
4. Os seus sentimentos não são necessariamente a verdade para os outros e sim para vocês na sua própria experiência. Utilizem-nos para ajudá-los.
5. Coloquem o amor em primeiro lugar na sua vida. O trabalho e as outras buscas para expandir a mente podem esperar.

A palavra *inspirar* significa permitir que o ar ou a respiração entre. Ser uma inspiração é o seu papel, por isso vocês poderão beneficiar-se de exercícios respiratórios, particularmente pelo fato de Gêmeos reger os pulmões. Respirar profundamente ajuda a centralizar a sua consciência no seu corpo, criando uma clareza de mente que torna a tomada de decisões mais fácil. O yoga é uma excelente disciplina para os geminianos.

Outro ponto a considerar é que sempre existe tempo suficiente. Quando trabalharem o seu poder da inspiração, haverá tempo exatamente suficiente para que realizem os seus objetivos. Por isso respirem serenamente.

Cuidado! Os seus amigos se cansam de tentar dar conselhos, pois, mesmo que peçam, raramente os consideram. O que realmente querem é checar a opinião dos outros. Depois poderão conceber a resposta. Uma grande ajuda para isso é vocês abrirem o seu coração. Um certo tempo dedicado a cada

134 ♊ **Signos da Alma**

dia para uma contemplação silenciosa dos assuntos que lhes dão alegria é prioridade para os geminianos. Ler livros sobre temas espirituais (um de cada vez, por favor!) cura a sua indecisão e os auxilia a encontrar esperança e uma discriminação abençoada.

Lembrem-se, vocês têm inspiração quando se sentam com calma para partilhar as idéias e palavras maravilhosas que brotam como uma fonte do seu coração.

Câncer

21 de Junho a 22 de Julho

Signo da Água regido Pela Lua

PODER DA ALMA: *Criação*
BLOQUEIO DO EGO: *Sensibilidade, Manipulação*
CAMINHO DA TRANSFORMAÇÃO: *Relacionamentos Familiares*

Câncer, o Signo da Lua, repousa na base do zodíaco, formando uma fundação que sustenta todos os outros signos solares. Enigmáticos e reservados, os cancerianos passam a impressão de serem passivos ou facilmente manipulados. Mas não importa o quanto se restrinjam, isto claramente não é a realidade. São sensíveis! Mas a sensibilidade pode ser uma grande

136 ♋ **Signos da Alma**

vantagem na vida. O canceriano precisa de muito tempo para se abrir, mas por trás do exterior frio encontra-se um ser humano apaixonado e muito empático. Lembrem-se, por baixo da sua dura carapaça vocês são muito frágeis, embora a sua perseverança possa mover montanhas quando encontram um local confortável para se posicionar.

Câncer é um signo da Água. A Água simbolicamente rege as emoções, colocando os cancerianos sempre em contato com os seus sentimentos mais profundos. O elemento Água é muito adaptável e também durável, e o canceriano possui uma tremenda tenacidade que pode suportar o teste do tempo. Foi a água que esculpiu o Grand Kanyon; levou eras, mas isto o torna ainda mais espetacular. Nós realmente vivemos num mundo de água; nossos corpos são 90% água, e a maior parte do planeta é coberta por oceanos, mares ou lagos. É o nosso mundo, Câncer, pode confiar.

Os nascidos sob o signo de Câncer possuem a capacidade de sentir, cuidar e de construir laços emocionais com os outros. É aí que entra o seu poder de criar. Posicionados na base do mapa, parece ser o seu destino criar e sustentar os outros. Para manifestarem o seu poder da alma, é preciso haver uma profunda conscientização do bem-estar dos outros e um desejo de contribuir para o seu progresso e desenvolvimento. Os cancerianos possuem esta habilidade naturalmente. O seu dom é uma natureza compassiva que sustenta os outros com eqüidade e consideração.

Tomam para si a tarefa de serem solícitos para que as situações melhorem. Têm um traço protetor muito desenvolvido, sendo emocionalmente ligados ao bem-estar dos seres queridos.

A aparência dos cancerianos é a de um corpo cheio, com

O Que o Seu Signo Solar Revela ♋ 137

olhos grandes. Parece que existem dois tipos de cancerianos. Um deles lembra uma lua cheia com um rosto redondo, e o outro tem uma face alongada que se parece bastante com o homem na Lua. Já encontrei mais cancerianos com essa face alongada: Jerry Hall, Sylvester Stalone, a Princesa Diana e Anjelica Huston. Os cancerianos de rosto redondo incluem Robin Williams, Pamela Anderson e Kim Alexis. E temos os mistos: Tom Hanks, Betty Buckley e Chris O'Donnell, todos muito bonitos.

Os primeiros quatro signos — Áries, Touro, Gêmeos e Câncer — são chamados *primordiais*. O desenvolvimento humano começa em Áries, com a consciência física, em Touro com as posses físicas e no desejo geminiano de analisar e falar. A consciência de Câncer possui um lado interior profundo chamado *emoção*. Os cancerianos possuem uma antena invisível que capta e absorve as vibrações do seu ambiente. Como uma esponja, vocês absorvem do ambiente sem saber, ficando sobrecarregados com as impressões emocionais. Muitas vezes não conseguem distinguir o seu lado emocional daquele dos outros à sua volta. Existem pessoas que vivem num aquário; os cancerianos vivem suas vidas numa tigela de sopa. São extremamente sensíveis ao ambiente, puxando as flutuações invisíveis para a sua consciência como se fossem experiências psíquicas.

Quando levei a minha família para uma viagem ao Álamo, em San Antonio, Texas, minha filha menor (que tem um ascendente canceriano) correu para mim e disse com uma expressão de tristeza: "Mãe, posso sentir as pobres pessoas que morreram aqui." Eu estava sentindo a mesma coisa, com arrepios nos braços, mas fiquei chocada ao descobrir que ela entendia o que estava sentindo. Tinha somente dez anos. Com-

138 ♋ **Signos da Alma**

preendi então como estava sendo afetada de uma maneira que não podia controlar.

Vocês devem levar em consideração que são afetados por tudo que está acontecendo no ambiente, e que é preciso tempo e consideração para processar esta informação. O canceriano é forçado a identificar cada emoção quando ela surge para saber o que fazer com ela. Desenvolvem, além deste cuidado sensível e profundo, sentimentos pessoais de dever, responsabilidade e devoção. Por outro lado, quando são engolfados emocionalmente pelos sentimentos dos outros e também pelos seus, é difícil encontrar soluções rápidas e fáceis. É como lidar com uma enchente.

Os cancerianos atraem naturalmente tudo o que é necessário para arrumar um porto seguro; vocês são um abrigo. Seus frutos não caem longe da árvore, se puderem controlá-los. São muito ligados ao passado e existe um desejo bem definido de honrar a tradição. O desejo de manter o que é familiar os torna muito cautelosos, e as mudanças são desencorajadas. A consideração com os mais velhos cria uma abordagem tradicional, em que a experiência é respeitada e a habilidade de recordar o que aconteceu no passado é reverenciada.

A História é um dos assuntos favoritos dos cancerianos. Vocês gostam de celebrar os feriados da maneira antiga, sem mudar o que os seus pais fizeram. Gostam de criar os filhos do modo como foram criados. Os rituais da família significam muito para vocês. Se foram acostumados a abrir os presentes de Natal na véspera, isto tem grande significado e não pode ser trocado para a manhã seguinte. Pode ser bom, mas surgirão problemas se estiverem emocionalmente atados em fazer o que agrada os seres queridos ou se viverem

O Que o Seu Signo Solar Revela ♋ 139

no passado sem considerar as suas próprias necessidades do momento.

Os agrupamentos tribais do mundo são regidos por Câncer. Existem várias tribos que ainda permanecem intactas, tentando se agarrar a um estilo de vida ameaçado pelos avanços técnicos modernos que os empurram para fora do seu solo nativo. Povos do Brasil, da Tailândia e da América Central encaram este dilema, enquanto em nosso próprio país os nativos americanos foram empurrados para longe e desonrados por séculos.

Na consciência tribal, existe um fervor para honrar os heróis do passado. Xamãs realizam cerimônias elaboradas para invocar espíritos dos mortos e para levar os participantes até reinos invisíveis de outro mundos. A veneração pelos mortos desenvolveu-se lentamente numa adoração pelos ancestrais, particularmente na Ásia. Os Estados Unidos são um país canceriano, onde a história é venerada e a família, dignificada. Num verdadeiro padrão canceriano, providenciam boas casas para mais pessoas do que qualquer outro país no mundo.

O desejo mais profundo do canceriano é estabelecer raízes. Vocês possuem uma necessidade urgente de ter um espaço protetor onde podem relaxar e se sentir protegidos dos elementos, um lugar seguro onde os filhos podem ser concebidos e criados. O signo solar de Câncer rege o estágio da socialização de estabelecer um lar, onde a família mais chegada e os amigos mais íntimos são aceitos e protegidos. No início do desenvolvimento humano, enquanto as pessoas viviam em unidades familiares fechadas no ambiente, consideravam a todos os outros do lado de fora como inimigos. Podiam destruí-los, e até os vizinhos, e algumas vezes os seus parentes alienados sem remorsos.

140 ♋ **Signos da Alma**

O mundo atual, ainda agindo com a consciência tribal de Câncer, parece ter voltado aos tempos primitivos. As gangues de adolescentes nos Estados Unidos operam sob este princípio. Parece que milhares de anos de avanço nos valores e na ética podem desmoronar num piscar de olhos. Se vocês não pertencem a uma determinada facção política, grupo étnico ou fé religiosa, lhes é permitido destruir os seus compatriotas sem remorso. Isto não significa dizer que os cancerianos são assassinos, mas ilustra que o Câncer é um signo emocionalmente *reativo*, com uma tendência subjacente de querer o controle, o que pode originar desumanidade e manipulação. Vocês podem ser tão emocionalmente ligados à família que, em casos extremos, todos os outros são considerados inimigos.

Os cancerianos são adeptos das manifestações, especialmente as ligadas ao lar. Seus talentos são infinitos neste assunto. Como os taurinos, vocês são magnéticos e parecem atrair tudo de que necessitam. Isto é particularmente verdadeiro se conseguirem aceitar a sua habilidade natural para atrair o que desejam. Têm o dom de adquirir propriedades, com um sexto sentido que os ajuda no tempo e na seleção. Com freqüência ganham dinheiro com bens. A sua premonição facilita a venda em qualquer tempo.

Embora Câncer governe o lar e a família, existem outros significados mais complexos. Livros antigos de astrologia revelam que a quarta casa rege os inícios e os fins; é a casa por onde a alma entra e sai do mapa. Como Câncer rege a mãe, é fácil ver a relação com os inícios, o nascimento da alma. Contudo, quanto aos finais, é preciso pensar. Talvez o momento da morte seja como um outro nascimento numa nova dimensão. Os médicos estão descobrindo que muitas pessoas com

O Que o Seu Signo Solar Revela ♋ 141

doenças incuráveis preferem a sua própria casa para a tarefa extremamente importante de deixar a Terra em vez de permanecerem numa atmosfera muito cara e especializada, porém fria, de um hospital.

Tradicionalmente os cancerianos são pessoas intuitivas que amam a família e os filhos e estão sempre voltados para o lar. Esta imagem caseira do Câncer, como um signo regido pela Lua e um símbolo universal para as mães, mudou desde a Segunda Guerra Mundial, quando as mulheres foram forçadas a entrar para a força de trabalho. Depois disto elas se recusaram a perder a liberdade que os trabalhos fora de casa permitiam. Atualmente em quase todas as famílias tanto o marido quanto a esposa trabalham para sustentar a família. E, à medida que vemos cada vez mais mulheres procurando o sustento fora de casa, muitas estão se tornando bem-sucedidas.

No mundo de trabalho competitivo atual, os objetivos da carreira requerem tanto tempo que o casamento e os filhos são colocados de lado. O próximo passo das mulheres cancerianas é reconhecer que estão numa corrida contra o seu relógio biológico, contando o tempo que passa cada vez mais rápido.

Muitas das minhas clientes em Nova York esperam até 35 anos ou mais para se casar, e uma das suas perguntas constantes é: "Posso ter filhos?" Já li mapas de várias mulheres cancerianas chegando aos quarenta anos que tiveram gêmeos e trigêmeos, e uma teve até quadrigêmeos. Não sei se a causa é a idade da mãe, os tratamentos para fertilidade ou a hereditariedade. Todas elas tinham carreiras importantes e continuaram a trabalhar.

O signo de Câncer rege a maternidade, mas vocês são tam-

142 ♋ **Signos da Alma**

bém donas-de-casa, mantendo as chaves da casa e da despensa. São as executivas do lar. Têm uma forte necessidade de providenciar o alimento e a proteção com esta energia. São *gourmets* e cozinheiras de primeira classe. Gostam de trabalhar com os alimentos. Muitas cancerianas são donas de restaurantes, particularmente nos negócios de família. Os cancerianos são muito empreendedores e possuem com freqüência o seu próprio negócio. Se entrarmos num escritório e virmos uma mulher no comando, provavelmente ela será canceriana. Em vez de serem uma executiva em casa, as cancerianas são agora executivas em grandes empresas. Câncer, como um signo cardinal, é perspicaz em identificar um potencial, e isto lhes dá um bom talento para os negócios. Os cancerianos são muito ambiciosos consigo mesmos e com a sua família.

Um bom exemplo de uma canceriana que rompeu estereótipos e ganhou um lugar para si foi a Princesa Diana. Ela superou o seu apelido de "Tímida Di". Embora tenha sido considerada uma figura apagada pela família real britânica, ela proclamou apaixonadamente o seu poder ao declarar a sua força para o mundo inteiro num programa nacional de televisão dentro de um movimento político atuante. Sua própria falta de confiança como jovem ajudou-a a desenvolver um talento para trabalhar com os oprimidos. Com uma maneira calma e gentil, a sua personalidade canceriana encantou o mundo. Embora fosse bem tradicional no seu desejo de ser uma boa mãe, sentiu que os seus talentos permitiam que fosse uma embaixadora da boa vontade para o seu próprio país e para os outros. Foi um bom exemplo de uma canceriana que desabrocha mais tarde e que encontrou a si mesma quando estava próxima de completar quarenta anos.

O Que o Seu Signo Solar Revela ♋ 143

O mundo sente saudades da sua maneira canceriana doce e gentil.

A visão lunar do canceriano é excepcionalmente boa para a especulação dos bens imóveis e do mercado financeiro. Empreendedores bem-sucedidos são muitas vezes cancerianos. Ross Perot é um canceriano triplo, com o Sol, a Lua e o ascendente no signo da Lua. John D. Rockefeller era também canceriano. Iniciou um império baseado nos negócios de petróleo, e agora a Fundação Rockefeller em Nova York (uma cidade canceriana) possui um patrimônio dos mais valiosos dos Estados Unidos. Diz-se que existem mais milionários autodidatas do signo de Câncer do que de qualquer outro. Vários dos cancerianos de sucesso chegam à segunda metade da vida antes de atingirem o seu objetivo. Tenho um cliente, um homem agora com oitenta e poucos anos, que atingiu o sucesso bem tarde na vida. No final dos setenta anos seu negócio de financiamentos finalmente deslanchou, para a sua felicidade. O potencial de sucesso do Câncer não tem fim e continua pela vida inteira.

Os cancerianos são muito influenciados pela Lua. As fases da Lua que controlam as marés dos oceanos afetam também os nossos corpos físicos. Os ciclos lunares potencializam as mudanças de humor, e algumas vezes estabelecem uma depressão profunda por alguns dias antes da mudança da Lua. As flutuações constantes e instáveis da Lua Nova para a Lua Cheia formam o ambiente para o seu bloqueio do ego da super-sensibilidade. A sua vida pode ser uma navegação de altos e baixos até que aprendam a observar objetivamente os seus sentimentos e a considerá-los. Isto requer tempo e esforço.

Simbolicamente, a água sendo sem forma representa a

144 ᏜᏞ **Signos da Alma**

imersão emocional na experiência da vida sem ter de avaliar ou compreender qualquer um dos seus efeitos. Como pertencentes a um signo da água, vocês a acham revigorante e com poder de limpeza, simplesmente permitindo que a vida flua através de vocês. Os cancerianos não compreendem as diferenciações. Essa habilidade de mergulhar sem o devido processo mental é um anseio profundo do canceriano, mas pode criar dificuldades, particularmente se a personalidade foi privada de uma boa criação no início da infância.

Devemos lembrar que os cancerianos desejam realmente a segurança e a nutrição, e não o dinheiro, porém no nosso mundo atual o dinheiro e as realizações são os maiores símbolos da segurança. As balizas são altas para todos nos grandes negócios. Vivendo numa sociedade de excessos e voltada para os objetivos, nossos jovens são afetados pelos falsos valores e estimulados por motivos errados. Os jovens cancerianos são profundamente atingidos por este dilema até conseguirem se centrar nos valores corretos.

Infelizmente os homens de Câncer passam por maus momentos para aceitar o lado feminino de si mesmos, o lado que é intuitivo e criativo. Não é fácil para um homem ser regido pela Lua. Ficam sujeitos a instabilidades de humor e tornam-se retraídos, sem compreender que a sua sensibilidade é uma oportunidade de deixar que os seus seres queridos se aproximem. Essa contenção constrói um comportamento defensivo, e os sentimentos não expressados os tornam instáveis e difíceis de conviver. Se os cancerianos forem emocionalmente reprimidos, permanecerão próximos da mãe e escolherão mulheres ultrafemininas para esposas. Gostam que elas sejam teatrais. Na meia-idade, com freqüência despertam para compreender que a sua vida é estéril e não cria-

O Que o Seu Signo Solar Revela ♋ 145

tiva. É aconselhável procurar um astrólogo ou conselheiro nesse momento. Vocês poderão ganhar um novo prazo na vida, aprendendo como processar as suas próprias emoções e expressá-las para os outros. Um homem integrado com o seu lado feminino é ótimo de conviver, assim como com uma mulher que aprendeu a processar mentalmente as suas emoções e sentimentos.

Como cancerianos, vocês têm todas as ferramentas para serem ternos, simpáticos e apaixonados quando afastam o medo de perder a sua masculinidade em virtude da sua sensibilidade. Tom Hanks, Harrison Ford e Bill Cosby são algumas celebridades que parecem ter integrado o seu lado lunar às suas personalidades, tornando-se bons maridos e bons pais.

Adquirir coisas é um dos traços favoritos de Câncer, e a maioria dos cancerianos tem uma casa cheia de coleções. Adoram antigüidades e objetos de nostalgia. O desejo de ficar rodeado de coisas que lembram o passado parece ser uma busca que dura a vida inteira. Naturalmente esta necessidade profunda de encontrar *coisas* e de segurá-las para si é geralmente uma compensação das emoções não realizadas. Um homem sábio disse uma vez que todas as posses de que precisamos são aquelas que podemos carregar conosco. Isto é um pouco forçado para a pessoa comum. Talvez uma regra mais realista e prática para o Câncer seja se descartar ou passar adiante tudo que não seja mais útil em sua vida ou reter somente o que contribui para cuidar do corpo e da alma.

Freqüentemente os cancerianos tornam-se enredados nos relacionamentos pessoais e não conseguem separar as suas necessidades emocionais das dos outros. Nasceram *velhos*,

146 ♋ **Signos da Alma**

parecendo muito amadurecidos em relação aos anos cronológicos quando comparados a outras crianças, sendo extremamente responsáveis no seu comportamento. Nunca são realmente crianças. Este comportamento precoce encobre uma insegurança trazida pela competição com os adultos sendo ainda crianças. Vocês se tornam mais crianças com o passar da idade, assim como o seu signo oposto, Capricórnio. Mas existe sempre um lado sério na sua personalidade que não desaparece. Como crianças, sentem que devem concordar com os adultos, ou pelo menos agradá-los, e isto cria muito estresse. A criança canceriana com responsabilidade em excesso tenta até assumir o papel dos pais, muitas vezes para consternação destes. Sem a maturidade necessária para lidar com as complexidades do emocional adulto e das responsabilidades físicas, as preocupações pesam sobre o ego em desenvolvimento, criando um sentido de impotência e subjacente de catástrofe. Mais cedo ou mais tarde, a frustração de se sentir incompetente se transforma em raiva, fato que apavora o canceriano, e ele luta para suprimi-lo; então a sua tendência é de explodir, segurando a emoção. Haverá um dia do ajuste de contas. Esta supressão das suas verdadeiras emoções e a tentativa de agradar as pessoas que estão na posição de autoridade podem atormentá-lo pela vida inteira. Não é bom para a sua saúde. Vocês tenderão a apresentar doenças psicossomáticas, particularmente no estômago. As mulheres com freqüência têm problemas nos órgãos reprodutores. Estas são as áreas do corpo regidas por Câncer.

Os cancerianos supersensíveis sentem obsessivamente a necessidade de controlar o seu ambiente. Sendo nutritivos, desejam continuamente cuidar de todos que aparecem, querendo, ao mesmo tempo, assegurar a sua posição nos relacio-

O Que o Seu Signo Solar Revela ♋ 147

namentos. É aí que se encontra o seu bloqueio do ego da manipulação.

A privacidade é muito importante para vocês, e necessária para o processamento de tantas emoções e sentimentos, porém em casos extremos desenvolvem uma tendência ao isolamento. Sendo excessivamente sensíveis, sentem uma necessidade de se retrair para um ambiente seguro onde poderão se regenerar. Mas não existe esse lugar seguro na Terra. Será somente através da sua conexão com um poder superior que encontrarão a paz. Medos profundamente arraigados de abandono e as ansiedades do mundo geradas por vocês mesmos criam uma necessidade urgente de estar no controle. Pode ser surpreendente que vocês, cancerianos, em geral tão doces, sejam também muito críticos e cépticos. Embora gostem de agradar, não ficam satisfeitos com facilidade. Vacilam entre ser friamente crítico e severo e transformar-se numa gelatina, deixando que os outros os manipulem.

O caminho da transformação do Câncer é o dos relacionamentos familiares. Os cancerianos são muito ligados aos parentes, particularmente às suas mães. Se perguntarem a um canceriano sobre a sua mãe, ouvirão uma resposta de extremos: de crítica ou de louvor. Na adolescência, quando o rompimento com os pais é uma prioridade, os cancerianos se desviam desta transição importante. Pensando que são responsáveis pela felicidade dos outros, descobrem que é difícil sair do emaranhado infantil.

O canceriano tem problemas para estabelecer os limites emocionais. Um dos meus clientes cancerianos foi para a casa da avó todos os domingos por anos a fio, abdicando do seu único dia livre da semana porque não conseguia dizer não. Como a maioria das famílias viveu suas vidas juntas no passado, os seus

148 ♋ **Signos da Alma**

relacionamentos emocionais são altamente carregados. É um teste para as pessoas envolvidas. O canceriano quer que tudo transcorra suave e harmoniosamente. Vocês investem muita energia emocional para fazer as coisas perfeitas para todos (queiram eles ou não) e não esperam um retorno do investimento. Suas suposições não realistas devem ser conferidas com as da outra pessoa, ou tomarão decisões que levarão a resultados infelizes.

Como cancerianos supersensíveis, assumem que sabem o que é melhor para a sua família e os amigos, raramente se preocupando em verificar. Pelo contrário, desistem do seu poder. Acham que o seu objetivo é impossível de ser atingido independentemente de quanto lutem, manipulem ou protestem para agradar continuamente os seres amados.

Como as mães são regidas por Câncer, a instituição da maternidade apresenta os bloqueios do ego da supersensibilidade e da manipulação. Ouvi minha mãe dizer muitas vezes: "Faço isto porque sou sua mãe." Jurei nunca dizer isto para os meus filhos, mas provavelmente falhei. Não acredito na necessidade das palmadas de uma mãe porque também sou mãe e sinto que o necessário é formar e amadurecer adultos responsáveis que não precisarão mais de uma mãe. Depois nos libertaremos dela e seremos bons amigos.

A vida dos cancerianos melhora consideravelmente depois dos quarenta anos. Amadurecendo lentamente, vocês podem finalmente ver que viver no passado e ser socialmente perfeito não é a resposta. Se forem observadores, verão que cada momento oferece uma oportunidade de prosseguir para uma atitude positiva e criativa. O canceriano precisa liberar os mecanismos de defesa do ego do medo, da culpa, dos sentimentos de inadequação e do autojulgamento rigoroso. Libertem-se da prisão de andar pisando em ovos cuidando e compreendendo que *agradando a vocês, vocês agradam os outros*. Poderão então iniciar uma comunicação saudável com a família e criar uma vida na qual receberão e darão amor e carinho.

O Que Pode Ser Feito

Câncer é um dos signos mais sinceros do zodíaco. Sua boa fé característica de cuidar é a resposta para corrigir os seus bloqueios. Devem procurar a segurança dentro de si próprios. Considerem e pensem bem sobre vocês; vocês merecem. Com tanto cuidado com os outros, certamente podem dar um pouco também para si mesmos. Os bloqueios do ego que apresentam derivaram do medo da rejeição e da perda do controle. Façam um inventário da sua vida e vejam do que, se realmente isso existe, vocês realmente têm medo.

Três Passos para Curar o Seu Bloqueio

1. Compreendam que o seu bloqueio do ego pela supersensibilidade está agindo constantemente, causando mudanças de humor e depressão. A sua sensibilidade é uma das melhores coisas sobre vocês; é o excesso que prejudica.
2. O poder da sua alma para cuidar consiste no amparo emocional em oferecer atenção e afeto onde for necessário. Certifiquem-se de se incluírem neste grupo. Será mais fácil cuidar dos outros se puderem cuidar de si próprios.

150 ♋ **Signos da Alma**

3. O caminho da transformação do canceriano é o dos relacionamentos familiares. Trabalhar a dinâmica familiar nos afeta a todos, mas é a sua lição de vida. Todos os caminhos da transformação dos signos solares são neutros; vocês são simplesmente mais sensíveis às necessidades familiares do que os outros signos. Dão tanta importância à sua responsabilidade com os parentes e amigos que a exageram. Então criam-se os laços, atando-os emocional e fisicamente.

Lembrem-se, não pertencemos a ninguém e ninguém nos pertence. Partilhamos as nossas vidas com a nossa família porque o potencial para a intimidade é evidente. Se não conseguirem se relacionar com a família, como conseguirão lidar com o mundo fora de casa? Este é um grande problema no mundo atual e não somente um dilema canceriano.

Quando o canceriano se sensibiliza com uma situação familiar, o ego se agita, querendo o controle. Isto pode acontecer também num escritório porque os cancerianos geralmente trabalham em negócios da família ou dirigem o escritório como uma família. Começam a controlar pelo cuidado, muitas vezes sem ter consciência da manipulação envolvida. É importante perguntar aos membros da família se eles precisam da ajuda ou do aconselhamento. Por outro lado, muitas vezes o canceriano reage a situações sensíveis simplesmente se afastando. Isto pode ser mal interpretado pelo seres queridos. É necessário expressar as suas razões do descontrole. Se estiverem fora de controle, façam planos para discutir sobre o assunto mais tarde quando se sentirem emocionalmente equilibrados e conseguirem falar com todos juntos. Naturalmente isto não é fácil, mas para serem verdadeira-

O Que o Seu Signo Solar Revela ♋ 151

mente felizes nos seus relacionamentos é preciso trabalhar este ponto.

Temos aqui uma típica história canceriana. É Natal e toda a família está para se reunir. Avós, pais, irmãos e irmãs com suas famílias — tudo funcionando. Seu marido ganhou passagens para uma viagem ao Havaí com você e as crianças, mas você tem receio de telefonar para a sua mãe e dizer que não estará junto com todos durante as festividades. Naturalmente o seu marido é leonino e acredita em fazer o que ele *quer* e não no que *deveria* fazer, colocando você no meio do torvelinho. O seu bloqueio pela supersensibilidade colide com o seu caminho da transformação dos relacionamentos familiares, e o seu quociente emocional atinge o ápice de ansiedade. A decisão é tomada; naturalmente você quer ir, e dirá isso para sua mãe, mas ela ficará terrivelmente magoada. Será? Você não está fazendo nada de errado, então por que se sentir tão mal?

Como Aplicar os Três Passos Nessa Situação

Uma canceriana com a sua sensibilidade superdesenvolvida tem uma tendência a projetar seus próprios sentimentos sobre os outros, e nesse caso você os projeta sobre a sua mãe. Não vemos as coisas como elas são, nós as vemos como *nós* somos. Antes de se confrontar com a família, confronte-se consigo mesma. Reconheça que está perturbada e emotiva, e depois aceite a responsabilidade daquela emoção. Temos aqui algumas das emoções que estão sendo expostas.

1. O medo que está experimentando deve ser classificado. Real ou imaginário, ele existe.

152 ♋ Signos da Alma

2. Você está se permitindo ter preocupações sobre situações passadas para evitar agir. Este sentimento é de culpa.
3. A rejeição que você sente baseia-se em tentativas da infância de ganhar aprovação.
4. A preocupação e a ansiedade são muito desgastantes, incapacitando a sua habilidade de tomar uma decisão e se preparar para a situação.

Tipicamente a sua resposta a essas emoções é racionalizá-las para evitar lidar com os seus sentimentos. Dizer para a sua mãe que você vai passar o Natal fora não é tão mau assim — mas parece. Por trás de cada emoção existe uma crença. Você honestamente acha que a sua mãe vai deixar de amá-la? Pergunte a si mesma: "O que estou ganhando com essas emoções?" Lembre-se, o drama está na sua cabeça. Temos uma chance a cada momento de sermos positivos ou negativos, portanto *escolha ser positiva*. É importante ser objetiva para que você possa mudar a sua resposta ao problema.

O caminho da transformação de Câncer dos relacionamentos familiares é independente. Cabe a você discriminar e não utilizá-los para a sua estabilidade emocional e física. Após fazer o inventário e decidir se dessensibilizar nas situações familiares, procure sua mãe e conte como você está feliz com esta oportunidade maravilhosa. Mude a sua atitude. Deixe que ela participe da sua sorte. Poderá fazer planos para a reunião do Dia de Ação de Graças ou para a véspera do ano-novo. Outra boa idéia é pedir que filmem partes da reunião para que você possa vê-las mais tarde. Se a sua mãe ficar zangada, o problema é dela e não seu. E se você for positiva e emocionalmente decidida independentemente da respos-

O Que o Seu Signo Solar Revela ♋ 153

ta de sua mãe, isto dará também a ela uma oportunidade para crescer.

O seu poder da criação é um grande dom e deve ser considerado. Contudo, as novas fronteiras que mantêm a sua dignidade ao mesmo tempo que respeitam a outra pessoa são essenciais. O seu bem-estar emocional é assunto seu, independentemente do que pensem os seus entes queridos.

Leão

23 de Julho a 22 de Agosto

Signo do Fogo regido Pelo Sol

PODER DA ALMA: *Generosidade de Espírito, Amor*
BLOQUEIO DO EGO: *Auto-absorção, Otimismo Excessivo*
CAMINHO DA TRANSFORMAÇÃO: *Jogos de Poder*

Leão é o mais dramático e exuberante de todos os signos no zodíaco por direito próprio. Vocês são regidos pelo Sol — uma estrela. Num mapa astrológico, o signo solar significa quem você realmente é. Como leoninos, vocês possuem uma personalidade radiante, extravagante, com o alto padrão necessário para criar um ambiente de magnificência e esplendor. São as estrelas brilhantes e os deuses do Sol do zodíaco. O poder da

156 ♌ Signos da Alma

alma do Leão é a generosidade de espírito, e com facilidade atingem a posição de liderança, olhando sobre o seu reino com ímpeto e magnanimidade.

Os leoninos são os reis e rainhas do zodíaco. Uma das coisas terríveis sobre vocês é que são abençoados com a *noblesse oblige*. Sentem que é sua obrigação ser nobre, generoso e responsável em todos os seus empreendimentos, sendo seu dever inspirar a boa vontade ajudando os outros — ou simplesmente entretendo-os.

Leão é o signo do amor. Rege o coração e tem a grande sorte de ter o que todos procuram na Terra — o amor — como o seu poder da alma. Sendo generosos, nascem com a propensão de expressar os seus sentimentos a partir da base segura de serem amados por todos. O amor e a felicidade brotam espontaneamente de dentro de vocês a menos que tenha havido um dano real no seu ego, no início da sua vida, ou que as suas lições de vida tenham criado uma auto-imagem negativa.

Algumas religiões orientais dizem que existem sete chakras, ou centros psíquicos, no corpo sutil começando na base da espinha subindo até o topo da cabeça. O coração está no centro. O quarto chakra, o centro cardíaco, é chamado de *anahata*. É o ponto de equilíbrio entre o ser básico (os três chakras inferiores) e a alma (os três chakras superiores). Os leoninos são abençoados com uma ligação natural com o quarto chacra, o local da alma individual. Os grandes mestres dizem que a alma é simbolizada por uma chama no seu coração acesa constantemente, sem ser afetada pela atividade mundana, uma parte de você que compreende o poder do amor.

Leão, a quinta casa do zodíaco, rege o amor e a criança. Quem melhor do que as crianças para nos ensinar o amor incondicional? Diz-se que como crianças entramos no reino dos

O Que o Seu Signo Solar Revela ♌ 157

céus. O seu entusiasmo infantil os conduz a cada dia com a esperança de atingir os seus objetivos.

Com o seu poder da generosidade de espírito, vocês nasceram sabendo que tudo de que precisam está abundantemente dentro do seu alcance. Partilham a si mesmos generosamente com o mundo; não há segredos para o leonino. Têm a certeza de que todos estão felizes por conhecê-los, assim como vocês estão contentes por conhecer todos. Têm uma natureza doadora. Compreendem intuitivamente como funciona a lei da abundância, que aquilo que é dado com generosidade sincera voltará multiplicado. Gostam de dar presentes caros e de cobrir os seres queridos com artigos dispendiosos. Os leoninos pensam que, se decidem dar algum presente, é preciso ser algo que impressione. Sabem instintivamente que quanto mais dão, mais recebem de volta.

Em várias culturas antigas, o Sol era adorado como uma deidade. Talvez tenha sido a luz do Sol, como o fogo solar da criação e o brilho dos seres celestiais nos encontros divinos, que tenha sido reverenciado e não o próprio Sol. Como o Sol reflete a imagem de luz de Deus, os leoninos parecem brilhar com boa saúde e vitalidade e uma aparência sincera e nobre. Na Índia — um país leonino, com o formato de um coração —, as pessoas acreditam que existe um ponto entre os olhos chamado *ajna*, ou centro solar. Existe uma crença hindu que diz que se meditarmos sobre este centro cresceremos até atingir a iluminação. Isto pode levar várias vidas para ser conseguido. Os seres iluminados ocupam uma posição de destaque após a vida, junto aos Mestres Ascencionados.

O Rei Artur foi um herói solar que criou uma comunidade ideal chamada Camelot. Seus Cavaleiros da Távola Redonda representaram uma nova visão da igualdade desconhecida na-

158 ♌ **Signos da Alma**

queles tempos. Ainda hoje nos encantamos com os seus conceitos, e de tempos em tempos surge uma nova versão do mito de Camelot.

Alexandre, o Grande, foi definitivamente um tipo leonino. Foi educado por Aristóteles quando menino. Após lhe ter sido revelado pelo Oráculo de Delfos que era invencível, saiu para conquistar o mundo conhecido com a idade de 36 anos. Não pareceu ficar perturbado com a outra previsão do Oráculo — de que morreria jovem. Isto aconteceu após ter dado o nome de Alexandria a setenta cidades no mundo. Os leoninos ouvem só as boas notícias, descartando as más. Os apolos — deuses do Sol dos anos 90 — podem ser encontrados em vários campos como o das diversões, no centro do palco e sempre na primeira classe.

Os seres humanos há muito já perceberam que o Sol anda para frente a cada dia num padrão bem delineado. É confiável e generoso. É confortante ver o Sol aparecer a cada manhã trazendo a esperança de um novo dia. Talvez por isso ele tenha sido venerado como um símbolo de Deus desde os primórdios.

Com o Sol como regente, vocês são constantes e confiáveis na sua busca de atravessar a vida com segurança, sob os refletores, procurando ser adulados e brilhar no mundo. São incansáveis nos seus esforços para entreter as pessoas à sua volta — é assim que se divertem. Tudo é festa quando um leonino chega. Ainda melhor, quando vocês dão a festa, ela com certeza será grandiosa. Aproveitam a vida, querem viver da melhor maneira possível com o melhor de tudo.

As atividades leoninas são sinônimos de glória, magnanimidade e magnificência. Na verdade Leão é o signo da realização e assume uma sub-regência de todas as monarquias, independentemente do signo solar que as rege. A grandeza que um dia Roma teve, uma cidade leonina, repercutiu por milhares de anos. A França e a Itália ainda possuem remanescentes magníficos do seu passado real. A nobreza da Inglaterra, que encanta a todos nós, está constantemente nos noticiários com as suas proezas reais. É difícil encontrar palavras suficientes para descrever as jóias reais em exposição em Londres atualmente. A Califórnia, onde vivem as estrelas do cinema, é um estado leonino. A cidade de Nova York tem uma Lua leonina e atrai os melhores talentos para a cidade mais poderosa do mundo.

Talvez o símbolo mais antigo do Leão na Terra seja a Esfinge. Os egiptólogos dizem que a Esfinge do Egito, um leão com cabeça humana, foi construída em honra ao faraó Quefren. Existem os que pensam que foi para comemorar a era de Leão (aproximadamente 12 mil anos atrás), o que precede a história do Egito (que começou na era de Touro, em torno de 2500 a.C.). Quem a construiu, provavelmente a construção mais fascinante da Terra, produziu uma bela criação leonina que ainda inspira admiração em todos que a vêem. No simbolismo astrológico, a Esfinge é uma combinação de Leão e Aquário: um símbolo da conquista do instinto animal (Leão) pela mente do homem (Aquário), que é feito à imagem de Deus.

Regendo a quinta casa do zodíaco, a casa dos filhos e da criatividade, Leão incendeia o seu caminho pela vida com abundância de afeto, inteligência e aventura. Naturalmente inventivos, criam os filhos da mente e também do corpo. Têm sempre as melhores idéias, e a sua habilidade de criar é ilimitada, seja planejando um esquema, uma campanha política ou somente uma festa. Os leoninos são vencedores, e a diversão

160 ♌ Signos da Alma

é o seu objetivo. Não é sem razão que este signo é chamado de signo da diversão.

Leão governa o romance, os jogos e a especulação — tudo que agite os sentimentos. São como crianças grandes, muito alegres. Gostam de brincar e adoram ser o centro das atenções. O comportamento leonino é muito semelhante ao do leão. Um grupo de leões orgulhosos se reúne, espreguiçando ao sol como uma família — mãe, pai, tias, tios e também irmãos, irmãs e primos. As fêmeas partilham o seu leite com qualquer leãozinho do mesmo grupo. Gostam da vida coletiva. Perguntei recentemente a um leonino qual era o seu filme favorito e ele respondeu que era *O Rei Leão*. A canção favorita (querem apostar?) era "Hakuna Matada." Ele me chamou a atenção para o fato de que *O Rei Leão* era uma versão pouco disfarçada de *Hamlet*, o filho vingando a morte do pai realizada pelo tio malvado. Contudo, no Egito antigo existiu um mito similar bem mais antigo de Hórus vingando a morte do pai Osíris morto pelo tio malvado Seth.

Os ígneos leoninos são conhecidos pela sua tremenda energia calorosa; são as eternas crianças do zodíaco. Com uma aparência jovial, sem dúvida são capazes de captar a imaginação das pessoas. Sua figura é direta e franca, partindo do coração e não do cérebro. São dotados da generosidade do espírito. Em assuntos do coração, são sinceros, galantes e românticos — e realmente muito convencionais: querem se apaixonar, casar e construir uma família. Estar rodeados dos seres amados é o seu maior desejo. Gostam do amor e não se sentem bem se não estão envolvidos num relacionamento significativo.

A natureza carismática e o estilo criativo fazem dos leoninos grandes artistas. O leão é um grande ator e deseja estar no centro das atenções. Atraem o estrelato, assim como o Sol em

O Que o Seu Signo Solar Revela ♌ 161

nosso sistema solar é uma estrela com planetas à sua volta. Destinados a permanecer no centro do palco, temos os leoninos Steve Martin e Magic Johnson, junto com Robert Redford e a sempre luminosa Madonna. Raramente vemos um leonino tímido, porém alguns são menos extrovertidos. São os leoninos quietos, e até reservados, como Jacqueline Kennedy, mas estes tipos quietos são voltados para um objetivo e desejam ser reconhecidos tanto quanto os seus primos mais salientes. Algumas beldades que adoram as luzes do palco são Whitney Houston, Mick Jagger e Patrick Swayze.

De todos os signos do zodíaco, o Leão é o que aparece com mais facilidade. Gostam de atenção e se destacam em qualquer multidão pela sua bela aparência dramática, em geral com uma grande cabeleira. O rosto é quadrado, com a testa proeminente, o nariz bem formado, porém um pouco largo, como o de um gato. São muito elegantes e se movimentam com uma expressão leonina destacada no físico em geral. Os leoninos possuem ombros largos e cinturas finas. Ficam ótimos bem vestidos.

Como capricorniana, admiro a habilidade do Leão de estar presente e à vontade, em cada momento, e de escolher sem esforço uma direção cem por cento positiva na vida. Leão tem um alto nível de "merecimento". Quando fico cansada da pressão constante de ser Capricórnio, decido destacar as características leoninas do meu mapa e tento aproveitar o máximo possível de mim mesma. Em geral isto significa espreguiçar um pouco, depois fazer algo glamouroso para mim mesma como ir às compras num *shopping* ou planejar uma viagem para Bali.

Leoninos adoram vencer, e são com freqüência arrastados para situações políticas para testar a sua coragem e senso teatral. Bill Clinton, presidente dos Estados Unidos, é leonino. A

162 ♌ **Signos da Alma**

campanha para vencer as eleições contra todas as perspectivas parece que o energizou a proporções heróicas. A força de vontade de vencer parece que o estimulou numa campanha incansável para a vitória, embora tivesse aspectos extremamente difíceis no seu mapa natal no próprio dia das eleições. A maioria dos astrólogos previu a sua derrota, subestimando a determinação leonina de vencer. Adorando vencer, vocês raramente desistem sem um grande esforço. Embora pareça estranho, os leoninos não são grandes competidores. Gostam somente de vencer e de desfrutar da adulação e da aclamação. Após chegar ao objetivo, o seu entusiasmo pela corrida diminui consideravelmente, não se preocupando muito com as promessas que o ajudaram a chegar até lá.

Leão possui um poder persistente, e vocês provavelmente não abrem mão do seu espaço. Não desejam que ninguém mais tenha o que declararam como seu. São membros da família dos gatos e não gostam de mudanças. Marcam o território, por isso, após espreguiçarem, podem percorrer o caminho de volta se houver algum incentivo para isso.

Jung, um leonino, classificou as pessoas em quatro tipos psicológicos: o Pensador (mental), o Sentimental (sentimento), o Sensorial (sensação) e o Intuitivo (psíquico). Todos os signos do zodíaco se enquadram em um desses tipos. Os leoninos definitivamente são do tipo sensitivo — animados, espontâneos, desinibidos e totalmente envolvidos pelos seus sentimentos. É muito fácil para os leoninos serem superdesenvolvidos no departamento dos sentimentos, e reagirem em excesso às situações de vida com um entusiasmo ígneo, especialmente quando são criticados.

O bloqueio do ego do leão é a auto-absorção; vocês ficam tão envolvidos consigo mesmos que não conseguem ver além

O Que o Seu Signo Solar Revela ♌ 163

dos seus próprios desejos e necessidades. Por trás da sua conduta suave estão mais inseguros do que desejam admitir; são atores, e sabem disto. São emocionalmente ligados com a própria imagem, e a maneira como os outros os vêem afeta a sua confiança. Um leonino egocêntrico pode fazer uma bela figura, parecendo bem firme, mas, no primeiro traço de crítica ou de fracasso, reage emocionalmente em excesso. Este comportamento pode confundir os amigos, que não conseguem imaginar por que você desmoronou.

Vocês atravessam vários estágios de desenvolvimento antes de atingir uma identidade madura e firme. O estágio leonino está ligado à parte infantil da personalidade. Podemos dizer que Leão rege o ego e o seu desenvolvimento. O signo antecedente, Câncer, tende a ver a família como uma unidade. Leão traz a independência para a consciência. Os leoninos têm uma forte apresentação pessoal e pensam em termos de posse: *minha* esposa, *minha* casa, *meus* filhos, *meu* emprego. Ter vontade própria não é má coisa; se vocês não souberem quem são, como poderão encontrar o seu lugar no mundo?

Como leonino, nascido com um forte senso de valor, sabe desde o início que é divinamente amado. Este verniz se rompe com facilidade quando não amadurece além do estágio da adolescência do desenvolvimento do ego, como é muitas vezes o caso. Um ponto de vista maduro é mais agradável do que vocês podem pensar, e se surpreenderão ao descobrir que a alma é muito jovem.

A capacidade de se arriscar é uma das melhores características do leonino; faz parte do seu poder da generosidade. É preciso haver risco para ser bem-sucedido em qualquer empreendimento. Os leoninos sentem que são divinamente comandados. Nessa posição confiante existe uma tendência a se

164 ♌ **Signos da Alma**

arriscar sem pensar muito antes. Todos os signos solares são divinamente dignos de sucesso, mas o Leão nasce sabendo disto e o capitalizando. Alguma vezes a parte da capitalização surge cedo na vida, em outras aparece mais tarde. Vejam Martha Stewart, uma leonina, que realizou o que queria fazer e criou um império aos quarenta anos. Obviamente adora o sucesso e gosta de estar no palco. Aparece na capa da sua revista todos os meses, como uma verdadeira leonina.

A sua capacidade de assumir riscos encoraja a excelência em atividades extrovertidas tais como a representação, nos esportes, na política e somente para aproveitar a vida a cada minuto. Vocês sentem que foram pessoalmente convidados para a "festa da vida" e querem aproveitar. Este forte desejo de estar no centro das atenções é um comportamento natural nas crianças e em todos os leoninos. O seu ego é desenvolvido cedo, na infância. Este ponto de vista quase ingênuo cria um sentido de autoridade que fica firmemente impresso até que as situações da vida lentamente os abatem e vocês compreendem que não são infalíveis. O leonino não desiste facilmente desta autoridade. O seu mundo é centrado à sua volta, e vocês desejam mantê-lo desta forma. Isto é encantador numa criança, mas quando continua na idade adulta pode ser muito irritante, e vários leoninos perdem relacionamentos sem saber o porquê. A consideração e a empatia precisam ser desenvolvidas na personalidade leonina. Vocês realmente possuem a capacidade de desenvolver estes traços muito necessários. A vida é um caminho de mão dupla, e finalmente aprenderão isto.

Vocês falam a verdade como a vêem. Os leoninos depositam grande fé sobre os outros, talvez erradamente. Facilmente enganados e lentos em revidar, projetam os próprios valores

O Que o Seu Signo Solar Revela ♌ 165

sobre os outros. Com freqüência isto contribui para a sua queda. O orgulho do Leão os faz pensar que uma decepção é impossível. Muitos leoninos chegam em meu consultório de coração partido e confusos porque foram traídos pela companheira ou parceiro nos negócios. Talvez seja difícil conviver com a realeza durante todo o tempo. Com toda a sua beleza e porte, Jackie Kennedy foi traída por ambos os maridos. Isto seria um golpe no ego de qualquer um, e particularmente para alguém tão famosa pela sua figura e charme.

Napoleão, um leonino, foi traído por sua esposa Josefina quando se encontrava fora da França. Ele conquistaria o mundo, mas a sua vida amorosa deixava a desejar. Como leoninos, a sua sina parece ser destinada a passar uma identidade de ego que não é mais válida. Isto geralmente ocorre na área de vida que é mais importante para vocês: a sua vida amorosa. Como foram divinamente abençoados em vários aspectos como a aparência, a personalidade e a vitalidade, isto não significa que estejam livres dos problemas no relacionamento. Estes são sempre um pouco difíceis, e vocês devem aprender tanto a *dar* quanto a *receber* amor.

Joseph Campbell escreveu que existe sempre uma perda de poder ou até mesmo a morte do Herói, um símbolo leonino, no final do mito. Leões recebem sempre uma lição nos jogos de poder, o seu caminho da transformação. Pode ser que seja bom vocês saberem que o poder vem da alma, *não* do ego. Os leoninos sofrem muito no mundo pelo seu egocentrismo e total negação de qualquer coisa errada ou negativa em sua vida. O ego superdesenvolvido do Leão deve finalmente se render. Eles precisam descobrir que existe poder simplesmente em estar em paz com as suas qualidades extraordinárias e confiar no seu merecimento para tudo que é bom.

166 ♌ **Signos da Alma**

Leão é considerado como um signo masculino do zodíaco. As leoninas possuem características masculinas mesmo sendo admiradas e muitas vezes de beleza excepcional — como Whitney Houston, Arlene Dahl e Lesley Ann Warren, por exemplo. Com freqüência assumem características das leoas. Com soberba (começando pelo título), o leão aguarda descaradamente enquanto a leoa caça, depois se alimenta até mesmo antes dos filhos pequenos. Cuida da juba e aproveita o almoço grátis enquanto a fêmea faz todo o trabalho. Aprendemos muito observando os hábitos dos animais. Várias civilizações antigas utilizaram símbolos animais para exemplificar os atributos dos seus deuses, e a astrologia utilizou-os em escolas diferentes pelo mundo inteiro.

Isto nos lembra o assunto de paternidade. As leoninas são boas mães, gentis e amorosas como seres humanos, mas a sua tendência de ver tudo através das suas próprias necessidades coloca os filhos em segundo lugar e provoca danos. Misturar os filhos com a própria identidade de ego pode significar que ela dará à prole as melhores oportunidades possíveis, mas poderá abafar a personalidade dela. Vocês querem somente o melhor para as pessoas que amam, mas as necessidades dos egos dos próprios filhos não devem ser negadas e nem ignoradas.

Lembro-me de um cliente leonino cuja mãe continuava tentando levá-lo a fazer esportes enquanto ele queria dançar. Tinha medo de chegar a casa, pois ela sempre o emboscava com um bastão e uma luva de beisebol e as temidas palavras: "vamos jogar". Aos olhos dela, era o melhor para ele. O rapaz acabou como um grande dançarino na Broadway e conseguiu a aprovação da mãe, mas foi preciso muita força de vontade para não ser subjugado. O problema é que este signo é infan-

O Que o Seu Signo Solar Revela ♌ 167

til, e vocês desejam ser os próprios filhos. Não os ignoram, pelo contrário, mas as suas próprias necessidades são mais importantes. Este egocentrismo coloca em perigo a felicidade dos filhos, possivelmente com resultados desastrosos.

O mesmo se aplica ao pai leonino. É muito divertido quando papai está por perto, desde que seja feita a sua vontade. Muitos filhos de leoninos sentem que precisam agradar os pais. Como leoninos, o seu erro está em ser liberal em excesso. Não é divertido reprimir os filhos, sendo bem melhor passar por cima das suas falhas e dar a eles tudo o que querem. Precisam compreender que os filhos sabem que estão sendo subornados, e sentem isto como uma rejeição.

O outro bloqueio do ego do Leão é o otimismo em excesso. A sua propensão para negar o óbvio não é superada por nenhum outro signo solar. Quando se encontram totalmente comprometidos, num estado tóxico, é total estupidez dizer: "Está tudo bem." Amélia Earhart era leonina. Não ajuda em nada, mas pensamos que se ela não tivesse sido tão positiva em circunstâncias tão terríveis, talvez tivesse vivido mais. A total negação dos fatos faz com que os outros se preocupem com o seu senso de realidade, embora pareça que vocês conseguem mudar as situações negativas somente pela sua vontade. A energia requerida é enorme, e os leoninos podem sofrer de problemas cardíacos como resultado do trabalho excessivo. E também quando o coração emocional é atingido, o coração físico fica em perigo.

O caminho da transformação do Leão é o dos jogos de poder. Vocês são atraídos para situações de poder e para pessoas de poder. Todos já ouvimos falar como o poder corrompe e lemos sobre vários fatos na história que ilustram isto. Mas não é o poder em si que corrompe, é o medo de perdê-

168 ♌ **Signos da Alma**

lo. O ego doente abusa do poder, desejando cada vez mais, tentando preencher um vácuo infinito. Contudo, a sua natureza é positiva e não é necessário muito tempo para que vocês desistam dos métodos negativos do controle. Não é definitivamente da sua natureza ter um perfil negativo. São naturalmente atraídos para o palco, por isso deve haver um cuidado escrupuloso quanto à ética e aos valores. Quando o sucesso vem pelo seu poder da alma do amor, ele não poderá ser corrompido.

O Que Pode Ser Feito

A tendência dos leoninos para dominar é um bloqueio sério. Vocês devem enfrentar o medo e a negação que os mantêm auto-absortos. É importante lembrar que a força do seu poder do amor e da generosidade de espírito é exatamente igual à força do seu bloqueio do ego pela auto-absorção.

O seu bloqueio vem do ser básico, a parte da sua personalidade que não racionaliza e que constrói os mecanismos de defesa no início da vida. Olhem para os seus modos infantis e enfrentem aquilo que não querem ver. Tentar ser perfeito é perda de tempo.

Não existe nada perfeito no mundo do dia-a-dia. Quando algo atinge uma perfeição verdadeira, imediatamente transcende para um estado além da nossa compreensão física comum. Isto é chamado de estado transcendental. O seu ego ferido deve ser curado para ficar harmonizado com o seu poder de alma do amor. Conhecendo a si próprios como um ser espiritual, vocês expressam a vontade divina, que é o seu maior dom como um leonino.

O Que o Seu Signo Solar Revela ♌ 169

Quando vocês compreendem o seu caminho da transformação através dos jogos de poder que requerem um ego inflado, passam por mudanças sem o típico medo do Leão de perder o controle. Estarão então na trilha certa para um estado liberado de consciência e uma vida excepcional. Aceitar a sua atração pelo poder é a sua chave para a mudança. Ela está dentro de vocês. Não precisam ficar assustados. Entregar-se não é perder — é ganhar uma compreensão maior.

Três Passos para Curar o Seu Bloqueio

1. Agora que vocês sabem dos seus bloqueios do ego pela auto-absorção e do otimismo excessivo, note-os assim que surgirem na superfície. Um Leão aprende muito rápido como ser autoconsciente de uma posição confiante.
2. O amor tem sido sempre a chave para a felicidade pessoal. Aprendam sobre todos os tipos de amor do mundo; é a sua essência, o seu poder da alma. Saibam que o seu poder da generosidade de espírito está dentro do seu ser — a parte eterna que é realmente você.
3. O seu caminho da transformação dos jogos de poder é o seu jogo na vida. Vocês atraem o poder. Têm o poder de mudar.

Tenho um cliente leonino que é escritor. Seu sonho é escrever uma peça para o cinema ou um seriado para a televisão. Há dez anos tem tentado sem sucesso vê-la publicada. Embora tenha sido rejeitado repetidas vezes, agindo fora dos seus bloqueios do ego, ele não desiste. Isto não teria proble-

170 ♌ **Signos da Alma**

ma se ele fosse sozinho, mas é casado e tem dois filhos pequenos. A herança da esposa foi totalmente utilizada e ela valen-
temente foi trabalhar para sustentá-los. (A mim me lembra a
síndrome do leão.) Finalmente, ele foi forçado pelos fatos da
vida (custos aumentando, seguro-saúde, a educação dos filhos)
a encarar as necessidades da família, e conseguiu um emprego
como professor numa universidade. O resultado: ele adora o
seu trabalho, e adivinhem! Um dos seus originais foi vendido!
Após ter desistido da abordagem teimosamente egocêntrica,
a situação mudou. Quando os leoninos desistem de manter o
controle, algo melhor acontece. A vontade dele não era a resposta neste caso, mas sim a sua disposição de enfrentar as necessidades da família.

Como Aplicar os Três Passos Nessa Situação

O bloqueio do ego pela auto-absorção do escritor é fácil de
ver. Em vez do jogo do "eu", é mais simples perguntar aos outros o que pensam e precisam. Acordem e vejam o mundo
através dos olhos dos outros por um momento. O seu poder
da alma para a generosidade de espírito não funciona antes de
desejarem egoisticamente o controle durante todo o tempo,
ou o poder para si. O seu outro bloqueio do ego, ser otimista
em excesso, é um freio para a mudança. Encarem os fatos!

Os leoninos assumem bem a responsabilidade quando sentem que é o seu território. O seu comportamento egocêntrico
não é malicioso, pois vocês simplesmente esquecem a empatia
e a comunicação. O escritor leonino poderia ter considerado a
família um pouco mais cedo, o que espero que faça daqui por
diante. Quando soltou a sua teimosia e a auto-absorção, ga-

O Que o Seu Signo Solar Revela ♌ 171

nhou o prêmio. Não precisou abrir mão da sua ambição, mas por se permitir obstinadamente uma teimosia quanto aos seus objetivos e um excesso de otimismo, estava criando uma espiral descendente. Quando os fatos estão na sua frente, não há desculpas. O mundo não gira à sua volta — mas em volta de você e de todos.

Leoninos, é preciso que se lembrem destes pontos:

1. A consideração pelos outros é importantíssima para o seu crescimento. Isto é mais fácil quando vocês perguntam aos seres queridos do que eles precisam.
2. O ego reside na parte racional da mente, sendo um ponto objetivo de referência que equilibra o ser básico e a alma.
3. Vocês não são o seu ego.
4. O verdadeiro poder vem da alma e não da opinião dos outros.
5. Vocês são capazes de atrair uma fonte ilimitada de poder quando se respeitam como são.
6. O amor é o maior poder que existe, e ele pertence a vocês.

Pensar positivamente é uma ótima coisa, porém existem limites que precisam ser encarados. Como diz Scott Peck no seu best seller *A trilha menos percorrida* (Ed. Imago), "a vida é difícil". Prossegue explicando que quando compreendemos isto e superamos o ressentimento deste fato, a vida fica bem melhor. Talvez por isso os leoninos se choquem com a rejeição e a traição. É preciso um grande golpe para quebrar a vontade egocêntrica e deixar que os seus poderes de alma do amor e da generosidade funcionem em sua vida. Despertem, Leões! Embora a vida seja difícil, ela está cheia de desafios e de riquezas. E vocês são a estrela!

Virgem

23 de Agosto a 22 de Setembro

Signo da Terra regido por Mercúrio

Poder da Alma: *Produtividade, Discriminação*
Bloqueio do Ego: *Negatividade*
Caminho da Transformação: *Serviço*

Virginianos, vocês são os pensadores mais astutos do zodíaco. Trabalhando com precisão meticulosa e atenção aos detalhes, possuem a habilidade de realizar as coisas. As idéias que podem ser trabalhadas são o seu ponto forte, e nunca perdem quando resolvem problemas de logística. A sua ordenação mental vem do fato de Virgem ser um signo da Terra prático

174 ♍ Signos da Alma

que é apoiado pela agilidade mental do planeta Mercúrio, o seu regente. São os mestres na aplicação das técnicas práticas, úteis e concretas, particularmente no trabalho ambiental. Acreditam que, se vale a pena fazer algo, que seja bem-feito.

O Leão desenvolveu a criatividade; Virgem descobriu como usá-la. O Leão representa o homem perfeito; Virgem, a mulher perfeita. É bem conhecido o fato de que na maioria das culturas, até nos Estados Unidos, as mulheres é que produzem mais. Isto não quer dizer que os homens não sejam produtivos, mas é o lado feminino deles que os mantém num projeto até que este esteja terminado. Como diz Rob Becker na sua peça deliciosa, *Defending the caveman*, "os homens são caçadores e as mulheres são as que recolhem". As qualidades de coesão de Virgem são uma parte importante da sua eficácia.

A produtividade e a discriminação são os seus poderes da alma e, como virginianos, ficam mais felizes quando estão a serviço de uma idéia tangível. Faz bem ao seu coração assumir um projeto, analisá-lo, dividi-lo, realizar cada parte com precisão e, depois de terminado, levá-lo para alguém embrulhado para presente. Um trabalho bem-feito, que maravilha! Vocês adoram servir da maneira que podem.

Foi escrito nos antigos livros de astrologia que existe um outro planeta em nosso sistema solar chamado Vulcano que será reconhecido como o verdadeiro regente de Virgem quando for descoberto. Vulcano era o filho real de Hera e Zeus. Zeus o atirou para fora do céu porque era coxo. Vulcanalia, o principal festival do deus coxo, era realizado em Roma no dia 23 de agosto, na época em que o Sol entrava em Virgem. Os antigos astrólogos diziam que Virgem deve superar alguma limitação física na vida. Descobri que vários virginianos apre-

O Que o Seu Signo Solar Revela ♍ 175

sentam dificuldades de audição. É interessante notar que o doutor Spock de *Jornada nas Estrelas* era um Vulcano e que suas orelhas eram bem maiores do que as dos habitantes da Terra. Ele partilha esta característica com o deus de pés alados, Mercúrio.

O deus Vulcano era ferreiro e patrono de todos os artesãos. Virgem é o regente dos trabalhadores. Como atualmente estão sendo descobertos novos planetas em outros sistemas solares, talvez exista um pequeno planeta no nosso sistema aquém de Mercúrio, escondido pelo brilho do Sol. Até Vulcano ser descoberto, Virgem deve partilhar a regência do planeta Mercúrio com Gêmeos, o que parece funcionar bem para ambos.

Se cada signo solar manifesta um aspecto importante de Deus, a força do universo, ou como queiram chamar o poder superior, Virgem representa a ordem da natureza, a mente de Deus como encontrada na natureza e a habilidade de organizar e coordenar todos os habitantes da Terra ou, simplesmente, a mente da natureza. Como virginianos, o seu signo rege a ecologia e a biologia, o sistema de preenchimento da terra com todas as pequenas plantas, animais e minerais que a enriquecem. Virgem é um signo de purificação e refinamento, e os virginianos são incomumente preocupados com a sua saúde e as condições tóxicas da terra.

Uma das mudanças mais importantes na história humana aconteceu quando os seres humanos começaram a cultivar os grãos. O símbolo de Virgem homenageia este antigo agricultor desconhecido mostrando uma bela mulher segurando um feixe de trigo em suas mãos. A época virginiana do ano coincide com o tempo em que os grãos nos campos estão prontos para a colheita*. A mulher representa as antigas deusas da fer-

---

*Informação referente ao hemisfério norte. (*N. do T.*)

176 ♍ Signos da Alma

tilidade Inana, Hathor e Deméter, e o feixe de trigo é um símbolo da fertilidade. Entre os antigos egípcios este signo era simbolizado pela deusa virgem Ísis que segura Hórus, seu filho com Osíris, em vez do feixe de trigo. Em todas as antigas culturas ela tem um belo rosto e uma atitude gentil e nutridora na sua pose. É homenageada pela sua fertilidade, nutrição e, acima de tudo, pela sua pureza.

Classifico de mães virginianas formais as que são mães, enfermeiras e professoras e que cuidam da saúde e da educação do filho mais do que das suas próprias necessidades emocionais. Pais virginianos precisam aprender a aproveitar mais os filhos. Não devem viver como se fossem ser avaliados pela sua eficiência como pais; isto torna os filhos muito preocupados, como vocês.

A palavra *virgem* nos tempos antigos não tinha necessariamente uma conotação sexual, mas falava de sabedoria e retidão, "não alterado pela atividade humana". Uma qualidade que vi em muitos virginianos é uma aparência de inocência, uma fisionomia prístina, como um anjo. A bela jovem de Botticelli pintada em afrescos bem coloridos parece conter todos os atributos físicos de uma virgem clássica.

Os virginianos clássicos são bem-formados, com faces ovais e narizes retos. Todos tendem a ter cabelos que caem em ondas sobre a testa, em geral cortados no estilo clássico. Seus olhos são alertas e inteligentes. Com freqüência têm uma aparência antiga, que nunca sai de moda.

Muito atentos ao padrão comum, são cuidadosos com o guarda-roupa, usando roupas simples, bem talhadas. Possuem uma elegância subjacente que parece ser natural; mesmo sem tentar, parecem ditar a moda. Paris e Milão, dois entre os maiores centros da moda, são regidos por Virgem. Los Angeles,

O Que o Seu Signo Solar Revela ♍ 177

a cidade dos anjos, é uma cidade virginiana e também cheia de técnicos que trabalham no cinema.

Existem mais belezas virginianas no zodíaco do que em qualquer outro signo. Usam pouca maquiagem. A primeira impressão que se tem de um virginiano é de algo bem arrumado e muito saudável. A mais famosa beleza virginiana do século XX foi Greta Garbo. Fiquei surpresa quando descobri quantas atrizes e belezas atemporais eram virginianas: Ingrid Bergman, Emma Samms, Sophia Loren, Raquel Welch, Peggy Lipton, Lauren Bacall e Jacqueline Bisset, entre elas. A modelo Claudia Schiffer exemplifica todos os lindos traços virginianos.

Os virginianos são muito bonitos e têm um comportamento refinado e cortês sem deixar os traços viris. Pensem em Hugh Grant, Jeremy Irons, Richard Gere e Sean Conery. Talvez tantos virginianos tenham sucesso no campo da interpretação porque são eficientes em colocar e aprender os limites tanto quanto são atraentes.

O símbolo de Virgem é a letra M com um glifo semelhante a um peixe no final. O M vem de *mem*, letra hebraica para o feminino, e o glifo é uma reminiscência do símbolo do peixe dos primeiros cristãos. Virgem é um símbolo de virgindade, do nascimento do divino no plano terreno. Não somente Jesus, mas acredita-se também que Buda, Krishna, Osíris, Dioniso, Héracles e Lao-tsé nasceram de um pai divino e de uma mãe mortal. Os virginianos conseguem encontrar o divino no universo material através da natureza. Vocês parecem compreender este princípio no seu amor pelas plantas e pelos pequenos animais, especialmente os gatos, que são regidos por Virgem.

Devido à atenção aos detalhes, podem se tornar artistas realizados. A ação recíproca do seu signo oposto, Peixes, um signo

178 ♍ **Signos da Alma**

da imaginação, traz os conceitos visúais que Virgem coloca tão bem no papel. Diz-se que podem realizar tudo que puderem visualizar, e os virginianos são por certo tecnicamente realizados o suficiente, se manifestarem a sua habilidade criativa latente.

Muitos de vocês são excelentes astrólogos, ou seriam caso se interessassem. Sendo naturalmente eruditos, dedicam o tempo necessário para estudar e memorizar, mas sendo inclinados para a dúvida intelectual e para o medo de cometer um erro, raramente contatam com o público, limitando desta forma a sua alegria de partilhar o seu conhecimento duramente conquistado. A sua atitude de autocrítica opera através do seu bloqueio do negativismo, pois ninguém é mais capaz de analisar e de sintetizar do que Virgem.

Os virginianos também se dão muito bem com as palavras — isto é, quando conseguem tirar a cabeça de dentro de um livro o tempo suficiente para poderem falar. Virgem rege o trabalho e a produção. Conseqüentemente, são excelentes em qualquer campo de produção e comercialização. Virgem é um dos signos que rege os computadores, ferramentas da era da informação e da telecomunicação.

Os relacionamentos interpessoais não são um ponto forte, por isso com freqüência são chamados de donzelas velhas. As pessoas são muito importantes como ferramentas do seu trabalho, e honestamente vocês não sabem como ter relacionamentos íntimos. É fácil se casarem com o trabalho e se esconderem dos romances. Existe um lado de monge em todos nós, mas os virginianos devem estar atentos para uma tendência a dormir em camas estreitas e assumir votos de austeridade emocional.

Os virginianos fazem um excelente trabalho de entretenimento, mas ficam tão ocupados nos preparativos para a festa

O Que o Seu Signo Solar Revela ♍ 179

que raramente param um pouco para se divertir. Em geral são encontrados preparando ou servindo mais petiscos ou colocando os pratos na máquina de lavar louças. É quando o seu poder da transformação através do serviço é excessivo e os seus sentimentos de "tenho de satisfazer os outros para ser bom" criam uma alegria estéril. Este não é o *verdadeiro* serviço. Voltados para os resultados, tecem uma auto-escravidão — uma prisão da sua própria atividade. Pode surpreendê-los a compreensão de que este fazer é uma técnica de controle e um modo para evitar a intimidade.

O virginiano precisa ter uma ligação com os outros para ser feliz. Deve reconhecer que necessita de ligações emocionais para aproveitar os frutos dos seus trabalhos. Vocês não são máquinas. O verdadeiro serviço não é um fim em si mesmo, mas deve vir do coração. Vocês têm uma tendência a pensar na vida em vez de vivê-la. Podem ficar isolados dos próprios sentimentos e se tornar muito egocêntricos. Isto pode fazê-los muito aborrecidos e auto-absortos quando querem simplesmente ser o inverso.

Como virginianos é fácil para vocês detectarem imediatamente o que está errado — em tudo. Pensar que sabem o que é melhor para os outros é presunção. Chamo este comportamento de "atitude de Nova York". Existem tantas pessoas brilhantes e talentosas em Nova York, mas parece que estão sempre tentando superar as outras criticando tudo. Este é o beco sem saída do virginiano, pois com o bloqueio do ego da negatividade é mais fácil encontrar falhas do que aplaudir. Como o virginiano é o mestre da crítica, adora ser aquele que "sabe" e espertamente arrasa com o filme, livro ou celebridade mais recente.

O seu dom maravilhoso da discriminação pode deteriorar

180 ♍ **Signos da Alma**

muito rapidamente no seu bloqueio do ego da negatividade. Existirá sempre uma contrariedade se procurarem com afinco. Isto não significa que devem reprimir cada situação ou produto, mas que utilizem a sua visão de detalhes para ver todos os ângulos de modo neutro e sem julgamentos antes de tomar uma decisão. Estou certa de que a pessoa que criou a visão científica foi um virginiano.

Quando analiso um mapa (uma técnica tipicamente virginiana), tenho de manter em mente que as qualidades negativas são mais fáceis de serem vistas, por isso sempre começo com os aspectos positivos para lançar as bases para que o cliente esteja receptivo para a leitura. (A maioria de vocês sabe que tem pontos difíceis, e precisa ser encorajada ouvindo o lado bom.)

Quando os virginianos aprendem a se comunicar com os outros e a confiar no poder de produtividade deles, não precisam tanto estar no controle. Para um virginiano, fazer naturalmente o necessário significa completar um projeto com um alto grau de sucesso e depois partir para começar novamente.

Se estiverem ligados a um ponto de vista míope, perderão totalmente o objetivo do serviço que traz para o seu trabalho um propósito mais elevado sem uma recompensa à vista. Partilhando com os outros e superando a atitude de afastamento realizam maravilhas sem se atolarem no perfeccionismo e na fascinação pelos detalhes. O caminho virginiano da transformação pelo serviço os ensina a diferenciar entre o verdadeiro serviço e a manipulação. As situações surgirão mais e mais vezes até que compreendam a doação nobre sem a ginástica mental.

Os virginianos possuem uma tendência a ter agendas ocultas. Os seus atos de serviço podem querer provar para outras

O Que o Seu Signo Solar Revela ♍ 181

pessoas que são bons e trabalhadores. Estando completamente cegos para a sua motivação, podem ficar chocados se alguém as mencionar. Em virtude da sua natureza mutável, são inclinados a agir como se aprovassem, quando no fundo isto não é verdade. Como as pessoas podem conhecê-los?

Paris é regida por Virgem. Provavelmente é a cidade mais bela do mundo, oferecendo o melhor de tudo, e os parisienses têm uma alegria pela vida que é óbvia, embora sejam conhecidos por serem extremamente difíceis e apresentarem uma atitude sempre crítica. Sua propensão para a excelência permaneceria ainda que aprendessem a abrir seus corações e simplesmente aproveitassem o que realizaram sem esse negativismo. Costumo dizer que não se deve deixar que a atitude virginiana dos parisienses arruíne Paris.

O sacrifício é um conceito importante para a Virgem, e não deve ser considerado negativo. Ele significa algo precioso para Deus, realizar um ato sagrado. Não pensar de maneira autolimitadora requer uma entrega de ego. Vocês podem ver essa entrega como um novo começo sem serem estorvados por modos ultrapassados de pensamento. Quando usam o seu poder da alma da discriminação e abandonam o bloqueio do ego da negatividade, a entrega e o sacrifício se tornam um ato nobre com muita esperança de um resultado favorável. Então poderão aproveitar os frutos do seu trabalho.

Na época medieval, os devotos cristãos abusaram dos seus corpos usando camisas feitas de crina de cavalo que *espetavam*. Supunham que o desconforto levava os pecadores para mais próximo de Deus. Digo aos meus clientes virginianos que, se quiserem, podem usar camisas de crina como os fanáticos religiosos do século XIV, mas isto não os tornará pessoas melhores. Parece mais uma perda de energia vital.

182 ♍ Signos da Alma

O seu desejo de contribuir da melhor maneira que podem para servir em qualquer situação deve vir da alegria e não de uma atitude de autodefesa. Devem ampliar os seus motivos pessoais para englobar o que é melhor para todos. A dureza da sua atitude e a mente negativa se dissolverão quando se libertarem dos motivos egoístas. E o coração abrandará. Permanecer durante todo o tempo na mente crítica de Virgem cria uma disposição estéril. Esta transição não é fácil para os virginianos e requer uma mudança de consciência. Por outro lado, vários signos solares não sabem como permanecer intocados nos assuntos emocionais, o que é o seu forte.

Vocês merecem o amor; devem aprender a receber o amor que desejam. Quando ouvirem o seu coração e souberem como se sentem, a vida amorosa pode vir a melhorar.

Virgem rege o cólon no corpo e dispersa e distribui os nutrientes alimentares de maneira sábia, cuidando para que sejam assimilados na área mais necessitada. O *New York Times* publicou um artigo dizendo que existe um segundo cérebro em nosso intestino chamado de sistema nervoso entérico. Segundo os hindus, o terceiro chakra está no plexo solar, na ponta do estômago. Ele controla a nossa força de vontade e o nosso metabolismo. Talvez o poder do plexo solar que os antigos conheciam seja o que os cientistas acabaram de descobrir. Como Virgem rege o cólon, deve reger este cérebro recém-descoberto que é capaz de separar e unir, trazendo ordem a partir da confusão. O cérebro no abdômen pode aprender, lembrar e produzir sentimentos profundos. Isto não me surpreende porque essa área do corpo é a fonte de toda a nutrição pré-natal, e as sensações psíquicas estabelecem-se originalmente nessa região. Já notei que os aspectos dos planetas são sentidos no plexo solar se a sua mente os compreender e os decifrar.

O Que o Seu Signo Solar Revela ♍ 183

Virgem raramente sabe como criar limites satisfatórios para as suas próprias necessidades. A sua mente é objetiva e pode ver o que é preciso fazer. Sabem como cuidar dela, mas como impedir que os recursos se esgotem é uma outra história. Parece que Virgem nasce com lápis, papel e régua. Os virginianos já são velhos ao nascerem. Começam cedo a medir tudo, e muitos bebês virginianos colocam os pais dentro de um esquema. Em geral não há muita frivolidade na sua personalidade. Desejam sempre medir o que esperam de vocês. Os virginianos jovens não precisam de muita disciplina porque são mais duros consigo mesmos do que os próprios pais seriam.

Realmente precisam de muito apoio e encorajamento pois aprendem precocemente com os próprios erros. O seu regente de nascimento é muito mais alto do que podem alcançar. Fica depois da Lua e há pouca esperança de se viver nele. Sem conseguir alcançar os seus ideais não realistas, raramente estão satisfeitos consigo próprios, e isto aumenta a sua negatividade e o seu comportamento autolimitante.

O Que Pode Ser Feito

Os virginianos são muito conscienciosos por natureza. O seu objetivo do serviço útil é admirável, e modestamente nunca pedem aplausos. O que pode acontecer sem que vocês notem é se tornarem escravos do trabalho. Quando trabalham a partir do poder da alma da discriminação, a escravidão desaparece. São naturalmente eficazes e eficientes, e fazem um bom trabalho com pouco esforço. O trabalho é o seu *hobby* e, quando estão conectados com o seu poder da alma da produtividade, podem atingir um grande sucesso. Sua propensão para a

184 ♍ Signos da Alma

escravidão vem do bloqueio do ego pela negatividade; com freqüência o terrível feitor são vocês mesmos. A tendência a ser autolimitante vem do seu desejo obsessivo de fazer as coisas certas e, ao serem zelosos em excesso, voltam a mente para os pequenos detalhes e perdem a visão do cenário completo. Ampliem a sua perspectiva e iluminem-na. A sua felicidade pessoal é um fator importante para o sucesso verdadeiro.

Três Passos para Curar o Seu Bloqueio

1. Compreendam que o seu bloqueio do ego pela negatividade é com freqüência baseado num medo infantil de competir com os adultos. Lembrem-se de que nasceram com papel, lápis e régua na mão. Seus pais pensaram que faziam um favor ao encorajarem as suas maneiras precoces. As crianças de Virgem são muito avançadas mentalmente, e seus pais não compreenderam que estavam colocando muita pressão emocional sobre vocês quando eram bem pequenos ainda.

2. O seu poder da alma para a discriminação e a produtividade é um grande dom na vida, já que existem muitas coisas que devem ser classificadas em qualquer projeto. Fazer coisas é como dar um doce a vocês. Realizar um objetivo é estimulante para o seu cérebro fértil, e vocês certamente terão a energia para completá-lo. Porém trabalhar sem cessar parece demonstrar uma certa quantidade de dúvidas pessoais. Confiar no seu valor para ter o que merecem é muito importante.

3. Lembrem-se, o serviço é uma forma superior de adoração em várias práticas religiosas, e é a sua lição de vida

O Que o Seu Signo Solar Revela ♍ 185

— o seu caminho da transformação. Por isso é difícil para vocês distinguir entre serviço e escravidão. O verdadeiro serviço exige tempo pessoal, mas não escravidão. Vocês sempre serão chamados para discernir qual é a ação correta para realizar uma tarefa da melhor maneira.

A entrega a um serviço é um objetivo superior, embora fiquem em maus lençóis quando não gostam do que estão fazendo e continuem incapazes de estabelecer os limites do bom senso para si mesmos ou para simplesmente dizer não quando estão cansados. Quando fazem uma tempestade num copo d'água, perdem a habilidade de elevar o seu trabalho ao bem maior para todos os envolvidos. Ao se ligarem a um projeto que detestam, é fácil pensarem em si mesmos como vítimas ou escravos. Servir para provar a si mesmo é uma espiral descendente, e a prisão é criada pelo seu próprio ego. Quando os virginianos apreciam o trabalho que fazem, têm uma chance muito boa de serem bem-sucedidos e, se houver liberdade para usarem as próprias idéias, será ainda melhor, mas se estes aspectos estiverem faltando será necessário mudar.

Uma virginiana minha cliente, ainda jovem, voltava a cada ano com a mesma história. Entrava continuamente em situações na sua carreira em que ocupava a segunda posição no poder. Mesmo num trabalho onde deveria ocupar a liderança, parecia sempre haver uma situação que a colocava em segundo lugar. Seu objetivo era ter o seu negócio próprio, mas nunca parecia estar em posição de encontrar as pessoas que a veriam como uma pessoa eficiente e de poder. Estava sempre por trás do cenário. Compreensivelmente, a sua autoconfiança era baixa.

186 ♍ **Signos da Alma**

Estava num ponto na sua carreira em que tinha experiência suficiente para encarar as situações produtivas e bem-sucedidas que desejava, mas o seu perfeccionismo a mantinha temerosa de cometer erros e de ser ridicularizada. Escolhia tarefas menores em vez da interação com o grupo inteiro, mesmo sabendo que as suas idéias eram as melhores. Ela se escondia.

Como Aplicar os Três Passos Nessa Situação

A resposta para a minha cliente virginiana estava na visão de si mesma. Ela se perdia nos detalhes em vez de agir na sua visão maior dos seus objetivos. Conseqüentemente, nunca chegava até eles. Primeiro pedi que escrevesse quais eram esses objetivos, especialmente nos negócios; qual deveria ser a sua função; quanto dinheiro gostaria de ganhar e um bom esquema diário. Ela precisava ver os seus objetivos colocados no papel para olhar para eles com freqüência. O ser básico é mais fácil de ser motivado quando os objetivos estão colocados no papel. Lembrem-se, o ser básico controla os desejos e possui a energia física necessária para realizar os seus objetivos.

1. Sua dúvida em si mesma, brotando do seu bloqueio do ego pela negatividade, a impedia de falar.
2. Ela sentia que era seu dever fazer as outras pessoas (em particular as figuras de autoridade) parecerem bem. Não se sentia digna do sucesso.
3. Seu medo de ser criticada a levava a buscar a segunda colocação. Escolhia projetos menores quando era capaz de muito mais.

O Que o Seu Signo Solar Revela ♍ 187

4. Em vez de usar o seu poder de discriminação para si mesma, utilizava-o somente para ajudar os outros. Mantinha-se fora do cenário, privando-se das recompensas da sua experiência e da alegria de atingir os seus objetivos mais ambiciosos.

Somente num estado dinâmico de interação com o mundo (ou no caso da minha cliente, o escritório em geral) vocês podem manter os contatos positivos que impulsionam os seus desejos e animam a vida. Ela não se via como um ser de poder porque estava desligada deste seu sentido. Como os virginianos possuem uma tendência à negatividade, evitam a cada momento o seu poder de serem cem por cento positivos. Quase sempre escolhem o negativo — para permanecerem seguros. Naturalmente isto está longe de ser verdade. A nossa mente cria o futuro em cada segundo que vivemos, e existe sempre uma chance de um resultado positivo se pudermos visualizá-lo para nós.

Por sorte, ela estava com um bom aspecto no mapa para um novo emprego. Sugeri que se candidatasse para a posição que realmente achava que poderia assumir com confiança, se lembrando dos seus objetivos diários. Em outras palavras, ter o que realmente queria. Ela precisava de um emprego que tivesse várias facetas para que não se sentisse aborrecida, e trabalhar com um grupo seria melhor para ela para compensar a sua tendência a se isolar. Teria de trabalhar sobre o seu sentido de poder interior, seu direito dado por Deus de ter aquilo de que precisava e o que queria.

Como virginianos, vocês devem aprender que o verdadeiro poder vem de dentro, e não do lado de fora. O conhecimento do seu poder da alma aumenta, reforça e desenvolve a sua vida. Deve vir do seu coração. Saibam que são dignos do

188 ♍ **Signos da Alma**

que é bom — não precisam fazer nada para merecê-lo. Outro aspecto importante de um programa de auto-ajuda virginiano é ajudar os outros. *A infelicidade vem de pensar em si próprio.* Quando vocês contribuem para os outros, existe um sentido de unidade e de realização que os impele no seu caminho da transformação do serviço.

Após algum planejamento e trabalho conscientes da sua visão sobre si mesma, a minha cliente descobriu que o seu coração estava pronto para assumir o risco. Estava pronta para atrair pessoas positivas para a sua vida em todas as áreas. Encontrou um novo emprego que era perfeito para ela, com um pequeno grupo de pessoas que trabalhavam bem quando juntas. Após algumas restrições nessa companhia, finalmente montou um negócio próprio. Tudo foi bem a tempo, pois conheceu alguém na nova companhia onde trabalhou. Eles se casaram, e ela pôde trabalhar em casa quando nasceram os filhos. O seu medo de não enfrentar uma situação mudou à medida que ela ficou mais consciente. Aprendeu que o seu verdadeiro poder vem de confiar em seus talentos e de assumir o risco. É preciso haver um entusiasmo e interesse sinceros para habilitar uma situação. Assumir uma posição correta com uma boa atitude fará dos virginianos sempre vencedores.

O maior problema com o qual têm de lidar é a sua melhor característica — a mente prática. A mente está sempre agindo com algum grau de crítica; ela tem de fazer a escolha final. Contudo, sozinha e sem o coração, não tem compaixão. A compaixão vem dos sentimentos e das emoções que Virgem claramente evita. A mente pode ser um instrumento de tortura sem uma ligação com a verdade interior. Separada do coração, pode gerar uma perspectiva pervertida, e o seu amor pela ordem pode beirar a rabugice.

O Que o Seu Signo Solar Revela ♍ 189

Vocês devem aprender como se proteger do trabalho em excesso e da falta de recompensa apropriada. Embora a escravidão tenha sido abolida há vários anos, as pessoas ainda continuam escravas de uma ética rigorosa de trabalho e de companhias materialistas que consideram o lucro e despersonalizam as necessidades dos empregados.

Virginianos, o seu maior dom é saber como categorizar e combinar os componentes certos, criando algo bom que funciona com eficiência e praticidade. Vocês merecem o seu talento único. Têm muito a oferecer. Um virginiano precisa do contato com os outros para permanecer equilibrado mental e emocionalmente. Podem prosperar unindo-se aos outros em empreendimentos cooperativos, mas devem também buscar os seus *próprios* objetivos ambiciosos.

Virgem rege os animais pequenos, as plantas e todas as maravilhas naturais do planeta Terra. O amor virginiano pela natureza os cura quando estão esgotados. Aproveitar o fluxo natural do ambiente traz o reforço de que precisam para abrir o coração e ser como são, uma parte especial da graça de Deus. Um ambiente agradável é propício para despertar o seu poder superior de trazer a paz de mente. Se estiverem negativos, peçam o positivo. Se estiverem cansados, peçam energia. Não precisam desistir de nada, mas somente aprender a receber o que é bom para vocês. Vocês merecem.

Libra

23 de Setembro a 22 de Outubro

Signo do Ar regido por Vênus

PODER DA ALMA: *Conhecimento, Consciência*
BLOQUEIO DO EGO: *Perfeccionismo Absoluto, Negação*
CAMINHO DA TRANSFORMAÇÃO: *Relacionamentos Pessoais, União*

A época libriana do ano começa no equinócio de outono*, quando os dias e as noites têm a mesma duração. É a época da colheita e da pesagem dos grãos. Libra é o signo do equilíbrio. O uso da balança como seu símbolo ilustra o significado do signo e homenageia esta antiga tradição.

---

*Informação referente ao hemisfério norte. (*N. do T.*)

192 ♎ **Signos da Alma**

Libra é o primeiro signo solar que considera os outros. É o signo do casamento e das parcerias, e os librianos levam estes assuntos muito a sério. Na verdade, isto é Libra: reconhecer os outros e formar relacionamentos pacíficos e equilibrados. Libra é o primeiro signo a trazer para a consciência o conceito do ser em relação aos outros. Os seis primeiros signos, de Áries a Virgem, são signos noturnos; na sua abordagem de vida são primários, subjetivos e fundamentalmente conscientes somente da suas próprias necessidades. Os seis últimos, de Libra a Peixes, são signos diurnos. São complexos, objetivos e muito conscientes das necessidades das outras pessoas e das relações interpessoais. Isto não significa dizer que os seis últimos signos são mais desenvolvidos do que os outros. Vocês são somente mais complexos e possuem uma amplitude maior de interesses.

Os librianos são muito responsáveis com o ambiente e com as pessoas que se encontram nele. O símbolo desta responsabilidade é a balança idealmente equilibrada da serenidade. Vocês permanecem calmos quando todos à volta já perderam o controle. Ajudam os outros nos momentos de crise, portanto não se permitem ser desequilibrados pelas suas necessidades mais urgentes. Permanecem frios, e surgem sempre com as decisões certas.

Os librianos são boas pessoas. São atenciosos, e a sua intenção é trazer ordem ao caos. Com a mente rápida, descobrem a desordem e colocam tudo no lugar correto. Não são nunca enérgicos mas, quando possuem todos os dados, conseguem resolver um problema com paciência e eficácia. O seu poder da alma é a consciência, e lhes agrada a preocupação com a eqüidade. São meticulosos no discernimento e escrupulosos no comportamento. Nada lhes passa despercebido.

O Que o Seu Signo Solar Revela ♎ 193

Notam tudo e assumem sem hesitar a responsabilidade pela sua parte.

Libra é o signo da lógica, e os librianos embora estejam bem empenhados em fazer a coisa certa, permanecem considerando demais os outros. Com freqüência são tão solícitos, que a sua interpretação a respeito do ponto de vista de uma pessoa, quando esta se coloca no outro lado da sua balança, pode interferir no seu julgamento, implicando uma consideração indevida. Naturalmente isto detona o relacionamento desde o início. O protocolo requer um refinamento, mas não é necessário desistir do seu poder para agradar os outros.

Os librianos estão sempre fazendo comparações. Há um diálogo contínuo acontecendo em sua mente. Assim que surge um pensamento, aparece logo outro que o contradiz. Apreciam um bom debate, mas detestam argumentar. O seu desejo na Terra é que todos amem uns aos outros e vivam felizes para sempre. Gostam de fazer escolhas que mantenham a sua dignidade e o seu respeito pela outra pessoa, e esperam que os outros façam o mesmo.

O poder do conhecimento, o seu poder da alma, é talvez o maior poder de todos. Conhecer significa que, com sua experiência, vocês aprenderam uma arte, uma ciência, um corpo de trabalho. Sua alma libriana os ajuda a associar fatos com a verdade e os princípios superiores. São capazes de conhecer tudo que pode ser conhecido por um indivíduo. São cultos e possuem uma mente criativa, por isso devem confiar em si mesmos. Os librianos são diretos como flechas na sua abordagem de vida. Os egípcios notaram que uma flecha vai direto ao alvo quando é equilibrada por uma pena. Fizeram da pena o símbolo da justiça e da verdade; seus deuses e faraós usavam-na como um símbolo da retidão.

194 ♎ **Signos da Alma**

Como librianos, não toleram nada que esteja fora de proporção e com má aparência. Minha cadelinha Tasha, uma pequena *yorkshire*, é libriana. É uma princesa, muito preocupada com o local onde está e com o que está acontecendo à sua volta. Um dia, passeávamos na vizinhança em Nova York quando vimos um outro cachorro passeando com o dono. Não era atraente, mas sim descuidado e com o pêlo emaranhado. Quando olhei para Tasha para ver a sua reação, ela olhou para mim e estremeceu. A astrologia ataca outra vez! — pensei. Até um cão libriano tem a sua sensibilidade ofendida pela feiúra.

Libra é regido por Vênus, a deusa do amor, a força feminina de reação que torna a vida digna de ser vivida com graça e encanto. Sua elegância lhes dá uma aparência gentil e afável. São impulsionados a ter belos ambientes e a ir para lugares amplos para conseguir uma boa disposição da luz e dos tons pastéis. São atraídos pelos verdes e azuis pálidos, embora vários librianos gostem também do rosa. Desejam a paz e a harmonia em todas as coisas. A música é uma parte importante da sua vida. Com freqüência tocam um instrumento musical e têm uma coleção incrível de belas peças musicais.

Vênus foi famosa por suas intrigas e caos românticos com deuses e mortais. Esteve sempre associada ao romance e à beleza feminina, sendo um tema constante nas artes. Sua mais famosa representação é a *Vênus de Milo* e em O *Nascimento da Vênus* de Botticelli, surgindo das brumas numa concha marinha. Talvez a mais bela representação de um venusiano perfeito seja o *Davi* de Michelangelo, em Florença. É perfeitamente equilibrado e simétrico, trazendo lágrimas aos olhos.

Os mitos antigos dizem que Vênus nasceu da genitália de seu pai, Urano. Pergunto-me se deuses solares podem nascer de virgens, e se deusas do amor podem nascer imaculadas de

O Que o Seu Signo Solar Revela ♎ 195

seus pais. De qualquer forma, Vênus nasceu sem mãe. Descendeu do masculino, da função do pensamento e, como regente de Libra, ela os torna possessivos, verbais e bem informados. Por terem uma natureza gentil, é difícil imaginar como são fortes. É preciso não cometer erros. São líderes e assumem a responsabilidade quando se decidem. Seu acesso é direto e objetivo, e são impecáveis no discernimento — embora precisem de tempo para tomar uma decisão.

A sua lógica fica melhor quando combinada com a sua intuição. Penso sempre nos librianos como sendo muito mentais, mas existe também um aspecto bem intuitivo no seu pensamento que não pode ser esquecido. Lembrem-se da Vênus emergindo da névoa, que é tanto água como ar. Embora Libra seja classificada como pensador, existe definitivamente o elemento água, que significa emoção e sentimento, vindo da origem da Vênus na água. Talvez seja por isso que vocês ficam sempre pendendo entre dois pontos de referência e têm dificuldade de chegar a uma decisão. Quantas vezes já vacilaram numa situação, sem saber como decidir. Sentem a necessidade de fazer um bom julgamento baseado na intuição e também nas considerações racionais. Precisam de tempo para pesar os seus pensamentos quando eles chegam por dois processos diferentes.

Como o seu caminho da transformação é o dos relacionamentos pessoais, são incomumente conscientes das outras pessoas e das suas necessidades. Esta sensibilidade — olhar para fora de si para buscar mais informação — os torna muito analíticos e objetivos em tudo que acontece. Estão constantemente pesando informações, buscando equilíbrio e harmonia. O seu desejo é ser imparcial, e a sua consideração, em particular com os seres queridos, é superior.

196 ♎ **Signos da Alma**

Existe decididamente uma qualidade andrógina na sua natureza. Como mulher, pensam como homem e como homem, pensam como mulher. O equilíbrio do masculino com o feminino faz surgir o artista em tudo que fazem, até no amor e no ato de amar. A verdade é que poucos seres humanos são equilibrados como vocês, portanto a sua lição de vida é fazer ajustes. Mas devem se afastar do seu bloqueio do ego pelo perfeccionismo absoluto, ou ficarão absolutamente sozinhos.

Estou certa de que a sua hesitação para se decidir vem do seu perfeccionismo. Tentem ser cuidadosos para não cometer erros. Os librianos com freqüência ficam para trás e chegam tarde, enquanto outros signos como Áries, Sagitário e Aquário correm rapidamente. Existe uma lei cósmica que é segura e confortante, especialmente para os librianos: *Tudo no universo segue uma ordem divina.* A lei do universo diz que tudo acontece no momento certo. A astrologia baseia-se nesta premissa. Vocês sempre se encontram onde precisam estar para que aconteça a ação certa. Com o seu poder da alma para o conhecimento, podem compreender e aceitar isto. Sem medo de errar e de não ser perfeito poderão seguir o fluxo.

Destaca-se na sua mente um desejo pela excelência. A sua natureza é cuidadosa, diplomática e excessivamente polida. Os librianos detestam a injustiça e orgulham-se pela sua capacidade de ver todos os lados. Quantas vezes vocês disseram: isto não é justo! ou isto é certo? Devem ter cuidado para não perder tempo demais tentando tornar os caminhos contorcidos em estradas retas ou justificando os seus atos. Signo naturalmente gregário, apreciam todos os entretenimentos que acontecem numa vida social ativa. A sua vida é ativa, e vocês têm muitas chances de aprender como cooperar com os outros.

O Que o Seu Signo Solar Revela ♎ 197

Como o canceriano, gostariam que existisse um livro em algum lugar que contivesse todas as respostas que pudesse memorizar para fazer tudo certo. Precisam confiar nos seus instintos. São bem equipados para tomar boas decisões e não devem permitir que os outros os apressem. Algumas vezes são pegos em costumes e convenções sociais ultrapassados. Tentando fazer o certo o tempo todo, perdem a objetividade. Programam-se com tanta facilidade que sentem constantemente a limitação do *deveria, é preciso* e *farei*.

Sendo regidos por Vênus, o seu signo é bem feminino. As librianas são muito belas e fascinantes — até sensuais — e os homens têm uma aparência clássica. Pesquisas feitas em animais revelaram que a libélula mais perfeitamente equilibrada tem mais pretendentes. A chave para a beleza e a atração é a simetria, regida por Libra. Vocês têm corpos elegantes, faces ovais, uma bela pele e são atraentes em qualquer idade. A maioria dos librianos, como os taurinos, possui covinhas em virtude da regência de Vênus. Vejam o Cupido: símbolo do amor erótico, possui covinhas pelo corpo todo. Como ele, vários librianos possuem uma covinha no queixo como um sinal de beleza.

Os homens librianos são extremamente atraentes para as mulheres. Parecem que compreendem o outro sexo melhor do que os outros signos, e com Vênus como seu regente, vocês se dão bem com o seu lado feminino. Por isso são tão bons amantes. Têm a melhor aparência e são os mais sensuais de todos os signos solares. Vejam Armand Assante, Roger Moore, Julio Iglesias e Yves Montand, todos librianos perfeitamente maravilhosos. Parecem sempre impecavelmente trajados, com unhas perfeitas e um perfume divino. Os librianos são bons negociantes, com a mente voltada para os assuntos legais,

198 ♎ **Signos da Alma**

embora sejam atraídos pelas artes. São atores, arquitetos, fotógrafos e projetistas de interiores, maravilhosos e excelentes em vários tipos de empreendimentos criativos. Sting, um libriano e músico inspirado, é um belo exemplo de um homem renascentista.

A libriana não deve ser esquecida! Sua beleza e elegância têm sempre um ar de inteligência. Sigourney Weaver, Susan Sarandon e Angela Lansbury são três estrelas que se ajustam a essa descrição. Existem também os tipos magníficos como Brigitte Bardot, Angie Dickinson e Catherine Deneuve, que parecem não envelhecer nunca. No lado cerebral temos os também adoráveis Penny Marshall, Barbara Walters e Mary Beth Hurt.

Libra rege a lei dos opostos. Há sempre uma certa quantidade de tensão neste processo. Na cosmologia oriental, ela é chamada de *yin* e *yang*. Estas duas forças são as energias arquetípicas feminina e masculina que se combinam para produzir tudo que existe na terra. Até alguns vegetais são vistos como masculinos e femininos e devem ser misturados de acordo com esses princípios. O seu signo é totalmente envolvido no equilíbrio dos opostos, e o quanto mais você possa detestar lutas pelo poder de qualquer espécie, elas prevalecerão em sua vida. Vocês são forçados a aprender como se comunicar e negociar, e precisam entender que compromisso não é necessariamente uma derrota. Libra é o signo do amor verdadeiro, do cuidado suficiente para desistir dos seus desejos egoístas. Combinar as necessidades de ambos os parceiros é necessário em todos os relacionamentos pessoais, devendo atingir um ponto de verdadeira compreensão. E vocês são bons nisso. O compromisso vem do seu poder da alma da consciência. Existe sempre um

O Que o Seu Signo Solar Revela ♎ 199

ponto de acordo possível se o seu coração estiver aberto para o que é melhor para todos.

Libra é o signo do casamento e, com o seu caminho da transformação dos relacionamentos pessoais, o amor está sempre na sua mente. Naturalmente os casos de amor são os eventos mais importantes na sua vida. Vocês são atraídos para os relacionamentos como um ímã. A terra é feita de casais, e se não tiverem uma relação, sentir-se-ão incompletos. Como o seu signo oposto, Áries, vocês podem ser viciados em amor. Possuem uma tendência a se perderem de si mesmos nos relacionamentos e sentirem-se miseráveis se não houver algum. Quando se sentem incompletos por dentro, buscam alguém para suprir as suas necessidades. Tentam urgentemente preencher este vazio, colocando-se em grande risco emocional. Isto é um grande erro. Precisam ser a pessoa que *querem* ser. Com o seu tipo de sensibilidade, necessitam de tempo para se ligarem a uma pessoa. Como disse Nietzsche: "Não é falta de amor, mas uma falta de amizade que torna os casamentos infelizes." Tudo no seu tempo certo; mantenham guardada esta necessidade e atraiam um relacionamento melhor. Para conhecer bem a outra pessoa, uma boa regra é esperar dois anos. Isto se baseia no ciclo de dois anos que Marte leva para dar uma volta em torno do seu mapa natal. Dessa maneira vocês poderão ver como o parceiro responde nas situações negativas e também nas positivas. Mesmo assim isto não é uma garantia de que o relacionamento funcionará. Ainda haverá um risco, mas vocês agirão de uma posição mais bem informada.

A sétima casa rege todas as outras pessoas na sua vida; ironicamente ela é considerada também o signo dos inimigos declarados. É interessante que, desde o início de um relacionamento, o outro já é o seu oponente — antes que apareça

200 ♎ **Signos da Alma**

uma desavença real. Quando vi isto pela primeira vez, fiquei intrigada e comecei a procurar pela anomalia escondida no símbolo. O companheiro como adversário implica que os relacionamentos são baseados na desunião. Este é um aviso que ninguém consegue entender exatamente como vocês. Existe sempre um potencial de desacordo. Pergunte a qualquer advogado — é assim que eles ganham a vida. Como o seu signo rege os assuntos legais e os casos da justiça, há muito sobre o que pensar. Cheguei à conclusão de que não há relacionamento sem estresse. Na verdade é isso que eles são. Vocês precisam de um ponto de referência para pular fora, seja de uma pessoa, de um local ou de uma coisa. Ficariam mental e emocionalmente estagnados sem isto.

Acredito que os relacionamentos fazem parte do destino. Não se pode ir a uma loja e comprar um. Não podemos fazer alguém nos amar, e da mesma forma não podemos amar a qualquer um. Mas o mundo é formado de casais, e parece haver uma grande força magnética que empurra as pessoas umas para as outras. Esta força de atração enorme e irresistível é afetada pelo seu estado de consciência. Quando olhamos para o mundo vemos a nós mesmos. A vida é um espelho: para termos um bom relacionamento desejamos refletir todas as boas características que queremos no outro. A resposta é: ajam juntos, sejam equilibrados o quanto puderem, e o universo trará o seu companheiro mais perfeito assim que for possível. As chances estão a seu favor.

Talvez a razão de existirem atualmente tantos divórcios no mundo, particularmente no Ocidente, consiste no fato de que romantizamos em excesso a corte e o casamento. Não estamos preparados para enfrentar dificuldades e desentendimentos que são naturais da situação. Não fomos ensinados a resolver

O Que o Seu Signo Solar Revela ♎ 201

as diferenças de opinião numa seqüência lógica. Ainda estamos no "eu estou certo e você está errado", na mentalidade do vencer ou perder.

Esta maneira competitiva de pensar vem da parte reptiliana do cérebro que se encontra na nuca e é um remanescente das nossas origens animais. É uma parte pequena de nosso cérebro, mas ainda auto-evidente no mundo, pois rege a agressão e a autopreservação, faltando-lhe o mecanismo necessário para a comunicação. É primitiva, sem resposta empática aos outros. Áries, o seu agressivo signo oposto, rege o cérebro reptiliano. O segundo cérebro, regido por Câncer, é o cérebro límbico ou emocional, que é uma reminiscência dos nossos ancestrais mamíferos e rege a tribo ou a família. Existe o último cérebro, o córtex pré-frontal, encontrado somente nos mamíferos como os humanos. Estaremos aprisionados numa guerra dentro do nosso cérebro trino? Parece que sim. É da natureza do libriano ser emocionalmente preocupado e querer que todos vençam. Libra rege o córtex pré-frontal do cérebro, a parte mais recente que ainda estamos desenvolvendo. Esta parte olha para dentro e encontra empatia, altruísmo e julgamento moral que ligam conscientemente o bem-estar próprio com o bem-estar dos outros.

É irônico o fato de, pertencendo ao signo do casamento, vocês demorem a se casar ou permaneçam solteiros. O bloqueio do ego pelo perfeccionismo absoluto trabalha definitivamente contra os relacionamentos porque a Libra permanece esperando pelo ser perfeito. Têm uma longa lista do que querem, mas *não* existe esta pessoa na Terra. Alguns candidatos realmente bons são perdidos caso não se ajustem ao quadro daquilo que vocês desejam. Então, novamente, do lado da reação, vocês podem pular para o lado dos atributos superficiais

202 ♎ Signos da Alma

da atração sexual, da boa aparência e do encanto, esquecendo que todos podem fazer o papel de bom moço por um tempo. Não acreditem em tudo o que ouvirem, e não pensem que todos têm intenções puras como as suas. Isto é um grande erro.

É preciso ter cuidado. Não percam o sangue-frio — simplesmente casar não resolve. Se cometerem um erro e se casarem com a pessoa errada, é quase impossível para vocês tomarem a decisão de se divorciarem. Parece que os relacionamentos fazem parte do destino e, sendo pacientes, que é o seu ponto forte, formarão um vórtice que permite a chegada da pessoa certa.

A maneira pela qual os casais se juntam sempre me fascinou. Uma das minhas clientes encontrou o seu marido quando ficou presa numa porta giratória e, forçando o corpo contra a porta, não conseguia sair. O Príncipe Encantado chegou para salvá-la e continua com ela até hoje. Mas a melhor história de amor que conheço é a do homem que encontrou a sua esposa quando telefonou para um número errado. Quando começaram a conversar, o número passou a ser o melhor. Marcaram um encontro. Deus trabalha de maneiras misteriosas. Lembrem-se de que o seu caminho da transformação dos relacionamentos pessoais está sempre funcionando em sua vida. É a sua lição de vida, por isso não se surpreendam quando o destino lhes telefonar.

Os mestres de todas as religiões encorajam um segundo plano similar a estes como a base para um casamento. Com esta oposição natural no signo dos parceiros, posso compreender o raciocínio deles. Quanto mais semelhantes vocês forem, mais fácil será suportar a pressão natural de lidar com a agenda do outro, embora o zodíaco diga que o crescimento junto com o seu oposto seja necessário. Precisamos de ambos: deve

O Que o Seu Signo Solar Revela ♎ 203

existir similaridades para haver um conforto, mas a história dos "opostos se atraem" realmente funciona, em especial nos relacionamentos sexuais.

O caminho da transformação de Libra é a unidade. É o que vocês buscam incessantemente e, se forem pacientes, a encontrarão. Vocês são abençoados com a habilidade de procurar, encontrar e compreender o contrapeso, este equilíbrio exato do coração com a mente. Descobrirão sempre que a vida os coloca em situações que requerem grandes decisões. Essa é a sua lição de vida. São formados para estes testes de discernimento, e eles serão bem mais fáceis se confiarem na ajuda do seu coração e do conhecimento interno. Se não forem cuidadosos, esperarão por mais informações até que o momento esteja perdido. Uma boa regra é ser prático. Não se aborreçam com as coisas pequenas. Que diferença faz em cem anos se vocês pintarem a sala de azul ou de verde? Guardem a sua energia mental para as grandes decisões, e então se dêem o tempo necessário.

Vocês ficam tão envolvidos com as regras de etiqueta que algumas vezes se envolvem tanto com o fato de ter alguém perto esquecendo-se de si próprios. É difícil acreditar que pessoas tão inteligentes e sofisticadas como vocês possam ser tão ingênuas! São os reis e rainhas da negação. Enfrentem! Quando as coisas estão certas num relacionamento, isto fica óbvio — e vocês sabem disto no coração.

Como Virgem, vocês têm um pouco da atitude de Nova York. Virgem e Libra ficam lado a lado no zodíaco e são bem parecidos. Adoram ser críticos. O problema é que em dez casos, nove vezes vocês estão certos. Têm uma capacidade excepcional de recordar inúmeras informações no seu cérebro e as acessam facilmente. São provavelmente o signo solar mais

204 ♎ **Signos da Alma**

inteligente do zodíaco. Lembrem-se do seu poder da alma do conhecimento e não tenham receio em usá-lo. Embora Libra e Virgem sejam mentais e rápidos para apreender, o virginiano é mais clínico, desejando que tudo seja arrumado e eficaz, focalizando o físico. Para o libriano tudo tem de ser belo e arrumado, focalizando o conceito criativo.

A habilidade de resolver problemas é o significado intrínseco da sétima casa, que rege os assuntos legais e as negociações. O libriano tem um problema: quer estar *certo* o tempo todo. Quer julgar com um martelo para fazê-lo soar sobre a mesa no final. Isto vem do seu bloqueio do ego do perfeccionismo absoluto. O juiz fica só — e será como acabarão se persistirem em ter a palavra final.

Tentar ser perfeito é um grande problema para vocês. O que acontecerá se eu falhar? E se não fizer a coisa certa? E se não souber como agir? Todas essas perguntas significam uma perda de tempo e esgotam a sua energia. Usem os seus poderes da alma da consciência e do conhecimento. Têm uma boa cabeça sobre os ombros, por isso confiem em si mesmos.

Vocês alcançam naturalmente posições de poder em suas carreiras. Sendo bem eloqüentes, falam com a sabedoria de Salomão. Personificando um tipo libriano, ele adorava as coisas belas e escrevia poesia. Como rei, mediava com uma visão penetrante e projetou um templo fabuloso em Jerusalém. Vários poetas e autores são librianos: o poeta épico Virgílio, Eugene O'Neill, Heidegger, Arthur Miller, Truman Capote — uma boa lista que não termina aí. John Lennon e Gandhi, ambos librianos, foram capazes de tocar o coração das pessoas com suas idéias profundas e originais.

Muitas vezes os librianos são chamados para subir muito

O Que o Seu Signo Solar Revela ♎ 205

rápido na carreira e depois caem. Vocês não são bons para queimar as pestanas como os de Capricórnio e de Virgem. Gostam de desfrutar do seu prazer e tendem a ser um pouco preguiçosos. (É a sua Vênus!) As deusas gostam de bebericar drinques gelados e de comer bombons. Olhar para o espaço (contemplar) é a sua maneira de deixar a mente vagar, e as suas melhores idéias chegam quando vocês se dão um tempo para isto. Permitam-se este tempo para obter as respostas certas. Quando sob pressão, perdem o equilíbrio. Florescem tarde. Suas melhores idéias em geral surgem depois dos quarenta anos. Isto não quer dizer que não sejam precoces quando crianças, e muitas vezes agem como adultos muito antes de o serem, porém preferem um ritmo lento e constante, e o tempo está a seu favor.

É típico do libriano apreciar uma vida condescendente. Não gostam de corridas. Embora apreciem o protocolo e as festividades como datas especiais, casamentos e aniversários, não querem ser apressados. Querem também ter uma grande família feliz com todo o grupo ou a família reunida.

Como o seu dom na vida é ser lógico e agradável, são chamados pelos amigos e pela família para mediar quando existem diferenças. Cuidado! Tentar agradá-los os colocará no meio, com uma boa chance de serem deixados com a batata quente nas mãos. Afastem-se e não se deixem aprisionar pelo emocional para poder passar para eles a sua contribuição e deixar que eles decidam. Não é responsabilidade sua tomar as decisões pelos outros. É muito fácil se envolverem e assumirem tudo pessoalmente, sentindo-se responsáveis por isso. Com a influência libriana, são vocês que assumem a maior responsabilidade, exceto por Câncer, que também é muito voltado para a família.

206 ♎ Signos da Alma

Todos os países orientais são regidos pelo signo de Libra. No Oriente em geral reverenciam-se os ancestrais. Eles pensam a longo prazo, com uma oportunidade de influenciar o destino. Isto permite um sentido de libertação da urgência e da pressa, da pressa do Ocidente. No Ocidente queremos ver os resultados imediatos e apreciamos tudo que é ativo, forte, de caráter masculino até mesmo nas mulheres. O Ocidente pensa em termos de causa e efeito, de um resultado claramente definido. Pesa a informação, escolhe, seleciona e classifica e, depois, pensando que o problema está resolvido, salta para o seguinte. Embora seja dito que o Oriente é o Oriente e o Ocidente é o Ocidente, ambos os sistemas de pensamento possuem pontos em comum e parece que se integrarão mais no século XXI. O mundo ficou menor, e várias pessoas no Ocidente estão interessadas na filosofia oriental, enquanto o Oriente está muito influenciado pela nossa cultura de progresso, produção e bens materiais. Acho que lucraremos com esta troca.

O Que Pode Ser Feito

Com uma apresentação tão sofisticada e civilizada, é surpreendente descobrir que vocês são ingênuos. Algumas pessoas os chamam de crédulos. Embora sejam espertos, possuem uma tendência para projetar os seus próprios pensamentos e opiniões nos outros. Isto os deixa abertos para os desapontamentos e desilusões quando eles não satisfazem as suas expectativas. Se *vocês* não fariam errado, como *eles* fizeram? Isto os coloca em torvelinhos emocionais quando a verdade vem à tona. Como puderam fazer isto comigo? Eu não teria feito com eles!

O Que o Seu Signo Solar Revela ♎ 207

Vocês precisam aprender que, como humanos, todos somos vulneráveis. Não projetem o que fariam sobre os outros — provavelmente não será o certo. O seu bloqueio do ego é a negatividade, e o seu desejo de agradar os outros cria uma ilusão, vendo somente o que querem ver, o que não poderia estar mais longe da verdade.

Os librianos são pessoas maravilhosas de se conhecer. São atenciosos e gentis, e saem do seu caminho para serem úteis. São parceiros compreensivos e adoram ter um relacionamento. Na verdade, ficam infelizes se estiverem sós. Os relacionamentos são predestinados. Não podemos fazer alguém nos amar. O fato de serem sociáveis e interessados em vários assuntos ajuda a trazer pessoas novas para a sua vida. Um relacionamento pode começar quando menos esperam — particularmente quando estão bem consigo mesmos.

O seu maior problema vem da busca pela aprovação de fora e do desejo de estar certo o tempo todo. Juntem isto a uma tendência de serem muito críticos e do vacilo constante de não conseguirem se decidir. Tudo isso tortura vocês e os que estão à sua volta. Todas essas frustrações serão eliminadas quando confiarem em sua alma.

Três Passos para Curar o Seu Bloqueio

1. O seu bloqueio do ego pelo perfeccionismo absoluto os está segurando. Como podem tomar decisões quando os resultados não serão como vocês os desejam? Este é um pensamento depressivo. Existe um caminho para atingir a perfeição na sua vida, mas não da maneira como vocês estão se conduzindo agora. O seu bloqueio do ego

208 ♎ **Signos da Alma**

pela recusa confunde os fatos; mais cedo ou mais tarde a vida lhes chamará de uma maneira de que poderão não gostar.

2. O conhecimento e a conscientização são os seus poderes da alma. Como vocês partilham as suas idéias com os outros? Como assumem o risco de decidir o que é certo para vocês? A resposta para este dilema vem do ato de partilhar os seus pensamentos e sentimentos com os outros. Nunca assumam que eles responderão à situação da mesma maneira. Vocês sabem somente sobre vocês. Usando o seu poder da alma da conscientização, perguntem para a outra pessoa quais são os seus pensamentos e sentimentos, e terão um ponto de onde partir.

3. A vida é no mínimo um ato de equilíbrio, e certamente este é o seu caso com o seu caminho da transformação da unidade. As lições de vida são estressantes, mas as respostas estão disponíveis no seu íntimo, já trabalhadas, como as soluções no final de um livro escolar. Com o seu caminho da transformação dos relacionamentos pessoais, vocês estão esquematizados para aprender como se comunicar com honestidade e sucintamente nesta vida.

Quando um libriano chega em meu consultório para uma consulta, nove entre dez vezes a pergunta é sobre problemas de relacionamentos. "Quando me casarei novamente?" "O que há de errado com o meu casamento?" "Não tenho saído com ninguém, e rompi com o meu namorado há dois meses." Levo essas perguntas muito a sério, embora muitas vezes me pergunte por que estão tão preocupados. A vida em geral toma

O Que o Seu Signo Solar Revela ♎ 209

conta do homem-encontra-mulher, a menos que vocês se escondam onde ninguém poderá achá-los.

Uma das minhas clientes librianas estava tendo um romance com um sagitariano. Estavam juntos havia cinco anos, mas ela ainda não estava convencida de que ele era o homem certo. Naturalmente procurava pela alma perfeita e havia dias em que ele não concordava com ela. Ela não tinha nada do que se queixar; algumas vezes ele preferia sair e fazer as suas coisas (como um bom sagitariano), mas em termos gerais era uma boa pessoa. Queria se casar com ela e ter filhos.

O seu bloqueio do ego pelo perfeccionismo absoluto e da negatividade estava a postos. Ela sentia que, se tomasse uma decisão, sua vida poderia acabar, e ficava atormentada pelo desconhecido, algo que não podia controlar. Já vi este comportamento em vários homens e poucas mulheres, porém estas, como os homens, ouvem as suas mentes em vez do coração. É fácil para o libriano ser mental e emocionalmente separado. Quanto mais adiasse o casamento, mais difícil seria tomar a decisão sobre isto. Pessoalmente acredito que a teoria da alma gêmea está fora de proporção. Existem várias almas gêmeas na vida. O seu melhor amigo pode ser uma alma gêmea sua. É preciso haver uma atração entre duas pessoas para tornar a vida digna de ser vivida. Carl Jung diz que temos uma imagem completa do sexo oposto dentro de nós. Quando encontramos alguém do outro sexo que lembre o nosso parceiro interior, acontece um tipo de exploração. A antena detecta — quando der um sinal muito alto, cuidado, provavelmente é um vício. Quando soa baixo e o coração bate forte, é digno de ser levado em consideração — este pode ser o parceiro verdadeiro.

210 ☖ Signos da Alma

Como Aplicar os Três Passos Nessa Situação

Há um momento na vida de todos nós em que temos de tomar uma decisão. Caso contrário, poderá ser tarde demais — a festa acabou, *finito*. A pergunta para a minha cliente é, naturalmente, como ela *realmente* se sente em relação a esse momento? Ela deve sair da cabeça e ir para o coração. Isto ajuda a entrar em contato com a alma para tomar uma decisão tão importante. O que ela deseja — chocolate ou baunilha? Esperar demais não traz mais informações; na verdade, a energia positiva entre os dois começará a declinar. Quando a decisão é tomada com o seu poder da alma da conscientização, o coração está presente dando a informação sentimental do que vocês precisam, e o compromisso tenderá a durar mais. Quando ouvi falar dessa libriana hesitante pela última vez, ela tinha sido capaz de se libertar da necessidade de controlar o futuro. Compreendeu que os dois partilhavam um grande ideal juntos e que havia esperança de um ótimo casamento.

A Cabala diz que a alma recebe a liberdade de escolha e as lições a serem aprendidas antes de nascermos. Quando vocês recebem as pontadas de uma lição de vida, o seu subconsciente entra em alerta pois foram preparados para esta importante experiência. Não precisam se apressar (os librianos detestam isto), mas para crescer espiritualmente têm de tomar decisões. Não existem garantias na vida em geral, e absolutamente nenhuma de que um casamento durará muitos anos.

Compromissos de qualquer tipo encerram um elemento de risco. A compatibilidade entre os mapas natais de duas pessoas ajuda. Ela revela os traços positivos e negativos de cada um e a maneira como os mapas funcionam com vocês, mas ambos têm de passar pelas suas experiências de vida e tomar decisões por si próprios. Ajuda muito reconhecer a presença da sua alma e buscar a sua orientação. Com a sabedoria do direcionamento divino, as decisões ficam mais fáceis. A própria mente não tem a resposta. Quando faço a sinastria de mapas, esforço-me para conduzir os clientes para a sua consciência de alma. É onde se encontra a verdade.

Escorpião

23 de Outubro a 22 de Novembro

Signo da Água regido por Marte e Plutão

PODER DA ALMA: Transformação
BLOQUEIO DO EGO: Domínio, Isolamento
CAMINHO DA TRANSFORMAÇÃO: Entrega

Entre todos os signos do zodíaco, ninguém é tão enigmático e imbuído de mistérios como o Escorpião. A energia solar em Escorpião está além das idéias comuns — é transcendente. Vocês serão transformados várias vezes nesta vida, e terão também a habilidade de causar impacto sobre os outros. É uma grande responsabilidade, e deve ser considerada.

214 ♏ **Signos da Alma**

Como escorpianos, o seu poder da alma é a transformação. Receberam a semente do poder de mudar o *status quo*, de tornar as coisas melhores. Sua personalidade é intensa, penetrante e difusa e deve ser usada eticamente, ou os resultados poderão ser devastadores. Quando utilizada com alta intenção moral, é uma força para o bem maior na Terra.

Parece que vocês estão sempre buscando intensamente e ao mesmo tempo verificando apreensivamente se estão seguros. Talvez busquem por si próprios — pela sua própria alma.

O primeiro passo no crescimento espiritual é o anseio pela união com a alma. Escorpião é o signo que rege esta pesquisa. Vocês podem achar que é pelo sexo ou pelas coisas materiais, mas não é necessário muito tempo na vida para descobrirem que a busca é por algo intangível, algo dentro de vocês. É o anseio da alma de ser ouvida. Ele permanece até que vocês se entreguem a um caminho espiritual da devoção em suas vidas. Este caminho não é necessariamente religioso. Pode consistir em simplesmente ajudar aos outros. Quando encontram o seu poder da alma da transformação, o anseio e a busca intermináveis serão substituídos pela atividade produtiva.

Vocês são almas antigas, escorpianos. Há muita coisa em vocês que não é vista e, com um desejo natural pelo segredo, preferem mantê-la desta forma. Mas a pergunta é: vocês se escondem de si mesmos?

Sendo misteriosos, uma coisa que sabemos com certeza sobre vocês é que gostam de estar no controle. Com o seu bloqueio do ego do domínio e do isolamento, buscam maneiras de dominar o seu ambiente. Procuram um lugar afastado para que a visão seja clara e vocês possam cavar. Estes

O Que o Seu Signo Solar Revela ♏ 215

lugares escondidos podem ser qualquer ponto, dentro da sua mente ou no seu ambiente físico. A abstenção emocional os mantém afastados do contato pessoal, e ele será um lugar solitário para ficar. É fácil para vocês ficarem aprisionados no seu próprio mundo onde são inatingíveis, até mesmo para os seres amados.

Se os seus objetivos forem genuínos, poderão realizar muitas coisas, e várias pessoas se beneficiarão dos seus esforços. Mas se viverem afastados, fora do alcance dos amigos e da família, serão os perdedores.

Os regentes simbólicos de Escorpião são o escorpião, a cobra e a águia. Todos gostam de buscar lugares seguros. É difícil descobrir uma cobra ou um escorpião quando procuramos por eles; ficam num canto escuro, observando o ambiente. As águias constroem seus ninhos em lugares muito altos para ficarem livres dos predadores. O ar é muito rarefeito para os seres humanos. Simbolicamente ir para o alto da montanha significa atingir o sucesso. Todos já ouvimos a expressão: "está sozinho no topo", mas tem de ser assim?

Resolver problemas é o seu forte. O seu modo de agir poderia ser chamado de ataque frontal — vocês adoram desafios. Sendo capazes de um esforço extenuante e de uma resistência heróica, possuem a habilidade de consertar um trabalho malfeito e atribuir-lhe uma vida nova.

Escorpião rege os sistemas reprodutor e de eliminação, cujas funções são liberar as toxinas e reabastecer o corpo. Os trabalhos centrados na mente, o impulso sexual e o instinto de sobrevivência são também regidos por Escorpião. Vocês são a casa de força do zodíaco, talhados para os grandes atos não somente por nascimento, mas pela força absoluta de caráter. Aceitando o seu poder da alma da transformação como um

216 ♏ **Signos da Alma**

projeto excitante no lugar de uma explosão, tornam a sua carga mais leve. Contudo, devo aconselhá-los a não se apegarem ao problema do ponto de vista de *ignorar a solução*. A parte mais importante da transformação de uma situação nociva está na resolução. Isto vincula soltar o problema e celebrar um alegre renascimento.

O seu vizinho diplomático, a Libra, é preocupado e gentil na consideração com os outros. Embora a sua apresentação não seja tão branda, vocês são intuitivamente justos ao considerarem os outros. Também, nos momentos de tensão, possuem a habilidade de reagir com uma rara combinação de empatia emocional e distanciamento frio.

Vários de vocês são políticos, advogados e médicos. Cirurgiões escorpianos podem fazer calmamente uma análise e depois operar os pacientes — literalmente abrindo-os para retirar o problema. Esta atitude combinada e corajosa é a sua melhor característica. A partir do seu distanciamento, fazem sem receio o que precisa ser feito para que ocorra a cura. A psicanálise utiliza a mesma técnica para abrir a mente, liberando memórias dolorosas e empurrando gentilmente os pacientes para um espaço de vulnerabilidade, onde poderão ficar livres das condições antigas.

Gostam de lidar com tabus! Aquilo que é profano ou proibido os atrai como um ímã. Há muito atrevimento em vocês. Estranhamente, esta é a maneira como se controlam: provoque um escorpiano e espere ele morder a isca. Se lhes for apresentado um projeto impossível de ser realizado, vocês entram firmes, mesmo contra forças aparentemente sobre-humanas. Não gostam de nenhum tipo de autoridade, mas se agarrarão inexoravelmente a algo que acreditam e que assumirão para si. Algumas vezes não sabem como se soltar. Se algo lhes for

O Que o Seu Signo Solar Revela ♏ 217

negado ou retardado, a sua tendência é de se agarrar. Já ouviram a expressão "ficar agarrado para sempre?" Certamente é um ditado escorpiano.

Com toda essa teimosia e determinação, não surpreende que o seu caminho da transformação seja o da entrega. Existe muita confusão sobre o significado de entrega. Soltar algo negativo não é perdê-lo quando está presente uma compreensão superior da alma. A compreensão da transformação é o seu dom, o seu poder. Quando vocês soltam e entregam uma expectativa e permanecem calmamente no momento presente, estão na sua melhor forma. Sabem naturalmente como levar tudo para um nível superior. Possuem uma habilidade inata de sair da situação para a resolução, mas ninguém pode forçá-los a isto, nem mesmo vocês. A mudança deve vir da sua própria volição, da sua própria entrega dos seus bloqueios do ego do domínio e do isolamento. A maneira de entregar verdadeiramente é transformar cada momento. Isto é paixão no seu ponto mais elevado. Desistam da urgência de dominar. Deixem que a alma vença.

Paradoxalmente, é o mesmo impulso para controlar que lhes dá o poder de ser transformado. As pressões diárias os afiam como uma faca, e vocês se tornam o melhor de todos os signos solares em esmiuçar propositadamente a verdade. Além desta intensa auto-avaliaçãc vem a pomba — o símbolo mais elevado de Escorpião, representando a atitude conciliatória e a paz. Esta consciência altruísta compreende a negociação e assume o compromisso superior.

A Besta em *A Bela e a Fera* apresenta uma aura escorpiana somente para ser gentil como um cordeiro por dentro. O assustador Fantasma em O *fantasma da ópera*, com a sua voz sedutora e máscara maquiavélica, encanta a bela jovem. O

218 ♏ **Signos da Alma**

personagem da história em quadrinhos Batman parece ameaçador, mas por trás do terno escuro, tradicional e atraente, é um garoto meio tímido. A Máfia é uma instituição escorpiana. Atores excepcionais adoram representar um mafioso e revelar o lado bom do rapaz, mostrando o *alter ego* do Escorpião.

Conheço um escorpiano que, na sua atitude radical, diz: "O diabo nunca é tão mau quanto parece."

Existem poucas escorpianas na arte ou na história. As únicas de que consigo lembrar são a Senhora Macbeth, a Mulher-Gato do *Batman* e o personagem de Glenn Close em *Atração fatal* (um filme escorpiano), mas não lhes foi permitido mostrar o lado humano vulnerável e emocionalmente aceitável no final. Talvez seja uma característica da nossa cultura não haver redenção quando as mulheres são apresentadas como uma figura escura. Estamos todos aprisionados neste mito da moralidade preta-e-branca para as mulheres?

Uma figura feminina positiva do tipo escorpiano da qual me lembro é a Rainha Cleópatra, embora a sua personalidade fosse mais manipuladora do que escura. Com a sua sexualidade fascinante e genialidade intelectual, enfeitiçou Júlio César e Marco Antônio, dois dos homens mais poderosos da história romana. Com a sua astúcia, tirou o seu país da posição secundária e igualou-o a Roma. Diz-se que não era considerada bonita, mas conseguia enfeitiçar o homem que desejasse. Segundo a lenda, após a morte de Marco Antônio, sem esperança e encarando uma submissão iminente a Roma, colocou uma cobra venenosa (um símbolo escorpiano) sobre o peito. No Egito faraônico, a morte causada por uma áspide era permitida somente aos iniciados do sacerdócio sagrado. Ali estava a sua redenção (um tanto escura para o meu gosto).

O Que o Seu Signo Solar Revela ♏ 219

Com seu poder de transformação, a sua vida, mais do que as outras, atravessa términos ou crises dramáticos que forçam o crescimento. Elisabeth Kübler-Ross codificou os passos emocionais que as pessoas que estão morrendo atravessam. Achei-os úteis para enfrentar quaisquer períodos de devastação desde a perda de emprego até o divórcio.

1. *Negação*. Recusar-se a encarar os fatos é o que nos faz adoecer em primeiro lugar. Interrompe o fluxo de energia. A verdade é curadora e não necessita de muita energia. Jesus disse: "A verdade vos libertará."

2. *Ira*. Se souber que está com raiva, ela deve ser expressada. A ira não se desfaz; é letal e, quando suprimida, reacende outras vezes dentro de você.

3. *Depressão*. A depressão vem da mágoa e da ira reprimidas. Baixa a vitalidade e a atividade funcional na sua vida diária. Os eventos da vida parecem uma parada injusta em nosso caminho. É importante ultrapassar a confusão e a dor, o que não é fácil de fazer. Alguma vezes as pessoas precisam de ajuda profissional.

4. *Barganha*. Deus não negocia. A maneira de mudar as coisas é aceitar a informação e desejar transcender as suas limitações para uma ordem superior de compreensão.

5. *Aceitação*. É colocado um novo paradigma. A energia é desviada e as coisas começam a andar novamente.

O último estágio de aceitação consiste naquele em que entra o processo da entrega, havendo um renascimento para um nível superior de compreensão. Vocês podem ver estes

220 ♏ Signos da Alma

passos se desenrolando em períodos de crise, e eles lhes podem dar uma orientação de onde vocês estão no processo do seu caminho da transformação da entrega.

A mágica do renascimento ocorre diariamente quando vocês soltam o seu medo de perder o controle. Afinal, nunca estão no controle, e ficarão aliviados quando puderem deixar agir o fluxo natural do que é melhor para todos os envolvidos. Muitas vezes o medo que experimentam não é baseado na realidade; ele vem da parte da sua personalidade que negocia constantemente. Vocês estão sempre procurando resolver o quebra-cabeça. Sentem que este é o seu papel, e o seu primeiro pensamento em qualquer situação dramática é a exagerada sobrevivência a todo custo — saquem as armas! — mesmo quando não há um problema sério e nem se espera algum.

Como signo da Água, são extremamente sensíveis ao seu ambiente. Suas emoções são muito reativas. A frase "águas paradas são as mais fundas" os descreve exatamente. Sua mente é intimamente ligada ao subconsciente; não há interrupção ou diferenciação. Isto causa uma turbulência interna, como um oceano numa tempestade.

São intuitivos por natureza e psiquicamente conectados aos trabalhos internos do seu ambiente. Com o seu *insight* penetrante, sempre prontos para o pior, ficam estressados e facilmente magoados. Isto pode esgotá-los e impedir que tenham o que desejam. Se estiverem sempre prontos para os problemas, o mundo amoldará vocês.

A sua mente consciente e o seu subconsciente são muito próximos. Vocês precisam aprender a permitir que o subconsciente se volte para si e se separe da mente consciente para proporcionar um alívio. Caso contrário, a turbulência

O Que o Seu Signo Solar Revela ♏ 221

mental estará sempre no seu interior, tornando-os mal-humorados e indiferentes. Um escorpiano em retiro, lambendo as suas feridas (reais ou imaginárias) é uma criatura formidável, como um tigre ferido. O estranho é que com freqüência vocês se voltam contra si próprios e tornam-se o seu pior inimigo, como um escorpião que volta a cauda contra o próprio corpo buscando a morte ao se encontrar encurralado. Estão constantemente fixados na sobrevivência. É sempre um caso de vida ou morte para vocês. Aprender a observar os próprios medos e a refrear um comportamento radical é um ponto crucial. Perguntem-se: qual é a pior coisa que pode acontecer aqui? Esta antiga questão diminui as suas reações, permitindo a chegada de uma solução na sua mente. Há uma dicotomia. A sua turbulência emocional pode ser muito perturbadora, embora ao mesmo tempo ela se conecte com a sabedoria interior necessária para guiá-los na crise. O seu poder da alma para a transformação possui todo o autocontrole e compreensão de que precisam para superar a sua natureza excessivamente sensível. Sejam pacientes consigo próprios. Um antigo provérbio chinês diz: "Você não pode evitar que os pássaros das preocupações voem em cima da sua cabeça, mas pode impedir que construam um ninho em seus cabelos."

Infelizmente, entre todos os signos do zodíaco vocês têm a pior reputação. No páreo encontram-se Gêmeos (mentirosos), Capricórnio (coração gelado e implacáveis), Virgem (negativos) e Peixes (viciados em drogas). Esta descrição extremada naturalmente não é verdadeira. É fácil imaginar por que o Escorpião é tão criticado, pois ele rege os assuntos misteriosos do sexo e da morte. São chamados de viciados em sexo. Acho pessoalmente que a sua reputação é maior do que os

222 ♏ **Signos da Alma**

fatos. Ironicamente o Escorpião pode ser um celibatário com mais facilidade do que outros signos solares. Áries, Touro e Peixes são muito mais prováveis de caírem no vício sexual mas, se a paixão for um crime, o lugar é de vocês.

São amantes ardentes e devotados, e expressam um sentimento intenso em tudo que fazem. O sexo pode nem estar em primeiro lugar na sua lista, contudo raramente fica fora do cenário. Não demoram muito para descobrir como o sexo é maravilhoso, mas será preciso um ponto de vista amadurecido para aprender que elevar a energia sexual para o nível superior de desenvolvimento espiritual também é maravilhoso, e vocês podem ter ambos. O sexo é a maneira que o universo nos deu para termos uma experiência corporal próxima do estado constante de Deus da alegria e felicidade. Quando existe um amor verdadeiro de ambos os lados e a união é completa, podemos experimentar este estado de êxtase intenso. O poder da alma da transformação do Escorpião rege o ato de transmutar o desejo físico em sabedoria.

Muitos filmes são feitos com histórias baseadas primordialmente em sexo, morte, poder e dinheiro, todos assuntos escorpianos. Milhões são ganhos em fitas que arrastam ou não as pessoas. Nossos pobres filhos estão tão dessensibilizados pela violência que quando forem adultos voltarão as costas para um insulto e tolerarão a destruição como um comportamento normal.

Embora o sexo e a morte sejam grandes poderes de transformação, são no mínimo assuntos misteriosos e difíceis. Vocês sabem por que são atraídos para certa pessoa e não para uma outra? O que acontece após a morte? Ninguém realmente sabe. Quando não temos resposta, existe o medo. A mudança e o desconhecido são os eventos mais estressantes que

O Que o Seu Signo Solar Revela ♏ 223

temos em nossa vida. Existe um teste que determina o nível do estresse de uma pessoa. O nascimento de um filho e um casamento são tão estressantes quanto a perda de um emprego e a morte de um ser amado. Com o Escorpião o nível é dobrado. Vocês são tão intensos que a mudança é excepcionalmente difícil.

Estes enigmas podem ser respondidos somente a partir de uma pesquisa da alma e de um aprendizado maior sobre os trabalhos internos da sua mente e do universo. A fé nos poderes superiores é uma boa ajuda. Vocês têm o poder da alma para transformar o seu bloqueio do ego energizando pensamentos selecionados e retirando a energia dos indesejáveis. O seu ego doente (e todos nós temos o nosso) adoraria assumir a responsabilidade e usar o seu poder da alma para ter aquilo que egoisticamente deseja. Todos apresentamos uma inclinação para usar mal o poder — é só ler os livros de história. Os seus valores devem ser impecáveis, e vocês devem viver de acordo com os seus padrões para purificar o ego e entregar-se à alma.

O Escorpião rege a diferenciação e a eliminação. Rege também os sistemas involuntários do corpo. É o signo do piloto automático, que mantém tudo em equilíbrio enquanto está vivo. Este parceiro silencioso rege o subconsciente, que está além do consciente, com olhos e ouvidos escondidos em cada poro. Os cientistas dizem que usamos somente uma pequena percentagem do nosso cérebro. É razoável pensar que o restante do poder cerebral reside no subconsciente e que podemos alcançá-lo se soubermos a maneira. Vocês estão na frente nesta busca com a sua ligação especial com ele.

O subconsciente foi em geral ignorado até o século XX, quando Freud, Jung e Adler, desenvolvendo uma nova ciên-

224 ♏ **Signos da Alma**

cia da mente, surgiram com a teoria de que os programas emocionais da infância profundamente enraizados são guardados no subconsciente e controlam o nosso comportamento. (Acredito que as vidas passadas sejam uma parte disto também.) Acreditavam que o subconsciente trabalha para resolver esses bloqueios primeiramente através dos sonhos, o que Escorpião rege. Nossos sonhos são como telas para esses símbolos estranhos e fascinantes que parecem não ter um significado até que sejam revelados por um intérprete competente.

Os escorpianos não são conhecidos pela sua beleza. São descritos nos livros antigos de astrologia como figuras poderosas e densas, com feições fortes e pesadas e compleições trigueiras. Quando comecei a procurar por escorpianos famosos, fiquei surpresa ao ver como eram geralmente atraentes — Demi Moore, Lauren Hutton, Linda Evans, Jaclyn Smith e Grace Kelly, um grupo nada mau. Notei que as escorpianas tinham um comportamento muito afetado, quase vitoriano, o que é inconsistente com a aparência sedutora e intensa que vem dos seus olhos brilhantes.

Os escorpianos do sexo masculino têm uma aparência mais variada. O Príncipe Charles, Richard Dreyfuss, Charles Bronson e Picasso, todos têm expressões fortes, inescrutáveis em torno dos olhos. Isto é condizente, pois os animais regentes, a águia e a cobra, têm, ambas, olhos hipnóticos e enigmáticos. Os escorpianos não são fáceis de serem decifrados. Afastam as pessoas com a sua reserva intensa e maneiras de agir particulares, parecendo intocáveis. Isto pode trabalhar a seu favor num jogo de *bridge* ou de pôquer ou num blefe num trato de negócios, mas não afasta as pessoas a quem gostaria de atrair.

O Que o Seu Signo Solar Revela ♏ 225

O símbolo astrológico do Escorpião é parecido com o de Virgem: a palavra grega *mem* representa o princípio feminino; o símbolo é a letra M combinada com uma flecha em vez do glifo do peixe. A combinação dos símbolos feminino e masculino implica androginia. Embora o Escorpião seja considerado um signo feminino, apresenta um tom masculino de agressão e ataque. A flecha masculina ou a lança de caça poderiam representar o ferrão do escorpião ou os atributos masculinos intensos e concentrados do Escorpião. A flecha é parte também do símbolo masculino de Marte, um dos seus regentes. Marte representa o instinto ígneo da ação e do desejo. É o símbolo da paixão.

Mesmo evoluídos, escorpianos, cuidado com o seu ferrão. As águias são tão concentradas que, com uma trajetória perfeita, podem fazer um mergulho de dois mil pés e atingir a sua presa. A sua visão do alvo é excelente, por isso devem saber aquilo que querem para focalizar corretamente. Cuidado! Seu ataque pode ser letal e vocês serão responsáveis pelos danos que fizerem nesta vida e na próxima.

Confiem em si mesmos; os atributos femininos de Escorpião fazem da sabedoria intuitiva a sua marca. Os aspectos masculinos dão energia e impulso para assumir os riscos que precisam para serem transformados e transformarem os outros.

Entre todos os signos, o Escorpião pode ser o mais inflexível. Isto vem através do planeta Plutão como segundo regente do seu mapa. Plutão simboliza a quebra da energia no seu nível mais baixo e do seu rejuvenescimento. Embora seja o planeta mais afastado do nosso sistema solar, é simbolicamente o mais poderoso. Um dos seus ensinamentos diz que vocês não precisam estar no mesmo ambiente para influenciar os outros.

226 ♏ **Signos da Alma**

A sua energia é tão poderosa que atravessa o mundo. A sua vibração permeia outras dimensões. Que responsabilidade! Plutão rege não somente a transformação das suas ações, mas a transfiguração do seu corpo e da sua alma.

Gandhi era libriano com ascendente em Escorpião. Hitler era taurino com ascendente em Libra, mas tinha muito do Escorpião na primeira casa. Partilharam o mesmo poder de alma da conscientização e da transformação, mas a História mostrou o seu impacto diferente sobre o mundo. Gandhi voltou-se para o propósito superior da liberdade e Hitler queria manipular e aniquilar. Qual foi a diferença entre esses dois homens? Tanto Touro quanto Libra são muito carismáticos e possuem a surpreendente habilidade de controlar os outros. Com os mesmos signos, seus caminhos da transformação da unidade e da entrega eram semelhantes, mas reagiram de modo bem diferente. Ambos os mapas eram idênticos, com a mesma lição, embora um tenha se elevado e o outro, selecionado um caminho tão indesejável e destruidor que não há redenção para a sua memória na Terra. Um homem se entregou a um caminho espiritual e o outro propositalmente escolheu o oposto. Hitler era um egocêntrico autodesenvolvido. Sua única entrega aconteceu frente à ameaça de derrota total. Então cometeu o suicídio, escondendo-se numa casamata na montanha, longe da superfície.

Embora Gandhi tenha trazido politicamente para o mundo uma antiga mensagem de pacifismo, teve um final escorpiano — através da bala de um assassino. Os livros antigos de astrologia dizem que somente as almas muito antigas vêm com traços escorpianos fortes. Atravessarão vários ciclos de vida difíceis e transformadores. O caminho da transformação da entrega do Escorpião empurra-os para realizarem o seu desti-

O Que o Seu Signo Solar Revela ♏ 227

no da maneira mais elevada possível. Vocês têm a chance *em todos os momentos* de trabalhar com os padrões mais altos e de transformar a sua vida.

Existem várias teorias que justificam o fato de uma pessoa escolher o mais alto e a outra, o mais baixo. Este é um dos mistérios da vida. Embora não haja desculpas para os atos malignos, talvez o ego de Hitler tenha sido tão danificado na infância que as suas escolhas foram contaminadas no início e ele nunca tenha podido sair da espiral descendente das partes escuras plutonianas da sua psique.

Lembrem-se, o seu caminho da transformação é neutro — tudo depende da maneira de encará-lo. A entrega não significa que vocês abrirão mão das necessidades da vida. Significa que devem entregar os seus bloqueios do ego pelo domínio e pelo isolamento que os mantêm num inferno particular. A entrega é um passo para a compreensão superior. O seu maior destino não é algo pelo qual se deva lutar. Ele chega a vocês milagrosamente no momento certo.

O Que Pode Ser Feito

Algumas vezes, quando trabalho um cliente, tenho vontade de dizer: "Pare de fazer isto." É tão fácil para mim ver os seus hábitos pessoais prejudiciais. É diferente para cada signo. Com Escorpião é *parar* de ser autodestrutivo, *parar* de ser cego para o poder da sua própria força criativa, *parar* de se agarrar ao isolamento emocional dentro de si próprio.

Um Escorpião altamente desenvolvido é uma grande alegria para se observar. São responsivos às informações que toquem o seu entendimento *de laser*. Têm a visão de sair do

228 ♏ Signos da Alma

cativeiro pessoal na busca pelo seu poder da alma. Coloquem-se em situações nas quais poderão receber respeito e amor. Sendo sensíveis ao ambiente como são, por que se colocarem num Hades quando podem ir para o Céu?

Três Passos para Curar o Seu Bloqueio

1. O domínio e o controle, seus bloqueios do ego, são como buracos negros. Não existe luz disponível para ver a verdade, e vocês procuram às cegas na escuridão maneiras para aliviar a pressão. Toda a sua infelicidade vem do esforço contínuo de projetar o poder para fora de si mesmos para depois procurar controlá-lo. Impossível!

2. O seu poder da alma para a transformação é talvez o mais intenso do zodíaco. É da sua natureza superior encarar os fatos num padrão altruísta. Com uma força de vontade intensa, vão até as profundezas da matéria e restauram-na para a saúde ou prosperidade.

3. O seu caminho da transformação da entrega não é bem compreendido. Para qualquer coisa ser transformada para um nível superior ou para um inferior, ela deve ser liberada da consciência como está agora. Mudar a sua atitude ou visão é uma forma de entrega. Quando estas idéias antigas são liberadas, outras melhores tomam o lugar.

Uma cliente escorpiana me chamou um dia em desespero. Sua voz estava embargada pelas lágrimas. (Posso sempre sentir se a situação é séria ao ouvir a voz pelo telefone.) Estava separada

O Que o Seu Signo Solar Revela ♏ 229

do marido e queria saber se o seu casamento acabara. Após alguma discussão, perguntei o que tinha acontecido. Ela disse: "Bem, tive uma pequena aventura."

Ela estava casada havia dez anos, e o seu marido, canceriano, era um homem de negócios bem-sucedido. Tinham de tudo — duas casas, dinheiro mais do que suficiente e uma vida social ativa. Seus signos astrológicos eram compatíveis. Por que enveredara por um caminho errado?

Ela tinha desistido da sua carreira para ficar com o marido e apoiá-lo em seu trabalho. As primeiras perguntas que surgem na mente quando faço uma leitura para um escorpiano com problemas são: o que estão tentando controlar e do que estão se escondendo?

Seu marido era um homem maravilhoso. Era o seu mentor e protetor, mas com o seu tipo de carreira realmente precisava viajar, por isso decidiram que ela pararia de trabalhar para ficar livre para estar com ele. Naquela época, ela não se conscientizou de como isto a limitaria e o quanto se sentiria deixada de lado. Seu papel era basicamente indefinido.

Foi aí que o bloqueio do ego se agitou. Um dos maiores medos do Escorpião é o da perda do controle. O seu bloqueio do ego é o domínio, por isso as inseguranças da minha cliente começaram a apontar. Embora o marido tomasse conta dela nos aspectos financeiro e social, havia muito pouco de uma comunicação verdadeira — ele estava muito envolvido com os negócios. Permitia a ela indulgências financeiras, tentando fazê-la feliz. Ela não sabia do que precisava ou o que queria num relacionamento, e nem ele, por isso se afastara. Foi isto que a precipitou para "uma pequena aventura". Este tipo de casamento pode se transformar numa relação pai-filha e o sexo, tornando-se incestuoso, é um desvio. Suas necessi-

230 ♏ Signos da Alma

dades emocionais e sexuais não estavam sendo supridas; outro homem apareceu com os gestos e palavras certos para preencher o vazio.

O seu mal é o seu segredo. E existe sempre noventa e nove por cento de chance de os segredos serem descobertos. Perguntem a uma criança pequena o que está acontecendo na família e ela contará tudo. Vocês se iludem ao pensar que estão escondendo os seus atos ou os sentimentos. Quando um casal está com problemas sexuais, há uma tendência para varrer para debaixo do tapete e negar tudo. Na realidade, ambos sabem. Ele está ali como uma cobra, pronta para dar o bote.

Como Aplicar os Três Passos Nessa Situação

Foi isso que consegui com a leitura: a resposta para a cura nessa situação estava no seu poder da alma para a transformação. Ela merecia o amor que queria, mas procurar um outro homem antes de ter resolvido o problema com o primeiro não era a resposta. A mulher escorpiana estava inconscientemente tentando se acertar com o marido fazendo uma coisa que sabia que iria machucá-lo.

Tinha de encarar o fato de talvez tê-lo perdido. Ao flertar com o proibido, ela deixara o seu ser básico tomar conta e escolhera uma saída rápida em vez de confiar no seu poder da alma da transformação que é o dom da sua vida, o poder da transcendência. No seu bloqueio do ego do isolamento, cavara um buraco profundo e estava chafurdando nele.

Quando uma mulher se casa com a figura paterna, existe algo de incompleto no seu processo de amadurecimento. O Escorpião adora um drama, bem semelhante ao taurino, mas

O Que o Seu Signo Solar Revela ♏ 231

a aventura amorosa não era o problema. A co-dependência doentia de ambas as partes era como uma cobra pronta para dar o bote. Os dois desempenhavam um papel de necessidade letal para o relacionamento. A aventura amorosa poderia ter acontecido com qualquer um deles. O que os tinha unido antes acabara. Não funcionava mais. Era tempo de o casamento ser transformado. Era tempo de começarem a caminhar juntos. O mapa astrológico não pode tomar a decisão por vocês. Pode explicar a lição de vida que está ocorrendo e os futuros possíveis exeqüíveis no momento. A chamada final sempre depende de vocês.

O que têm a fazer para resolver uma situação como esta é entregar o casamento a um poder superior e deixar que o tempo cure as feridas de ambos os lados. Existe muita coisa boa no casamento se ambos se comprometem a construir uma intimidade. O casamento é uma instituição criativa, vocês podem decidir o quanto desejam ser íntimos, o que querem partilhar, e então comprometerem-se. Esta intimidade preciosa é uma criação de vocês, e pode ser construída, ou mudada a qualquer momento enquanto ambos concordarem com ela.

O Escorpião é um signo adepto de lidar com o momento. É onde reside o seu poder. Os medos o levam de volta ao passado, onde não têm nenhum controle. Tirar a cobra (símbolo dos desejos inferiores do sexo, do poder e do materialismo) da água (emoções) e colocá-la em terra firme (processo mental) onde pode ser vista é imensamente curador. Quando as suas compulsões e os seus medos estiverem aparentes, ficarão mais conscientes das conseqüências dos seus atos.

Como ambos queriam realmente ficar juntos, deram o tempo necessário para a cura e começaram novamente, construindo lentamente a confiança. Eram basicamente compatí-

232 ♏ Signos da Alma

veis, mas tinham pontos de vista diferentes sobre como um relacionamento deveria ser. Ele foi capaz de superar as feridas e a rejeição. O maior problema de ambos era a culpa que ela sentia. Pelo perdão de si própria e confiando na sua capacidade de transformar a sua vida, ela criou um estilo mais produtivo. Aprendeu como ser feliz dentro de si mesma, e lentamente a sua vida recuperou o equilíbrio.

Sagitário

23 do Novembro a 21 de Dezembro

Signo do Fogo regido por Júpiter

PODER DA ALMA: *Visão, Aspiração*
BLOQUEIO DO EGO: *Pensamento de Desejo, Extravagância*
CAMINHO DA TRANSFORMAÇÃO: *Espiritualidade*

As personalidades sagitarianas são maiores do que a própria vida. Vocês estão sempre buscando o que é raro, diferente e chocante. Quando lhes é perguntado como está o seu dia, respondem: *"grande!"* Acham a vida uma aventura excitante, raramente se aborrecem e ficam encantados ao saber que algo novo e melhor está à vista. Aspiram os objetivos mais eleva-

234 ♐ **Signos da Alma**

dos, e o seu poder da alma da visão os faz ficar na frente em todos os seus empreendimentos.

Como todos os signos do Fogo, vocês acolhem a vida com entusiasmo; apressam-se em receber o novo e o prazer no inesperado. São verdadeiros buscadores, extremamente otimistas, com espírito de aventura. Sagitário é um signo que rege as viagens internacionais. Vocês são cidadãos do mundo. São observadores astutos da vida, buscando uma variedade de experiências numa tentativa de realizar a curiosidade e desenvolver uma compreensão maior. Procuram as perguntas, o significado interior da vida, sabendo com certeza que as respostas virão. Ficam mentalmente estimulados quando estão na sua melhor forma, e nunca se aborrecem. São controversos, porém nunca desinteressantes.

A carta do Tarô O Louco é a representação perfeita do Sagitário. A figura mostra um jovem com sua trouxa nas costas e um cão fiel a seus pés em busca da sua fortuna. Está tranqüilo à beira de um penhasco, seguro em sua fé de que Deus tomará conta dele, que criará as condições para levá-lo com segurança dos pés da montanha até as situações propícias. O significado prático desta carta é *riscos tolos*; contudo, o lado superior é que O Louco está para assumir a aventura suprema de atravessar os portões da experiência para atingir a sabedoria divina. Como um símbolo do Sagitário, O Louco significa virar as costas para o intelecto e afastar-se da consciência do ego para entrar na consciência do poder da alma. Sagitário é o signo da sabedoria divina e da transcendência.

A base do seu bloqueio do ego pelo pensamento ansioso é que, embora tenham muita sorte com freqüência, podem forçá-la demais. Então a sua visão de segurança e de abundância cairá, deixando-os perdidos em desespero. Quando estão

O Que o Seu Signo Solar Revela ♐ 235

para baixo, não há signo solar que possa ficar mais deprimido do que os sagitarianos. Vocês *precisam* viver nos seus poderes da alma da visão e da aspiração para poder aproveitar a vida.

O legado natural de Júpiter, o seu planeta regente, é a sorte, mas o pensamento positivo não funciona sozinho. Precisam se comprometer com uma filosofia segura sobre a qual construirão uma vida. Devem ser confiáveis. Sagitário é o signo dos sistemas de crença — como aplicá-las e depois integrá-las na vida diária. Como sagitarianos, o seu caminho da transformação é a espiritualidade, e a maneira de entrar no mundo é extremamente importante. Devem aprender um meio de desenvolver a fé, ou ficarão perdidos. Sendo idealistas, a sua tendência é serem positivos, mesmo quando ajoelhados entre crocodilos, semelhante aos leoninos. O pensamento positivo é excelente, porém está bem próximo da negação. É preciso ver o óbvio. O medo ocasiona os seus bloqueios do ego pela extravagância e pelo pensamento ansioso. Quando a sua cegueira dos fatos se abre para a realidade e vocês desenvolvem a fé no seu poder da alma para a visão, tornam-se mestres da realização. O seu poder da alma para a aspiração os conduz a coisas maiores.

Júpiter é o maior planeta do nosso sistema solar. É o único que libera mais energia do que recebe do Sol. Júpiter, a quem os gregos chamavam de Zeus, é considerado como um símbolo da paternidade, exemplificando a sabedoria divina. É o aspecto benéfico e benevolente de Deus. Júpiter/Zeus confere a graça, as bênçãos e a boa sorte na sua vida. Na astrologia védica, o planeta Júpiter simboliza o guru que distribui os favores.

Júpiter/Zeus era o deus supremo no Monte Olimpo e, embora Hera fosse sua irmã e consorte, teve inúmeras parcei-

236 ♐ **Signos da Alma**

ras e foi pai de tantos filhos que é difícil sabermos o número exato. (Li em algum lugar que foram mais de quinhentos.) Distribuiu generosamente seus poderes divinos entre os seres humanos: muitos dos seus filhos tiveram mães mortais. Era um deus solar, chamado de deus da Luz, e sua tendência era para a justiça e a verdade. Com Júpiter como seu regente, vocês têm sorte de partilhar as suas bênçãos generosas, a energia infinita e expectativas maiores que a vida.

Os sagitarianos precisam ter cuidado com suas pretensões devido à tendência de Júpiter a se entregar generosamente ao seus projetos, mesmo que em seu próprio detrimento. Vocês, como benfeitores de Júpiter, são muito generosos, ao ponto de darem a própria roupa se necessário. Isto vem da sua convicção absoluta de que terão o retorno três vezes mais. Adoram ser extravagantes e incluem os amigos nos seus divertimentos sem hesitação. A sua vida é um livro aberto e a sua casa, um hotel para todos os amigos. Sendo espontâneos e generosos ao mesmo tempo, sua idéia de uma festa é voar para algum lugar maravilhoso para passar o fim de semana, convidando todos os amigos e depois, sem se lembrar do orçamento, pegar a sua bagagem novamente.

Embora existam histórias sobre as indiscrições de Júpiter, ele era gentil, criterioso e de bom temperamento. Hera estava sempre atenta a ele, embora seu casamento parecesse perfeitamente equilibrado, em pé de igualdade e resistente. Júpiter permitiu que Plutão, o senhor do submundo, raptasse a virgem Perséfone. Isto perturbou terrivelmente sua mãe Deméter, a deusa da fertilidade, que em sua ira com a perda da filha fez secar as colheitas, causando grande confusão na Terra. (Podemos somente conjecturar sobre o motivo de Júpiter ter permitido este gesto de Plutão.) Após o casamento de Plutão e Perséfone, Júpiter, com pena da tristeza de Deméter, exigiu que Plutão permitisse que Perséfone visitasse a mãe na primavera e retornasse a ele no outono, permanecendo durante todo o inverno. Assim foram criadas as estações. Na verdade, Plutão e Perséfone foram um casal feliz. Ela se tornou rainha e tiveram um filho. Talvez Júpiter, na sua maneira onipotente, pudesse antever o cenário todo e tivesse brincado de casamenteiro. Os deuses não parecem ter as mesmas prioridades que nós humanos. Esta história nos revela a dualidade de Júpiter. Embora sensível à prece, parece ser imparcial, e da sua posição solar as orações dos inimigos podem ser respondidas tanto quanto as suas. Os sagitarianos, como Júpiter e reminescentes do Salomão da Bíblia, parecem ser puxados em várias direções na vida, sendo forçados a fazer julgamentos que consideram o melhor para todos os envolvidos. Vocês são chamados a saírem do próprio caminho para entrarem em considerações mais elevadas.

O símbolo do Sagitário é um centauro, a criatura mítica metade cavalo, metade homem. Talvez esses seres lendários sejam o símbolo da proximidade dos seres humanos com seus cavalos como meio de trabalho e veículo de viagem. Existe um elo de intimidade que se desenvolve quando trabalhamos com qualquer animal, particularmente os que nos servem.

Os centauros eram como crianças grandes, brincando com arcos e flechas, buscando escaramuças. Eram conhecidos por serem muito indulgentes, criando problemas por beberem sem saber quando parar. É uma característica do sagitariano não saber criar limites. Os centauros são vistos por muitos como símbolos do poder e da força, embora sejam um grupo de desordeiros selvagens e sem lei, lembrando os caubóis do Oeste Selvagem. Os sagitarianos, como os centauros, precisam de

238 ♐ **Signos da Alma**

muito espaço. Não apreciam as cercas. Têm a função de "sentir" superdesenvolvida e são inclinados a correr impetuosamente de um episódio para outro. Isto causa uma devastação em suas vidas.

Existem dois personagens míticos que ajudam a formar o Sagitário, criando dois tipos de personalidade totalmente diferentes. O primeiro é Hércules, um verdadeiro soldado que bravamente destruiu a Hidra, o monstro de cem cabeças. Os tipos hercúleos são voltados para o físico, sem lembrar do lado intelectual. Agem pelo instinto, adoram os animais de todos os tipos (especialmente os grandes) e apreciam os esportes ao ar livre. As atividades físicas têm prioridade, e adoram simplesmente estar vivos. São muito brincalhões e agem com vigor, vitalidade e uma curiosidade insaciável. A abordagem da vida é alegre. Para vocês, cada dia é um bom dia, pois são abençoados com uma disposição maravilhosa.

O outro tipo é o centauro Quíron, um arqueiro com a flecha voltada para o céu, dirigido para algo distante. Hércules simboliza a bravura física, enquanto Quíron é o sábio conhecido pela sua filosofia. Quíron era também astrólogo, um conhecedor das artes da cura, sendo considerado o mestre da consciência da nova era. Os sagitarianos podem ser uma mistura de ambos os tipos, porém geralmente são inclinados para um dos lados, o físico ou o mental. Grandes atletas são do tipo hercúleo. Professores de universidade, advogados e juízes — com freqüência de cabelos brancos (símbolo da sabedoria) — são do tipo de Quíron. A imagem mais profunda do tipo de Quíron é a pintura de Deus feita por Michelangelo no teto da Capela Sistina.

A mitologia nos conta que Quíron era o professor dos deuses. Embora a sua coxa tenha sido acidentalmente ferida pela

O Que o Seu Signo Solar Revela ♐ 239

flecha envenenada de Hércules, e nunca se curara, a ferida aconteceu durante uma briga confusa e ele não guardava ressentimento. Conseqüentemente, era chamado de O Curador Ferido. Com uma natureza empática, simboliza a sabedoria, a verdade e a justiça, da palavra superior da lei de Deus. Exemplifica a busca do serviço, da entrega e da liberação. No mito nos é dito que era necessário que Quíron fosse ao submundo (o subconsciente) para que suas feridas fossem curadas. Sagitarianos do tipo de Quíron têm uma personalidade mais tranqüila, preferindo a atividade mental à física. Embora os centauros tipo Quíron prefiram o mundo objetivo, quando emocionalmente feridos procuram o subconsciente por intermédio de um mestre ou conselheiro especial para conseguir a cura. Podem curar os outros com a sua sabedoria, mas nunca os próprios ferimentos. Existe aqui uma insinuação da necessidade da terapia para que se qualifiquem como curadores e professores no mundo.

Na Grécia, na Índia e no Japão, a arte de manejar o arco era uma importante disciplina psicológica e espiritual, ligada à automestria. O arco e a flecha do centauro estão voltados para o céu em busca do desconhecido. Os sagitarianos são atraídos pelas teorias e pelas buscas mais elevadas. Sagitário rege a teologia, a lei, a filosofia, a ética e a justiça — a lei de Deus mais do que a do homem, que é regida por Libra. Os sagitarianos não conseguem ser felizes consigo mesmos se não estiverem vivendo de acordo com os seus padrões e sustentados pelos valores morais mais altos.

As flechas dos sagitarianos são uma reminiscência dos raios de Júpiter, que eram forjados pelo forte Vulcano em sua fornalha ígnea no Monte Olimpo. Sagitário é um signo do Fogo, com uma curiosidade insaciável, energia mental extraordiná-

240 ♐ Signos da Alma

ria e energia física inesgotável. Isto nos lembra o bloqueio do ego pelo pensamento ansioso. Sagitário é também um signo do Fogo com uma tendência a ser otimista em excesso, como Áries e Leão. O fogo devastando um campo é uma representação destes signos fora de controle, em vez de ser um fogo lindamente controlado numa lareira ou num templo.

Uma das suas maiores falhas é partir para a ação sem pensar antes nos efeitos das sua ações. Vocês podem ser bem desatenciosos com outros na sua corrida através da vida. O passado e o futuro estão sempre fragmentados em sua vida. Quando focalizam somente uma parte do passado ou do futuro, podem negar totalmente o restante. Tentem lembrar tudo que lhes aconteceu ontem. De certa forma, o futuro é uma fantasia e, embora possamos criá-lo com os nossos pensamentos, é melhor diminuir a marcha e levar o tempo necessário construindo um bom plano para que possam criar algo que valha realmente a pena. Seus instintos são bons e lhes passam boas informações, porém dar o tempo necessário para conferir a realidade certamente contribuirá para o resultado. Criar partindo de uma perspectiva mais sábia e mais bem informada faz com que os seus sonhos e desejos se concretizem com resultados mais duradouros.

A flecha do centauro tem um significado bem mais profundo: o do questionamento, buscar a verdade e o esclarecimento. A visão abrangente é natural para vocês sagitarianos e, com precisão, focalização e concentração podem estabelecer o alvo. Não devem projetar o seu bloqueio do ego no caminho ou, pior ainda, apontar a flecha para dentro. Quando o ego doente se entrega à alma, a sua vida se desenrola com uma experiência constante da presença de Deus, e o seu caminho fica claro. O presente é pleno, rico com maravilhas e realizações.

O Que o Seu Signo Solar Revela ♐ 241

Embora não saibamos com precisão a data de nascimento de Sócrates, o mais sábio entre todos os sábios, ele era definitivamente um tipo sagitariano. O seu método de ensino era temporário, uma característica sagitariana. Seu método dual de argumentação e discussão tem influenciado universidades e outros buscadores do conhecimento desde a época grega. Ele é mais conhecido pelo seu conselho: "Conhece-te a ti mesmo", com uma implicação clara de olhar para dentro da sua alma.

Sócrates não escreveu nada, mas, por aquilo que o seu aluno Platão disse sobre ele, sabemos que o seu diálogo teve definidamente um tom positivo. Diz-se que Sócrates trouxe a filosofia dos céus. Hoje ele seria chamado de canal espiritual. Nascido em 470 a.C., foi um grande moralista numa época de valores desgastados. Pensador brilhante, algumas vezes retratou-se como um simplório, como um sagitariano, fazendo as pessoas rirem. Acreditava na alma; sua prece era simplesmente "Dê-me o que for bom."

Embora fosse ele mesmo um visionário, quando o Oráculo de Delfos o proclamou como o homem mais sábio de todos, riu desta declaração. Nunca levou isto realmente muito a sério, para vergonha de Xântipa, sua esposa, que pensava que ele era um tolo. Na opinião dela, ele desperdiçava a sua vida conversando com os jovens sobre coisas que não eram importantes, sem conseguir dinheiro para sustentar a família. Todo este comportamento aparentemente indiferente é típico de Sagitário. É preciso olhar novamente para ver a pessoa verdadeira.

O signo de Escorpião rege o anseio emocional, enquanto Sagitário é o da busca energética. O poder da alma da visão de Sagitário lhes dá o *insight* puro e necessário para ampliar a sua

242 ♐ Signos da Alma

perspectiva e tomar as decisões sábias. Sentem naturalmente que o mundo é de vocês e que são divinamente ordenados às grandes coisas de modo estupendo. Esta confiança os envia para o mundo com um olho profético que atrai o sucesso. São naturalmente prósperos e podem atrair, como disse Sócrates, "tudo que for bom." Por outro lado, o seu bloqueio do ego pela extravagância pode exceder muito os seus recursos; é uma atração constante, sendo preciso aprender a moderação. Mais ou maior não é necessariamente o melhor para os sagitarianos que geralmente comem em excesso, gastam em excesso, fazem tudo em excesso. Sua lição de vida é ser responsável pelos fatos. Deve haver um basta. É preciso estabelecer os limites razoáveis para as circunstâncias.

A síndrome sagitariana de achar a grama do vizinho sempre mais verde é uma auto-sabotagem que permanece até que compreendam que não é o lugar que os faz feliz, mas o relacionamento consigo mesmo e com os outros. O seu lado animal ama a liberdade dos espaços abertos e amplos. É muito difícil para vocês assumirem compromissos por muito tempo. "Não me cerceiem" é o seu ditado, e vários corações partidos conhecem a tendência do Sagitário para fugir ao primeiro sinal de um arreio.

Sagitário é um signo mutável. São multifacetados nos seus interesses e em geral possuem duas carreiras e com freqüência mais de uma graduação. Estudantes durante a vida inteira, buscam constantemente maneiras de se educar. Bem depois de a sua educação clássica ter terminado, voltam para o colégio para se formarem em algo totalmente diferente. O mesmo se aplica à sua carreira. Após terem tido sucesso numa, decidem iniciar uma outra, sendo em geral bem-sucedidos nesta tanto quanto na anterior. Na verdade, preferem o desa-

O Que o Seu Signo Solar Revela ♐ 243

fio de novos lugares e ficam aborrecidos sem uma mudança dramática ocasional. Tenho Sagitário como ascendente. Após uma longa carreira de sucesso como ilustradora de moda, tornei-me uma astróloga em tempo integral. Quem sabe o que virá depois — escrever, talvez?

Vocês são sinceros, honestos, verdadeiros e francos. Embora gostem de julgar, existe sempre um lado brilhante e bem-humorado na sua crítica. Observam muito as pessoas e podem ser bem rudes. Com freqüência, quando menos esperam, as palavras saem da sua boca como batatas quentes. Oh! Sejam gentis! Talvez desejem não ter falado aquilo.

O poder da alma do Sagitário é a aspiração, o desejo forte de atingir algo elevado ou grandioso. A aspiração estimula o poder. Excita a esperança e a expectativa. A palavra *aspiração* vem de *aspirar*, que significa "respirar, inspirar". Os sagitarianos são buscadores, e ao aspirar o mais elevado atraem o bom. No yoga, a respiração é considerada a essência da vida. Quando a sua respiração é regulada e equilibrada por meio da meditação ou dos exercícios de yoga, vocês desenvolvem grandes poderes de concentração. Os budistas chamam as suas mentes irrequietas de "mentes de macaco". Como a aspiração é o seu poder, ganharão muito ao dedicarem um tempo para o treinamento espiritual. Os sagitarianos são inclinados a queimar a sua energia positiva estando constantemente com pressa. Sem fôlego, querem estar à frente do jogo. Se tiverem muita urgência, raramente permanecerão no presente, onde se encontra o poder. Mesmo que ganhem o jogo, precisam aprender como receber a sua recompensa sem correr para o próximo desafio antes de terminar o atual.

A aparência do sagitariano é alta, uma figura bem formada. Existe um olhar franco e honesto nos olhos e uma testa alta

244 ↗ **Signos da Alma**

de aparência nobre. Têm uma tendência a se curvarem, talvez por serem mais altos do que a média, e algumas vezes precisam tomar conta do peso. Adoram a boa comida. Já ouviram falar em comer como um cavalo? Os cavalos não sabem quando parar de comer. Seus donos penduram embornais de comida nas suas cabeças para controlar a sua comilança.

Embora todos os signos solares tenham seus pontos de beleza, a característica mais destacada dos sagitarianos não é somente a beleza dos traços, mas a sua tendência a brilhar com uma boa saúde e expressar a sua boa natureza. Mesmo que não sejam realmente belos, podem retratá-la. Algumas pessoas com essa aparência excepcionalmente boa são Cicely Tyson, Donna Mills, Jane Fonda, Daryl Hannah e a excepcionalmente gloriosa Kim Basınger. Bette Midler é um exemplo perfeito de uma destacada beleza sagitariana, assim como a vibrante Tina Turner. Chris Evert é o adorável tipo atlético. É uma beleza ver os seus movimentos na quadra de tênis, vencendo ou não.

Os tipos masculinos são também variados, sendo divididos em duas classificaçoes gerais: os maravilhosos tipos hercúleos — John Kennedy Jr., Don Johnson, Kirk Douglas — e os tipos visionários de Quíron — Woody Allen, Steven Spielberg, Walt Disney. Estes três últimos homens ligados ao cinema fizeram tremer milhões de pessoas com a sua inteligência e as suas idéias.

Como um signo dual (metade cavalo, metade homem), Sagitário tem de lidar com um conflito interno, e tomar as decisões pode ser bem frustrante para vocês. Parece que sempre atraem as coisas em dupla: duas idéias, dois empregos, dois amantes. Tentar se estabelecer entre os dois os leva a vacilar e ficar confusos. Então é fácil tomar decisões precipi-

O Que o Seu Signo Solar Revela ✗ 245

tadas. Há uma tendência a ser facilmente influenciado pelo que os outros pensam. Gostam de ser aceitos e tentam agradar os outros concordando com eles, mesmo quando não é realmente o que pensam. É muito conflitante para os seu amigos quando saem e fazem o oposto daquilo que concordaram. Tudo o que têm a fazer é dizer a verdade — simplesmente falando que não concordam com eles. Pode não ser uma conversa amena, mas correrão o risco de perder os amigos se estes se sentirem traídos.

O problema com a aventura somente pela excitação causada e o desejo infantil de alcançar a estrela é que não existe uma resolução possível. Então, onde está a recompensa? Em algum lugar da sua mente. Dispersar as forças é um problema que os sagitarianos enfrentam a vida inteira. Quando o seu foco perde o ponto central, são como cavalos selvagens galopando. Talvez uma das razões de os sagitarianos perderem o alvo é por olharem muito mais à frente. O seu bloqueio do ego pelo pensamento ansioso os tira constantemente do seu verdadeiro poder de base de estar centrado no presente. Se vocês ficarem muito distantes no campo do adversário, como todos os bons atletas sabem, será fácil perder a bola. Filosofia e teoria são úteis somente quando incorporadas ao seu comportamento, e a sabedoria divina está disponível somente no momento presente.

Como o Escorpião, o Sagitário é o signo de uma alma antiga. Vocês nasceram fortemente ligados à sua consciência superior, e se isto lhes for negado no início da infância ficarão muito negativos. É algo terrível para vocês, uma coisa que basicamente não faz parte da sua natureza. Esta depressão é causada por dizer sim quando querem dizer não. Um sagitariano pessimista ou negativo quase não existe mas, quando aconte-

246 ☌ **Signos da Alma**

ce, vocês, como Quíron quando foi ao submundo em busca da cura, precisam de uma ajuda profissional.

Os sagitarianos são entusiasmados por natureza; é a sua bênção na vida. A palavra *entusiasmar* vem do grego e significa "Deus interior". Quando estão entusiasmados, estão nas mãos de Deus. Quando os sagitarianos ficam desapontados e perdem o seu entusiasmo, perdem também a conexão de alma e tudo fica rançoso. Até que haja uma resolução interior e cheguem a uma solução com as suas crenças espirituais básicas, debatem-se na vida e podem ficar viciados em pessoas, lugares e coisas que lhes são perniciosas. Buscar e não encontrar o que é bom e verdadeiro é muito depressivo.

Com a sua generosidade de espírito, vocês devem estar atentos a uma tendência a se ligar ao prazer. Basicamente desejam que tudo se desenvolva bem e que todos se amem uns aos outros. Isto pode lhes custar muito até que aprendam com a experiência que *não* é uma palavra boa. Peço sempre aos sagitarianos que escrevam a palavra *não*, coloquem-na no bolso e, quando alguém lhes pedir alguma coisa, retirem-na e leiam. Vocês precisam aprender a estabelecer os limites, ou a vida os imporá como uma negligência sua.

O caminho da transformação de Sagitário é o da espiritualidade. Existe uma convicção interna desde o início da sua vida de que existe um poder superior. O sagitariano é uma pessoa muito expressiva, classificada psicologicamente como um tipo sensível. As suas antenas são muito susceptíveis às impressões. Há uma sensação de assombro quando vêem um grande trabalho de arte, e a natureza é uma experiência religiosa para vocês. O estranho é que, embora o seu signo governe a espiritualidade, vocês levem bastante tempo para compreendê-la. Deus parece bem distante e difícil de ser inserido na vida diária. Como uma vez um amigo meu sagitariano disse que não poderia descobrir o seu poder superior até que alguém lhe explicasse como Deus representa "a direção correta, disciplinada".

Embora Sagitário seja o regente da espiritualidade e da religião, vocês em geral são muito cépticos. Existe sempre uma voz analítica na sua cabeça que pesa várias vezes as informações, descobrindo as falácias e os desvios. Vocês têm uma tendência a segurar o lado emocional, existindo sempre uma parte que não fica totalmente comprometida. Querem ser agentes livres. A sua mente racional lhes diz que nenhum sistema de teologia sozinho poderá representar a verdade inteira sobre Deus. Porém se finalmente, com muita pesquisa de alma, escolherem participar de um tipo de ensinamento, terão grande entusiasmo e pureza de mente. Em geral é preciso haver algum sentimento espiritual verdadeiro envolvido ou não terão fé no dogma. As palavras sozinhas não os impressionam, mas os sentimentos sim.

A verdade é que vocês nunca podem ser ateus. Sagitário rege a parte da mente ligada à alma. A sua natureza é adorar o bem (que é derivado de Deus). Com o seu caminho da transformação da espiritualidade, independentemente de quanto sejam cépticos, não podem descartar a sua necessidade de buscar a Deus ou a um propósito superior. Precisam daquela *direção correta e disciplinada* na sua vida. Se perderem a fé num propósito superior, a sua existência parecerá cortada, e poderão ficar muito deprimidos.

Os sagitarianos estabelecem uma orientação para o que precisam e desejam na vida e constroem o seu próprio acampamento. Apreciam a autonomia e a independência moral. Talvez pudessem começar com um esquema útil e mantendo-o. Esta-

248 ♐ **Signos da Alma**

beleçam os limites para a sua vida. Trabalhar fora ou participar de esportes também ajuda. Andar descalço sobre a terra auxilia a centralizar. Qualquer idéia que seja sugerida deve ser realizada religiosamente.

A sua vida amorosa é uma maravilha para vocês. São os melhores na busca de objetivos singulares. Isto não significa que não tenham sorte no amor — pelo contrário. O sexo oposto é atraído pela sua boa aparência e personalidade maravilhosa. Porém, com a sua personalidade dinâmica e multifacetada, vocês receiam as exigências emocionais. Temem também ficar emocionalmente ligados. E se eu tiver de desistir das minhas corridas de bicicleta? E se não puder fazer aquilo que quero na hora que quero? Sentem medo de ficar encurralados sem uma saída, ou de se sentirem entediados, e estes medos os mantêm solteiros por muito tempo. É melhor que os sagitarianos esperem até terem amadurecido bastante para se casar. Devem pensar muito tempo sobre o assunto. É muito difícil conseguir tudo o que queremos numa pessoa só. Tenho um cliente filósofo com um ascendente sagitariano que diz: "Não se consegue apanhar tudo de uma única árvore." Há sempre algo que cai no chão.

Vocês buscam pelo seu gêmeo, ou alma gêmea, e é melhor escolher alguém que goste de fazer as mesmas coisas que vocês. É muito importante para o sagitariano se casar com alguém que é como um amigo ou camarada. Precisam de um companheiro inseparável. Como o sagitariano está sempre olhando além do horizonte, vocês precisam ter cuidado ou não aceitarão essa pessoa. Elas poderão andar ou correr ao seu lado durante todo o tempo e vocês continuarão a buscar o inatingível.

O Que Pode Ser Feito

Entre todos os signos, Sagitário é um dos melhores para se estar perto. Vocês têm sorte e as suas lições de vida não são muito duras. É claro que estamos aqui para crescer, portanto estejam preparados para uma topada ocasional. Ser objetivo quanto a si mesmo é um dos problemas mais difíceis que têm. É fácil cair no pensamento ansioso quando estão tão ocupados que não têm tempo para raciocinar. Existe uma força física tão enorme no seu signo que vocês têm uma tendência a correr durante a vida inteira, agindo antes de pensar. Lembrem-se da carta de tarô O Louco. Sabem que a mão de Deus os salvará de alguma maneira milagrosa. Sem esta confiança pura e infantil, a vida não seria para um sagitariano digna de ser vivida.

Os sagitarianos despertam a cada dia sentindo-se no topo do mundo. São abençoados com o otimismo, embora isso possa se transformar na sua fraqueza. É necessário compreender que o seu poder da alma da visão não funciona se estiverem vivendo no futuro. A sua impaciência demasiada pode levá-los a uma caçada divertida.

Os Cruzados foram um tipo sagitariano, e muitas vidas foram arruinadas pelo seu zelo religioso. Famílias ficaram separadas por vários anos, e algumas crianças nunca conheceram os seus pais. Vocês devem ficar unidos aos seus seres queridos e saber o que querem atingir aqui e agora antes de se decidir por um plano mais distante. O poder da visão é manifestado pela concentração no presente. Encontrem o seu lugar sagrado no seu coração, depois a compreensão que conduz a conceitos criativos ficará ao seu alcance. Devem procurar aqui e agora e não longe, numa terra distante ou no futuro.

250 ♐ Signos da Alma

Três Passos para Curar o Seu Bloqueio

1. A combinação dos seus bloqueios do ego pelo pensamento ansioso e pela extravagância o torna um jogador por excelência. A fé cega no futuro os mantém constantemente numa corrida, buscando o impossível, sem uma finalidade à vista. Não há tempo para vocês aproveitarem os frutos do seu trabalho. Todos os bloqueios do ego são maneiras de controlar o seu ambiente. Vocês controlam não sendo realistas nas suas expectativas, mantendo-se dispersivos e contornando as situações emocionais.

2. Todos os poderes vêm da sua conexão de alma com Deus. Os seus poderes da alma para a visão e a aspiração são verdadeiros dons, pois o seu signo rege a conexão com a consciência superior. É natural para vocês verem o bem nos outros, e os seus conceitos para o futuro vão direto ao alvo para o melhor de todos os envolvidos — quando estão centrados no presente.

3. O Sagitário poderia ser chamado de signo solar do poder da alma. Vocês devem se entregar a um poder superior nesta vida para realizar todo o bem de que a sua personalidade generosa e filosófica é capaz, e devem aceitar o seu caminho da transformação da espiritualidade de um nível positivo de alegria em vez de perseguir o arco-íris.

Bem, sagitarianos, vocês ainda continuam aí do outro lado? Esta história pode se ajustar perfeitamente às suas pegadas. Alguns anos atrás uma sagitariana veio para uma leitura de mapa. Tinha 35 anos, era bonita e estava no auge da saúde, e

O Que o Seu Signo Solar Revela ♐ 251

poder-se-ia dizer que era muito ágil e atlética. Embora parecesse bem feminina, era definitivamente do tipo hercúleo, mas parecia deprimida e confusa, precisando fazer uma avaliação pessoal. Pude ver pelo seu mapa que era ambiciosa. Trabalhava para uma grande companhia internacional de computadores (Sagitário rege os países estrangeiros), e estava subindo rapidamente de cargo, portanto este não era o seu problema.

Descobri que, embora fosse bem popular entre um grupo de amigos, *nunca tivera um namorado*. Era a melhor amiga de todos, a alegria de todas as festas. Viajava muito, o que favorecia a sua existência sem um compromisso. Gostava de viajar, mas é difícil ter um estilo de vida normal quando se está sempre dentro de um avião. Após explicar os seus bloqueios do ego e dizer o que tinha encontrado, ela saiu, decidida a mudar a si própria.

Seis meses depois, ela voltou. Tinha havido pouca mudança, por isso conversamos mais diretamente sobre as suas expectativas não realistas. Enfatizei que um cavaleiro montado num cavalo branco não chegaria para resgatá-la da sua solidão e destaquei que os seus hábitos de trabalho estavam roubando a sua vida. Discuti também a sua tendência de se afastar das situações emocionais das quais não tinha o controle. Ser sempre a alegria da festa é um expediente para escapar da intimidade. Tanto os tipos hercúleos como os de Quíron afastam-se da intimidade necessária para formar um relacionamento. Gostam da autonomia e desejam estar na posição objetiva, e isto não conduz à formação de elos mais íntimos. Ela precisava diminuir o ritmo da sua vida e realmente pensar um pouco sobre por que tinha medo da intimidade. Sugeri também um conselheiro para guiá-la nesta busca da alma.

252 ♐ **Signos da Alma**

Seis meses depois, ela voltou, novamente apresentando poucas mudanças na sua vida. Peguei o seu mapa e perguntei por que ela voltara. Não estava ganhando nada com as leituras, e sentia-me culpada por ter sido tão dura. Ela disse: "Preciso que você me repita tudo somente mais uma vez." Os sagitarianos podem ser bem obstinados, precisando ouvir os conselhos mais de uma vez antes de afundar, mas é melhor que eles peçam. Um cavalo selvagem não costuma obedecer e nem formar parelhas.

Esta história possui vários cenários diferentes. Muitos de vocês, homens e mulheres, se encontram com pessoas não disponíveis. Precisam definitivamente de espaço mesmo dentro de um relacionamento, e muitas vezes existem dois relacionamentos ao mesmo tempo confundindo-os ainda mais. Parece que se envolvem com pessoas que moram fora da cidade ou que são casadas; mesmo que estejam disponíveis, não são apropriadas para o casamento. Escolhem também pessoas que não preenchem o seu padrão. Conheço um homem que é alcoólatra em recuperação. Sai sempre com mulheres que bebem muito. Se quiserem se casar, *não saiam com pessoas que não sejam apropriadas para o casamento*. Isto não quer dizer que os sagitarianos não desejem casar; são companheiros maravilhosos, mas não é fácil para vocês permitir que alguém os lace. Este é um problema de raízes profundas do sagitariano, e deve ser tratado em algum momento da sua vida, ou poderão terminar sozinhos na pradaria. Mesmo quando se casam, precisam aprender a pensar nas necessidades do companheiro. Em geral saem todas as noites, não necessariamente por estarem sendo infiéis, mas o seu desejo de correr livre os mantém ocupados com as suas próprias buscas.

O Que o Seu Signo Solar Revela ↗ 253

Como Aplicar os Três Passos Nessa Situação

O cavalo pode ser bem teimoso, e vocês não ficam totalmente fixados nos seus caminhos. É preciso um longo tempo para que a nova informação seja assimilada e vocês ajam sobre ela. Não assumem uma direção com facilidade. É estranho dizer que os relacionamentos são difíceis para vocês que têm tanta sorte com eles falando em termos gerais. Os relacionamentos não precisam ser difíceis se escolherem as prioridades certas e viverem de acordo com os seus padrões. Se são solteiros e desejam casar, coloquem a vida amorosa em primeiro lugar. Saibam aquilo que querem. Façam uma lista dos desejos. Sejam específicos e mudem *a si próprios*.

A mulher na história tinha tanto medo da rejeição que se escondia dos relacionamentos. Houve algum problema durante a sua criação — a sua família não funcionou bem, mas isso não acontece com todas as pessoas? Seu problema não estava no seu comportamento, mas no fator motivador, um medo arraigado da intimidade. Foi isto o que disse para ela:

1. Você tem a síndrome do líder animado. Se pensa que é seu dever entreter a todos e tornar todos os homens disponíveis em companheiros seus, isto torna as suas chances de casamento bem escassas.

2. Todo este comportamento parece perfeitamente correto na superfície. Você é uma ótima companhia, mas algo está faltando. Parte deste comportamento é o seu bloqueio da extravagância. Você exagera.

3. O seu medo da intimidade nos relacionamentos é na verdade um medo de ser controlada. Timidamente não se deixa ir além dos limites seguros de uma amizade

254 ♐ **Signos da Alma**

agradável e extravagantemente se afasta do que poderia ser bom.

4. Desperte para o seu bloqueio do ego pelo pensamento ansioso e concentre-se no momento e no que está realmente acontecendo, e não no que espera que aconteça. Lembre-se, para onde você for, *é lá que estará*. Não se pode esconder de si própria.

5. O seu mecanismo de defesa construído na infância é de agradar os outros e ter certeza de que conseguirá entretê-los. Assim você se sente segura contra a rejeição. Eles adoram, mas e você?

6. Existe uma afirmativa maravilhosa que se ajusta a esta síndrome: "Agradando a mim mesmo, agrado os outros."

Os sagitarianos adoram ser livres, e gostam da camaradagem. Com freqüência permanecem solteiros por esta inclinação pela independência. Não há nada de errado em escolher uma vida de independência, mas não precisam permanecer sós.

Nossa sagitariana da história não sabia como formar relacionamentos pessoais íntimos porque se concentrava em si mesma e nas suas necessidades — de se divertir, de agradar os outros. É interessante ter este tipo de atenção, mas não satisfaz as suas necessidades. Voltem o foco para si próprios — neste caso a necessidade de ser apreciada — e coloquem isto sobre as outras pessoas. Sugeri à minha cliente que fosse voluntária no trabalho com crianças carentes, o que ela fez. Na última vez em que a vi, ela já tinha um compromisso. Agora precisa ir em frente.

Existe uma tendência dos sagitarianos a mergulhar em relacionamentos com pessoas que não estão disponíveis. Então ficam *realmente* seguros. Todo o comportamento dela sabota-

O Que o Seu Signo Solar Revela ♐ 255

va as suas necessidades de ter um lar e uma família com um homem da sua escolha. O casamento e os relacionamentos são difíceis de serem trabalhados, e não existe isto de viver feliz para sempre. Mas temos de encarar que o mundo é feito de casais.

Shelley escreveu no seu poema "A Filosofia do Amor":

As fontes se misturam com o rio
    E os rios com o Oceano,
Os ventos do Céu se misturam para sempre
    Com uma doce emoção;
Nada no mundo é um só;
    Todas as coisas por uma lei divina
Em um espírito se encontram e se combinam.
    Por que não eu e você?

A resposta para vocês, sagitarianos, é serem honestos em relação às suas necessidades de relacionamento, e depois manter a visão do que aspiram. Não tenham receio dos comprometimentos; o amor verdadeiro não controla. Quando levarem o seu entusiasmo e a sua curiosidade para a sua experiência diária, os seus sonhos em relação a si próprios e ao mundo acontecerão.

Capricórnio

22 de Dezembro a 19 de Janeiro

Signo da Terra regido por Saturno

PODER DA ALMA: *Contribuição, Organização*
BLOQUEIO DO EGO: *Superação, Preocupação*
CAMINHO DA TRANSFORMAÇÃO: *Responsabilidade*

Capricornianos, vocês são o máximo! O seu signo é o pináculo, o próprio zênite do mapa. Sustentar a ordem divina no universo é a função mais profunda do seu dever como capricornianos. A sua alma anseia pelo aspecto superior do comprometimento. Reverenciam a tradição e gostam da História. Apreciam o passado, reconhecem o presente, sabendo que é nele que reside o poder.

As alturas os atraem. Acreditam sinceramente que, apren-

258 ♑ **Signos da Alma**

dendo com o passado, poderão trazer de lá a sabedoria e levá-la a um novo cume. Todas as grandes cadeias de montanha no mundo — os Himalaias, os Alpes e as Montanhas Rochosas — são regidas por Capricórnio, assim como as montanhas do Arizona, do Novo México e até a parte montanhosa do Texas.

A capacidade de subir ao topo é natural aos capricornianos. É a sua especialidade, embora nem sempre buscada conscientemente. Sendo reservados, com freqüência precisam de algum encorajamento, mas, se forem colocados numa posição de autoridade, assumirão a responsabilidade com precisão e subirão a escada do sucesso.

As pirâmides são regidas por Capricórnio. Uma das experiências mais excitantes da minha vida capricorniana foi meditar na pirâmide de Quéops após uma longa e árdua subida até a câmara do rei. Um sonho capricorniano: estar dentro de uma montanha rochosa. É perfeito! As pedras são regidas por Capricórnio, e nunca encontrei um capricorniano que não tivesse uma coleção de cristais ou de pedras roladas. Minha casa tem uma pedra em cada canto de todos os lugares que visitei no mundo. São uma parte importante da minha decoração. Elas não precisam ser bonitas, mas somente ter uma aparência interessante que desperte um significado mais profundo para mim. Conheço um capricorniano que sempre comercia as pedras de cada país que visita. Leva consigo uma pedra especial para deixar lá e traz para casa uma outra.

O seu poder da alma para a contribuição baseia-se na total convicção de que ajudar os outros é o que torna a vida digna de ser vivida. Quando despertam para este poder e se dedicam a este propósito, um mundo de oportunidades se abre para vocês. Os altos padrões e a consideração são importantes na

O Que o Seu Signo Solar Revela ♑ 259

sua mente em todas as áreas de vida e, para terminar, são amigos constantes e leais.

A vida está a seu favor no que diz respeito ao sucesso. Embora no início da vida tenham relutado para se esforçar, quando amadurecem, especialmente aos quarenta anos após o período chamado de crise da meia-idade, vocês se revelam. Enquanto signos como Touro e Leão desabrocham cedo e desaparecem na idade madura, é nesse período que vocês brilham. Como uma cápsula de liberação controlada que finalmente explode, vocês descobrem que têm tudo que é necessário para obter o sucesso. Superando o seu perfeccionismo e o medo do fracasso, vocês agem sem hesitações. Embora pareça mágico, o melhor período da sua vida está então defronte de vocês e continua sem interrupções até o fim.

Assim como o Camelot de Merlin, que nasceu como um homem velho num carvalho (outro símbolo do Capricórnio), vocês nascem velhos e crescem jovens. Que maravilha! Como capricorniana descobri isto em minha vida. Nós, capricornianos, usamos a idade muito bem. Ela pesa sobre nós quando somos jovens — sendo maduros para a pouca idade é difícil adaptar-se ao grupo — embora eventualmente exista uma recompensa por todo esse trabalho duro e essa responsabilidade. Os capricornianos se revelam enquanto os outros se desgastam, ou simplesmente continuam em frente até atingirem os seus objetivos.

A sua personalidade é reservada e cautelosa, embora totalmente confiável, firme e diligente. Podem contar com vocês. Surgem no momento certo com o que é necessário para realizar o trabalho. Compreendem que se a sua atitude e a sua reação estiverem sob controle, estarão em boa forma para serem bem-sucedidos mesmo não podendo controlar o mundo à volta.

260 ♑ Signos da Alma

Com o seu alto grau de bom senso, aprendem a observar meticulosamente as regras, e são especialistas em conhecer a fórmula certa. Talvez um pouco vagarosos, porém eficazes na maioria das situações de vida — e mantêm a sua vida em ordem.

Com Saturno como seu regente, o discernimento é um dos seus objetivos, mas precisam ter cuidado ou tornar-se-ão rigorosos. William James disse uma vez: "A arte de ser sábio é a arte de saber o que deve ser tolerado."

Compreendem cedo (em geral começam a trabalhar na adolescência) que trabalhar para alguém não irá levá-los aonde querem chegar, por isso estabelecem um plano para serem autônomos, colocando pacientemente tudo no devido lugar e habilidosamente tecendo a trama. São mestres construtores e, quando têm um plano ou objetivo, ficam felizes. Em geral o sucesso vem por meio do trabalho duro e óbvio e pelo fato de serem incomumente bons naquilo que fazem — simplesmente acontece.

Como capricornianos realmente não conseguem trabalhar por trabalhar, precisam amar o que fazem, e se amarem farão o trabalho com excelência. É aí que surge a sua reputação de *workaholic*. Trabalho e diversão são sinônimos no livro capricorniano se estiverem na profissão certa. O seu poder da alma da organização os abençoa com a habilidade de ter uma vida equilibrada. Lembrem-se de que a astrologia diz que o trabalho é somente um quarto da sua vida. Existem 12 signos no zodíaco e cada um rege uma área da sua vida, mas somente três deles se relacionam com o trabalho. Touro rege o dinheiro que você ganha, Virgem trata do seu trabalho verdadeiro e Capricórnio diz respeito à carreira e ao modo pelo qual o mundo a vê. Vocês devem dei-

O Que o Seu Signo Solar Revela ♑ 261

xar que os outros nove signos assumam a sua posição e fazer um esforço consciente para organizar a sua vida de maneira equilibrada. O mesmo se aplica às crianças. Existe somente uma casa, Leão, para as crianças, por isso elas não devem representar toda a sua vida. O seu poder da alma para organização ajuda também os outros, e com o seu poder da alma para contribuição vocês são capazes de realizar os seus objetivos com muita energia.

A sua atitude em relação ao dinheiro é muito complexa. Têm uma grande vontade de manter um padrão de vida igual ou melhor do que o dos vizinhos, mesmo que neguem. Desejam o sucesso, adoram a posição social e não querem ver ninguém na sua frente. "O melhor de tudo" é o seu lema, e não levam muito tempo para aprender que a verdadeira qualidade requer dinheiro — muito dinheiro. Por isso trabalham tanto quanto agüentam para ganhá-lo. Intensamente ambiciosos, querem deixar a sua marca no mundo. Na verdade, querem fazer o seu dinheiro, não admitindo que alguém faça isso por vocês. Cuidado: assim como desejam o sucesso financeiro, numa faceta de auto-rejeição podem se contentar com bem menos do que merecem. A maneira reservada do capricorniano pode refreá-lo. São inclinados a ficar tão envolvidos com o objetivo que perdem de vista o seu pagamento e poderão ficar financeiramente com a parte menor por todo o seu planejamento e trabalho duro. Se resolvem se segurar, não há ninguém a quem culpar senão a si mesmos. Sendo dotados de muita autocrítica, sentem que não são tão realizados quanto deveriam. Como a Virgem, podem deixar os outros passarem a sua frente no mercado de trabalho mesmo numa circunstância em que eles não tenham tanta experiência ou não sejam tão capazes quanto vocês.

262 ♑ Signos da Alma

Vários capricornianos nascem com um complexo de pobreza; têm um medo arraigado da falta ou de ficar arruinados. Isto é parte da síndrome de nascer velho. Se forem excessivamente responsáveis quando crianças e assumirem que devem competir com os adultos, ficarão esmagados e se sentirão impotentes. Os capricornianos com freqüência começam a trabalhar cedo, até na adolescência, para ter uma sensação de segurança financeira.

As crianças capricornianas devem ser tratadas como tal, embora geralmente sejam precoces. Tenho um jovem capricorniano na minha família que age como um homenzinho mas chorou para ir para a escola no primeiro dia. Pensou que teria de dirigir o carro da família até a escola e, embaraçado, disse para a mãe que não sabia como fazê-lo.

É estranho que, com tanto medo porque são responsáveis e fazem a coisa certa, vocês possam ser perdulários. Se os seus desejos excedem as suas possibilidades, perdem de vista o seu valor monetário verdadeiro, mas em geral não por muito tempo. Um dos seus bloqueios do ego é a preocupação, e as preocupações com o dinheiro são as piores. Após várias noites insones, em geral entram na linha com pouco esforço, mas é uma vergonha que a grande arte da sua motivação venha do medo do fracasso. A sua vida fica empobrecida pelo pensamento da autonegação. O esforço do julgamento constante é intolerável. Mas há um novo tempo em sua vida, na casa dos trinta ou talvez dos quarenta, quando já adquiriram experiência suficiente para saber que são competentes e dignos de tudo que é bom.

Embora sejam vistos como materialistas, o capriconiano não é um mercenário. Vocês são motivados para terem sucesso, por isso trabalham tanto — e o dinheiro em geral vem junto.

O Que o Seu Signo Solar Revela ♑ 263

São generosos com o que têm, se a situação tiver mérito. Sendo bons provedores, preocupam-se com o bem-estar da família. Querem que os filhos recebam uma boa educação e que tenham boas férias, e um bom espaço para morar é especialmente importante para vocês. Porém podem ser ao mesmo tempo miseráveis e se considerarem pobres quando têm muito. Podem levar a família à loucura com esta atitude não realista sobre o dinheiro.

Uma das suas falhas é se preocupar muito com o que as pessoas pensam. Capricórnio rege a casa da carreira e da fama — de como são vistos no mundo. Nas tradições antigas, eram conhecidos mediante as características de pais. A sua carreira foi indelevelmente influenciada pelo que seu pai fazia e o que o pai de seu pai fez antes. O seu sobrenome revela o seu ramo, como no caso de Smith (ferreiro) ou Butler (mordomo).

O bloqueio do ego em preocupar-se com o que as pessoas pensam é o lado descendente da sua devoção à carreira e à fama. Se estiverem totalmente voltados para o sucesso de maneira egocêntrica, ficarão preocupados em excesso com a sua reputação, e permitirão que a sua vida seja medida pelo que os outros falam. Naturalmente não podem ser bem-sucedidos no mundo sem alguma atenção da notoriedade, embora usar o sucesso no mundo como uma medida do seu verdadeiro valor seja um investimento incerto. Não há como agradar as pessoas o tempo todo, e se a sua auto-imagem for baseada no que os outros pensam, estarão com problemas. Esta característica é também o oposto do seu poder da alma da contribuição — dar generosamente o que é necessário. É a preocupação com o bloqueio doentio do ego assumindo a frente, o ego torcendo os fatos. A contribuição é um objetivo nobre, mas é um

264 ♑ Signos da Alma

poder da alma *somente* quando não existe um propósito preconcebido de auto-engrandecimento.

É interessante o fato de a décima casa no mapa, o Capricórnio, que é a da figura paterna forte, ser primordialmente a mãe em nossa cultura e em várias culturas no mundo. Quando as mulheres entraram na força de trabalho no século XX, assumiram papéis sobre-humanos. Fizeram de tudo. Já ouviram falar na Supermãe? A tendência do Capricórnio de trabalhar demais e de assumir uma responsabilidade dupla não se adapta bem às mulheres na década de 1990, mas o que podemos fazer? Talvez as capricornianas precisem de uma pequena ajuda do companheiro. Fui a uma reunião recentemente onde o jovem pai ficou com o bebê de quatro meses enquanto a mulher estava fora a serviço. O bebê estava com um lindo vestido e um arco na cabeça. Parecia bem contente, e ele também.

À medida que entramos na era de Aquário, há um retorno aos valores tradicionais e uma necessidade de relacionamentos em pé de igualdade. O pai pode ser reinstalado novamente como um membro da casa. Os jovens que sobreviveram a todas as disfunções das décadas de 1980 e 1990 verão que, para o bem-estar da família, pais e mães são ambos responsáveis para criar um lar e os filhos.

Os capricornianos precisam saber que são o signo do pai que nutre a unidade da família indo ao mundo e enfrentando a dura realidade, o que não os impede de ser um personagem importante também na manutenção do lar. Papais podem cozinhar, limpar e cuidar das crianças tanto quanto as mamães; é preciso somente um pequeno esforço. Poderão descobrir que ser somente provedor pode ser estéril e um fator de isolamento.

O Que o Seu Signo Solar Revela ♑ 265

O seu poder da alma da contribuição indica uma consciência muito evoluída. Existe um forte desejo de servir ao bem mais elevado. Muitos entre os grandes avatares nasceram no inverno. Os cristãos celebram o nascimento de Jesus a 25 de dezembro, uma data capricorniana, embora ninguém saiba com certeza quando ele nasceu.

Em geral acontece uma virada para os assuntos espirituais quando vocês entram no inverno de suas vidas. É o período de poder na vida do capricorniano. É possível que essa fase introspectiva conduza-os à realização do verdadeiro poder da sua alma. Por sua centralização espiritual duramente conquistada, são então capazes de assumir com experiência e compreensão e partilhar a sua sabedoria com os outros, aproveitando verdadeiramente os seus grandes dons capricornianos. Uma questão verdadeira sobre os capricornianos é que eles vivem a vida ao máximo. Foram forçados a aprender a partir de muitas experiências. Finalmente, se não desanimarem, na época em que menos esperarem, a vida repentinamente os empurrará para o topo. Este período pode ser o mais realizador da sua vida. Nos seus últimos anos, a sua abordagem de vida será jovial, emocionalmente desperta e terão mais tempo para se divertir.

Podem fazer as coisas acontecerem. Sabem como instigar, particularmente se ficam satisfeitos quando o projeto funciona, e gostam de acompanhá-lo até o fim. São os mestres do risco calculado. Definitivamente não pulam para dentro de nada, conjeturando onde irão cair, mas premeditam como chegar ao fundo de tudo e finalmente ao topo. Como grandes alunos da vida, gostam de chegar ao ápice da verdade e do conhecimento, e certamente não apreciam se perder da realidade. Acreditam na liderança forte e certamente não se furtam da responsabilidade.

266 ♑ **Signos da Alma**

É estranho que, embora respeitem a autoridade, não gostem de que ninguém lhes diga o que fazer, por isso assumem o próprio caminho cedo na vida. Capricornianos e leoninos são os melhores empreendedores do zodíaco. Leão é um signo do Fogo de grande resistência e entusiasmo; vocês podem ser um pouco mais lentos para reagir, porém possuem mais tenacidade do que o irmão ígneo e, como a tartaruga (um símbolo capricorniano), sua precisão e persistência finalmente vencem. Leão e Capricórnio têm muita coisa em comum: ambos os signos gostam de ser bem-sucedidos e de ser o líder, embora a sua escolha de objetivos seja bem diferente. Leões gostam de ser reis, com muita pompa e circunstância, enquanto os capricornianos calmamente escalam o topo; são o zênite do zodíaco.

Na antiga Suméria, há seis mil anos, o seu planeta regente, Saturno, era chamado de estrela do Sol. Esta prática de chamar Saturno de Sol confundiu os arqueólogos por um longo tempo. Saturno, sendo o planeta da lei e da ordem, descreve o sentido de responsabilidade regido pelo Sol do Leão. Saturno é a disciplina e tudo que a reforça. Rege o nosso caminho da transformação do destino. A sua conexão simbólica com o Sol ainda traz a esperança da renovação, pois o Sol rege a força da vida. Parece que tanto os leoninos quanto os capricornianos são abençoados pela benevolência de Saturno — isto é, quando tudo está em ordem e as outras pessoas são consideradas. O seu dever de se comportarem com nobreza significa saber que aquele que lidera deve acompanhar a todos.

Nas primeiras lendas, Saturno era um deus da guerra e também um deus solar. Guerreou contra Zu, o dragão alado das tempestades que estava em aliança com o grande dragão do mar do caos, para recuperar as tábuas da lei eterna que ti-

O Que o Seu Signo Solar Revela ♑ 267

nham sido roubadas. Quando conseguiu retirá-las dos monstros terríveis, os deuses o recompensaram colocando as tábuas sob a sua custódia. A posse dessas tábuas deu a Saturno o controle sobre o destino.

Na astrologia atual, Saturno é considerado como o planeta da restrição, essencial para o crescimento. O seu símbolo é a cruz da vida sobre um glifo em forma de Lua. A cruz é o símbolo da vida; a linha horizontal é a terra e a vertical é o espírito que desce para a Terra. Este símbolo significa uma combinação de espírito e matéria. A Lua é o símbolo da emoção. Juntos, representam a realidade sobre a emoção. A maioria de nós acha isto uma tarefa difícil e vê Saturno como algo deprimente, quando a sua intenção é somente nos despertar e encarar os fatos. Quando conhecemos o problema, temos uma chance de resolvê-lo.

Saturno pode ser bem amargo em relação aos seus próprios assuntos capricornianos até que as suas limitações sejam reavaliadas e vistas como necessárias para o amadurecimento. É o mestre que enfatiza o ponto de vista do amadurecimento. Talvez seja esta a razão de ninguém gostar dele. A verdade é que Saturno rege a vida na Terra; rege o tempo e todas as coisas materiais e também a ordem divina. Como capricornianos e regidos por Saturno, vocês passam por vários contratempos no início da vida. O apoio da família é limitado, e com freqüência a saúde não é forte no princípio. Quando crescem um pouco, se olharem para trás com uma visão sábia, verão que foi a melhor coisa que poderia ter acontecido. Por exemplo, uma perda na família precipitou um emprego cedo, por isso vocês se realizaram bem mais cedo do que os outros. A sua companhia faliu, por isso tiveram de iniciar um negócio próprio. Perderam uma conta, mas ganharam outra com mais di-

268 ♑ **Signos da Alma**

nheiro. Saturno acende as luzes superiores, dispersando a sua ilusão, e vocês encaram a vida como ela é. Isto ajuda a moldar o caráter.

Como capricornianos, o seu bloqueio do ego mais doentio é a preocupação. A influência mais melancólica de Saturno os faz sentir como se fossem condenados. Ele os atormentará até que despertem para aquilo que ele está ensinando. Após terem passado pela mesma situação três ou mais vezes, devem fazer um inventário e verificar o que estão fazendo para atrair aquela tristeza. Não tenham medo de mudar a situação antes que ela fique pior. Por que esperar que o pior aconteça? Sempre trabalharam duro, e a sua reputação os precede. Saturno rege também a sabedoria da experiência. Vocês têm muito dela e são tocados para a frente. São também muito capazes. É fácil ver que são de primeira linha e que sempre chegam com o prometido. Raramente é tão difícil quanto imaginam.

O Capricórnio consegue ser emocionalmente desligado; na verdade esta é uma das críticas que mais recebem da família e dos amigos. O Budismo Tibetano, o Hinduísmo e o Xamanismo nativo americano são todos regidos por Capricórnio. Estas disciplinas religiosas encorajam o autocontrole, a sedação da mente e o desapego. Com prática, é da sua natureza desenvolver uma perspectiva pacífica e uma objetividade emocional. Então provavelmente não permanecerão tão distantes dos seres amados. Poderão realizar-se no yoga, uma prática capricorniana.(Como capricorniana, eu sinceramente a recomendo.)

A sua capacidade de se desapegar é uma boa característica, embora isto possa redundar rapidamente numa falta de sentimento ou frieza em relação às necessidades dos outros. A pior coisa que lhes pode acontecer como capricornianos é uma fria ausência de consideração por qualquer coisa que es-

O Que o Seu Signo Solar Revela ♑ 269

teja no seu caminho. Os ditadores são regidos por Capricórnio, e existem atualmente vários tipos ditatoriais implacáveis no mundo. Esta tendência para o controle vem do seu bloqueio do ego pela necessidade de superação e do desejo de ser o patrão a qualquer preço. Isto é raro (em geral os capricornianos são pequenas cabras gentis), mas acontece.

Joseph Stalin era capricorniano, e metodicamente e sem consideração cometeu crimes horrendos contra a humanidade. A paranóia anda de mãos dadas com a ética ditatorial. Esta conexão maligna surge quando vocês atingem o topo, perdem a perspectiva e não confiam em ninguém.

Richard Nixon foi um grande realizador que espertamente escolheu a sua ascensão, desceu, depois subiu novamente para o alto e caiu somente quando ficou tão isolado que perdeu o contato com a realidade. Sabia delegar muito bem, como deve ser todo bom executivo capricorniano, mas criou uma parede invisível entre ele próprio e o público, perdendo a posição pela qual lutou tanto para conseguir. Capricórnio rege os joelhos, o que simboliza uma necessidade de se submeter ao poder superior. Em algum momento da sua vida, lhes é solicitado que se inclinem e que humildemente recomecem novamente.

Tradicionalmente, o Capricórnio é simbolizado por uma cabra marinha — uma cabra com cauda de peixe escalando uma montanha. Este não é o melhor equipamento para uma escalada, e previsivelmente a cabra desliza de volta pela montanha até se posicionar para uma outra tentativa. Nixon definitivamente teve uma desvantagem: ficou tão absorvido com as competições e com o ato de vencer que perdeu o seu poder da alma da contribuição, que o tinha motivado primeiramente para entrar na política.

270 ♑ **Signos da Alma**

Sua compulsão exaustiva em busca da perfeição os mantém prisioneiro. Existe um grande medo do fracasso que estimula o seu bloqueio do ego para a superação. Este receio da queda os acompanha subjacente ao seu amor pelo sucesso capricorniano, e as pressões invisíveis da sociedade criam uma tendência interminável de sabotar o seu trabalho excessivo. Com esta atitude de negação pessoal no seu interior, criam limitações que somente vocês podem retirar. Não existe ninguém mais para levar a culpa. A maneira como se sentem em relação a si próprios é muito importante. Somente vocês podem se privar de alguma coisa. Respeitem-se, e os outros valorizarão o que vocês fazem. A constante restrição do autojulgamento é virtualmente intolerável. Sejam gentis consigo próprios. Estes aspectos enfraquecedores da sua personalidade não são fáceis de serem mudados, mas poderão ganhar bastante quando aprenderem a confiar na sua alma e nas suas habilidades naturais, as quais têm em abundância.

Nos rituais de iniciação da época medieval, havia sempre alguém que representava a cabra, alguém que passava por todo o processo pelo grupo. A cabra é um símbolo capricorniano, e o Capricórnio parece inclinado a passar indiscriminadamente por várias experiências de vida somente para aprender com elas, isto é, até que aprendam que existem outras maneiras para aprender. Se houver uma cobra no caminho, vocês não precisam passar sobre ela e dizer alô, cobra. Não precisam sofrer para serem bons ou espertos. Usem o bom senso que têm!

Os livros antigos de astrologia não falam coisas boas sobre a aparência do Capricórnio. Pescoço longo e fino, barba ou cabelo escasso, face de expressão dura, em geral não são bem apessoados. Talvez melhorem a cada ano — acho vocês um

O Que o Seu Signo Solar Revela ♑ 271

grupo bem atraente. As capricornianas apresentam o osso malar bem proeminente, lábios cheios e queixos pontudos. Marlene Dietrich, Faye Dunaway e Dyan Cannon, por exemplo — belas e exóticas.

Capricórnio rege os ossos, e os capricornianos, homens e mulheres, possuem estruturas ósseas boas, com o crânio e o nariz pequenos e bem formados. Vejam o nariz e o malar forte de Diane Sawyer, Ava Gardner, John Denver e Humphrey Bogart. Entre belos atores encontramos Mel Gibson, Denzel Washington, Kevin Costner e Anthony Hopkins. E não podemos esquecer de Dolly Parton e Victoria Principal — duas atrizes belas, espertas e empreendedoras.

Uma das mais belas capricornianas foi Joana d'Arc, nascida a 6 de janeiro (meu aniversário) de 1412. Visionária e mística, ela levou a França a uma tremenda vitória que foi um ponto-chave na Guerra dos Cem Anos. Em Paris, numa rua que sai do Louvre, existe uma estátua dourada de Joana em seu cavalo, vestida com uma armadura, pronta para a batalha.

Embora seja Virgem o signo que rege a moda, o Capricórnio vem em segundo lugar. Existe sempre uma elegância moderada nos capricornianos. Pode ser o seu desejo de ganhar que os guia para que selecionem roupas de estilo conservador, bem talhadas, que conservam a boa aparência por anos. Contudo, já os vi em roupas da Gap parecendo refinados e glamourosos. Meu pai, um capricorniano, certamente não tinha interesse por moda, embora fosse exigente com suas roupas e parecesse que tinha saído das páginas do *Gentlemen's quartely*, com um terno, colete e um belo chapéu.

(Opa! Ocorreu-me, quando reli esta parte sobre Capricórnio, que eu, como outros astrólogos, não tinha escrito nada sobre a vida amorosa do capricorniano.)

272 ♑ **Signos da Alma**

Os capricornianos com freqüência negligenciam a sua vida amorosa. Estão tão ocupados em atingir os seus objetivos que se esquecem das suas necessidades emocionais. Como um signo da Terra, o Capricórnio é um dos amantes mais apaixonados, devotados e fiéis do zodíaco. Por que os capricornianos retardam o seu desejo de ter um amor e de se casar, e muitas vezes se casam tarde ou acham os relacionamentos difíceis? Por que acham que são os únicos responsáveis pelo resultado de todos os seus empreendimentos românticos? O seu poder da alma para a contribuição precisa ser examinado. Há uma insinuação de destaque na palavra *contribuição*. Ela significa "conferir, decretar". Isto envolve pesar cuidadosamente os fatos e possuir um grupo de crenças fundamentais do qual partir. O problema é o isolamento desta posição separada e intocável. Sim, deve existir consideração e respeito para que os capricornianos ajam fora do seu nível da alma na sua vida amorosa. É absolutamente necessário, mas, se não permitirem um pé de igualdade e de vulnerabilidade para os seus seres amados, serão como Nixon no alto da montanha, isolados e sós. Se não se garantirem o poder do amor que é partilhado por todos os signos, poderão terminar sós ou num relacionamento estéril. Poderão contribuir sempre e nunca receber.

O Que Pode Ser Feito

Vocês adorariam viver num mundo perfeito. Para um capricorniano isto seria um mundo onde todos estariam subindo a ladeira do sucesso num caminho da ação certa. O problema é que nem todos têm esta visão. Capricórnio é um signo de autoridade, onde alguém é sempre o cara principal. Estamos to-

O Que o Seu Signo Solar Revela ♑ 273

dos assumindo novos conceitos de responsabilidade na Era de Aquário, e o seu sentido de realização pessoal precisa mudar. Vocês devem se ver como parte de uma unidade e não como um ser isolado e só. A era aquariana rege a comunidade e a democracia. *Precisamos nos ajudar uns aos outros.* Chegará um dia em que perderão o controle e cairão, e serão forçados a sentir os seus sentimentos. Então a sua vida ficará limpa.

Três Passos para Curar o Seu Bloqueio

1. Os seus bloqueios do ego pela necessidade de superação e pela preocupação terminarão quando compreenderem que não estão sós na montanha. *Podem* pedir socorro. A preocupação é um hábito. As suas ansiedades se desenvolvem cedo na infância quando entendem que têm de funcionar num plano superior durante todo o tempo e que não há lugar para errar.

2. Estão sempre prontos para assumir a responsabilidade e colocar as situações complexas em ordem. Este é o seu poder da alma para a organização e a contribuição. A contribuição é uma ação vinda do coração, e é maravilhoso partilhar com os outros aquilo que têm. Vocês nasceram com a aptidão de ver o que é preciso ser feito. Adaptam-se com facilidade a qualquer situação de trabalho. Muitas vezes começam a trabalhar bem cedo na vida. Buscam precocemente maneiras de ser bons empreendedores quando ainda são adolescentes.

3. O seu caminho da transformação da responsabilidade significa estar numa situação difícil. Ser responsável é muito bom, então por que isto se transforma numa

274 ♑ **Signos da Alma**

preocupação? Lembrem-se de que o seu caminho da transformação é neutro; a lição surge novamente até que abram o seu coração para o poder que ele representa em vez da preocupação. Este é certamente o caso do Capricórnio, e a chamada contínua da responsabilidade o acompanha nesta vida. Ela precisa ser tratada.

Uma das minhas clientes, uma jovem matrona, veio para uma consulta. Encontrava-se preocupadíssima. Estava ótima e usava roupas lindas — do Armani, da Jil Sander e da Anna Sui. Casara-se com um homem maravilhoso, perfeito para ela tanto na aparência externa quanto no mapa natal. Poderíamos dizer que ela se casara com a sua alma companheira. Tinha dois filhos maravilhosos, que até agora nunca tinham causado problemas. Quando chegou, começou a chorar assim que se sentou. (Parece que o meu consultório é um refúgio para sentimentos reprimidos. Se vocês estiverem se sentindo péssimos, tudo o que têm a fazer é entrar, e as lágrimas explodirão.) Mantenho lenços de papel na gaveta da minha mesa para estas inundações. Passei-lhe a caixa e esperei que pudesse falar.

Sua história não era trágica. Pelo contrário, permanecia a mesma desde quando os seus objetivos exteriores foram atingidos. Era uma voluntária incansável em programas sem fins lucrativos, em vários comitês, e era uma mãe exemplar levando a filha para aulas de balé e o filho para jogos e atividades esportivas. Os filhos eram adolescentes. No momento em que mais precisaram dela, ela preenchera a sua vida com tantas atividades que nunca dispunha de um tempo real para eles. Fora aprisionada na criação de uma imagem externa. Perdera de vista as suas verdadeiras responsabilidades com eles.

O Que o Seu Signo Solar Revela ♑ 275

A razão de ela estar tão descontrolada era que o filho estava falhando na escola, e o conselheiro escolar dissera que ele estava deprimido. Estas notícias a fizeram encarar a realidade da armadilha que criara para si e para os filhos.

O seu bloqueio do ego pela superação a tinha envolvido. Disse que estava cansada de tentar ser uma supermulher. Seu marido seguia o mesmo esquema frenético. Passava longas horas no trabalho e viajava grande parte do tempo. Quando dispunha de algum tempo livre, estava esgotado. Com todo o seu sucesso externo, ela não aproveitava a vida. Sentia também que, se não estivesse sempre maravilhosa, o marido não a amaria mais. Estava comprometida com as obrigações ao ponto de não ter mais tempo para viver. Tinha de manter uma atitude de felicidade durante todo o tempo, e cada vez mais estava a ponto de chutar tudo e gritar: *e eu?*

Como Aplicar os Três Passos Nessa Situação

A vida é aquilo que fazemos dela. O antigo ditado "tudo que se tem a fazer é morrer e pagar os impostos" pode ser verdade, mas existem outras maneiras de encarar a sua vida. Mae West disse: "quanto mais, melhor" — mas ela se referia a sexo. O desejo de ter dinheiro e uma posição são programados na nossa sociedade. Os americanos são muito competitivos. O seu caminho da transformação da responsabilidade lhe dará uma surra até que tenha o cenário total do que precisa para ter uma vida positiva e produtiva. Os capricornianos ficam muito envolvidos em conseguir uma via externa porque acham que precisam mais disto do que de ter um sentido de equilíbrio.

276 ♑ **Signos da Alma**

Seu regente, Saturno, certamente os despertará para os fatos da vida. Saturno completa uma volta em torno do seu mapa a cada 28 anos. Faz aspectos estressantes com o seu signo solar a cada sete anos para assegurar o seu crescimento. É por isso que existem ciclos de sete anos que parecem surgir em nossa vida como um relógio.

Tudo que a minha cliente precisava era de uma mudança de ponto de vista. Precisava se libertar dos laços do seu hábito de agradar os outros para conseguir segurança, respeitabilidade e amor. Os capricornianos caem nesta armadilha com facilidade por seu desejo de atingir grandes alturas. Ela saíra do fluxo da sua vida. Estava na trilha certa, porém as suas prioridades tinham-se perdido.

O seu poder da alma da contribuição não significa que vocês assumam mais do que podem suportar. A realização excessiva é um bloqueio sutil — pode lhes pegar furtivamente. O livro *Um curso um milagres*, de lições interiores dos co-autores Helen Schucman e Thetford Williams, diz: "Se olhar somente para si próprio, não poderá encontrar-se, porque isto não é o que você realmente é."

O dicionário *Webster* define responsabilidade como confiabilidade e fidelidade. É verdadeiramente o humanitarismo. A raiz da palavra *resposta* significa "um ato de ser chamado para responder a um dado estímulo". Parece haver uma urgência subjacente implicada com a responsabilidade quando o seu bloqueio do ego está envolvido. Vocês investem em fazer a coisa certa e se sentem como se fossem sempre ser chamados para justificar e completar a tarefa. Isto significa uma tremenda preocupação a mais, como se a vida por si só não bastasse. Quando compreenderem que a sua alma é parte de uma fonte bem maior e mais poderosa e que são tão ilimita-

O Que o Seu Signo Solar Revela ♑ 277

dos quanto ela, a sua ansiedade, o medo e a apreensão desaparecerão.

O comportamento do filho da minha cliente era somente um pedido de ajuda. Não levou muito tempo para que ela utilizasse o seu poder da alma da organização e colocasse a vida em ordem. A sua lição era mudar a sua perspectiva de tentar provar a si mesma para simplesmente ser a pessoa bonita e amável que já era.

Aquário

20 de Janeiro a 18 de Fevereiro

Signo do Ar regido por Saturno e Urano

PODER DA ALMA: *Originalidade, Humanitarismo*
BLOQUFIO DO EGO: *Rebeldia, Silêncio*
CAMINHO DA TRANSFORMAÇÃO: *Intimidade*

O símbolo do Aquário é o mais bonito do zodíaco. Um homem do Céu despeja a água de uma urna sobre a Terra. Tem o rosto de um anjo e, embora pensemos a princípio que é água o que ele verte, num segundo olhar se parece mais com ondas de ar. Aquário é um signo do Ar, e o ar possui movimentos invisíveis semelhantes aos da água.

280 ≋ Signos da Alma

Após muito debate, a maioria dos cientistas no século XX decidiu que toda a energia se manifesta em partículas que se deslocam em ondas. A forma básica de toda a energia no universo ficou disfarçada por anos, escondida no símbolo do Aquário, ansiando ser decifrada.

Nossos corpos humanos são formados de moléculas que rodopiam. O ensinamento esotérico "assim como é em cima, é embaixo" há muito tempo soa como um mantra para os metafísicos. Aprendemos que o universo é formado de partículas subatômicas que existem numa fonte infinita que cria a si própria em variações intermináveis, pequenas ou grandes. Existe uma outra dimensão que não podemos ver e que é tão real quanto esta em que vivemos. Aquário rege esta dimensão cósmica.

A palavra *cosmos* significa "ordem" ou "beleza". O universo é inteligente e vivo, e não ficamos fora da equação. Aquário é o signo solar da esperança, dos desejos e do estabelecimento de objetivos. Rege o pensamento abstrato. Vocês estão sintonizados com esta fonte criativa no nível mais alto da sua mente, o que lhes dá uma amplitude extraordinária de visão. Nossas mentes são como computadores maravilhosos com quantidades infinitas de informação arquivadas nos bancos da memória, tudo desde o código genético até a informação diária constante de nossas vidas. Aquário rege a Quinta dimensão, onde o poder é ilimitado. É onde o futuro é criado e a sua atitude está implicada. Vocês são donos da mente quando a compreendem. É a sua mente que cria a matéria. Einstein disse que a matéria é gravitacionalmente aprisionada pela luz. Vocês são verdadeiramente um ser de luz com atributos divinos.

Estamos entrando na era aquariana no início do século XXI. As pessoas ouviram falar da era de Aquário pela primeira vez

O Que o Seu Signo Solar Revela ≈ 281

no musical *Hair*, muito popular na década de 1960. Nele havia uma canção maravilhosa chamada *A Era de Aquário*. Naquela época, poucas pessoas sabiam do que estavam falando. Agora ela faz parte das notícias principais.

Embora várias pessoas tenham estabelecido o ano 2000 como a entrada do novo milênio, a data exata é arbitrária. Poderemos não estar totalmente numa nova era pelos próximos cem anos ou mais — a mudança nestas grandes eras precessionais é lenta. A alteração gradual pode ser vista à medida que a era eletrônica, regida por Aquário, fica mais forte a cada dia. A televisão, um empreendimento aquariano, cobre o mundo com as notícias. Podemos ver a guerra na nossa sala de estar. As pessoas estão se tornando mais e mais individualistas. A ciência, a eletrônica e a liberdade pessoal são características de Aquário.

E, embora possamos ver a guerra em nossas salas, não temos a menor noção de como interrompê-la. A era de Aquário necessitará de uma evolução de consciência. No nível de alma somos todos semelhantes — ninguém é diferente no universo. Os grandes textos espirituais falam de sermos feitos à imagem de Deus. A possibilidade do aparecimento de extraterrestres na Terra é também provável. Como podemos esperar assumir relações diplomáticas com eles quando ainda não confiamos nos nossos vizinhos terrenos?

Um ciclo precessional completo leva cerca de 26 mil anos. Este ciclo é dividido em 12 signos solares, cada um com aproximadamente dois mil anos. O signo se move num movimento contrário aos ponteiros do relógio, com Aquário vindo após Peixes e não antes, o inverso da ordem normal dos signos. As civilizações não duram o suficiente para registrar estes ciclos, embora pareça certo que os povos antigos tinham conhecimen-

282 ♒ **Signos da Alma**

to deles. No Templo de Dendera no Egito, existe um zodíaco pintado no teto. Se o olharmos com cuidado, veremos que os signos estão arrumados numa espiral com Câncer no centro. Isto implica que a era de Câncer, há oito mil anos, foi provavelmente o início da civilização egípcia (que é muito mais antiga do que os egiptólogos desejam admitir). A Esfinge, o monumento mais antigo na Terra, significa simbolicamente a era de Leão. Talvez tenha sido construída com o conhecimento trazido da época pré-diluviana, há 12 mil anos.

Estamos agora deixando a era de Peixes, na qual entramos há dois mil anos na época cristã. A maior contribuição da era de Peixes tem sido a educação das massas, principalmente por intermédio dos missionários cristãos. É muito triste que grande parte da mensagem pisciana do amor incondicional tenha sido compreendida erradamente, tornando estes dois mil anos os mais sangrentos na história registrada.

A era ariana dominou os tempos do Antigo Testamento, quando os cordeiros eram sacrificados pelos profetas bíblicos. Quando a era ariana começou no Egito, subiu ao trono uma nova dinastia — a de Amon-Rá. Essa era foi precedida pela de Touro, quando o povo do Egito, da Suméria e da Índia adoraram o touro. Se lermos a História ou a Bíblia e viajarmos pelo mundo, ainda encontraremos indícios dessas grandes eras.

Os poderes da alma de Aquário são o humanitarismo e a originalidade. Quando os aquarianos entrarem na sua era, mais do que qualquer pessoa de outro signo poderão sentir que o seu tempo chegou. Terão a oportunidade de mudar o mundo com novas ideologias e invenções que poderão ajudar a humanidade a lutar contra a situação delicada da sobrevivência num pequeno mundo de fartura. Nunca tivemos tanto e tão pouco, tanto trivial e tão pouco de valor verdadeiro. Uma coisa

O Que o Seu Signo Solar Revela ♒ 283

que precisamos aprender enquanto estas grandes mudanças estão atingindo a todos nós é como manter o discernimento e o bom gosto. Se não cuidarmos, tudo que é bom e verdadeiro poderá ficar perdido no redemoinho de fragmentos da multimídia tão sem gosto quanto um cereal do café da manhã. O mais não é necessariamente o melhor.

Aquário rege a eletrônica e todas as invenções modernas. A cada dia novas engenhos eletrônicos são comercializados para tornar o nosso mundo mais conveniente. Muitos possuem transistores e alguns são tão pequenos que podemos carregá-los em nosso bolso.

O mundo continua a ficar menor. Aquário rege tudo que vem em múltiplos, como produtos ou idéias que podem ser projetados mecânica ou fisicamente por todo o planeta. Com a introdução do ciberespaço, a comunicação com as pessoas em todo o mundo está na ponta dos nossos dedos. A Internet conecta milhões de pessoas que antes nunca poderiam encontrar-se, embora haja mais solidão do que nunca quando nos sentamos por horas diante dos nossos computadores e jantamos sozinhos. Podemos desenvolver um relacionamento com alguém que nunca vimos e para o qual provavelmente não seríamos atraídos de outra forma. Existem vários prós e contras na vida neste tempo que rompe barreiras. Temos muito a aprender e mais informações do que podemos absorver com isto, a era aquariana da informação.

Haverá grandes descobertas nos próximos dois mil anos. A principal intenção da consciência aquariana é nos ensinar que estamos todos ligados — que é o que o anjo no símbolo nos diz. Estamos vibracionalmente conectados com a terra, independentemente da cor da nossa pele ou da nossa preferência religiosa. Respiramos o mesmo ar e bebemos a mesma água.

284 ♒ **Signos da Alma**

Se alguém está doente ou zangado, todos ficamos doentes ou zangados. O mesmo Sol aquariano brilha sobre todos nós.

Na era aquariana, temos a chance de estarmos totalmente centrados em nosso poder de alma. À medida que transcendemos os nossos bloqueios do ego e vivemos o nosso poder da alma, o nosso intelecto é um gênio, a nossa vontade é uma virtude e o nosso afeto é o amor. Quanto mais transcendemos os nossos sentimentos de separatividade e medo, mais positiva será toda a vibração do nosso belo planeta.

A sua afirmação mais importante como aquariano está no desejo da liberação e da individualidade. Quando entramos na era de Aquário, as mensagens de busca da alma de "Amar o próximo como a si mesmo" e "Faça aos outros aquilo que gostaria que fizessem a você" devem ser compreendidas e vivenciadas. Preocupar-se com os outros não tira a sua liberdade. Mas, se ouvirmos as notícias, elas parecem ser o oposto do que deveria estar acontecendo. Contudo, a humanidade terá dois mil anos para realizar este objetivo.

Os aquarianos possuem um belo poder da alma, o humanitarismo. São dedicados à verdade e reconhecem instintivamente que todos os homens são irmãos. Entre todos os signos, quando vocês expressam a sua alma são os mais abertos e sem preconceitos. Apreciam a interação social e gostam de pessoas de todos os tipos. São os buscadores da verdade, belamente objetivos, vendo todas as partes de uma situação sem preconceitos.

Como o humorista Will Rogers (um tipo de alma aquariana), nunca se encontram com pessoas das quais não gostam, e definitivamente respeitam o direto de uma outra pessoa de levar a vida da maneira que ele ou ela quer. Como aquarianos, marcham sob um ritmo diferente e apreciam as pessoas que

O Que o Seu Signo Solar Revela ≈ 285

são tão excêntricas e ecléticas quanto vocês. Entretanto não gostam de desavenças ou da violência, e fincarão o pé para interromper uma disfunção e a injustiça.

Os aquarianos são naturalmente modestos e nunca se gabam sobre as suas realizações, embora tenham grandes habilidades para ver através da verdade e fiquem à vontade quando existem problemas para serem resolvidos. São grandes analistas, percebendo instantaneamente o que precisa ser feito, embora hesitem em interferir no destino. O seu lema é "viver e deixar viver".

Por outro lado, a rebeldia como bloqueio do ego pode torná-los preconceituosos, embora isto seja a antítese do seu signo. Quando se permitem ter uma mente estreita e se aprisionam pela negatividade, os aquarianos são extremistas, podendo até ser revolucionários. Esta mente destrutiva geralmente não é a regra. O preconceito é ensinado, não é latente, mas os aquarianos, mais do que as pessoas de qualquer outro signo, podem ser presas deste modo de pensar bloqueando-se para a alegria de outras culturas e para as idéias de outras pessoas. A democracia é regida por Aquário, e também o comunismo. A escolha é sua. O que escolher — a ordem ou a anarquia?

Estou convencida de que o nosso herói americano, o Super-homem, é aquariano, mesmo tendo nascido em Krypton e a data do seu aniversário não constando do texto. O seu caráter duplo é um bom exemplo da paciência e do otimismo modesto, por um lado, e dos objetivos super-humanos da cooperação e do apoio que torna as coisas melhores para todos à sua volta, por outro.

O caráter do Super-homem é também um exemplo perfeito do dilema que vocês aquarianos sofrem na sua vida amorosa. No âmbito amoroso, são estrangeiros numa terra estranha.

286 ♒ **Signos da Alma**

Como o Super-homem, são intocáveis, e quando retornam ao Clark Kent comum, se escondem, com medo da rejeição, sem saber como ter um romance. Os aquarianos amam mais as idéias do que os indivíduos. Não se apaixonam com facilidade. Funcionam muito com a cabeça para permitirem os empreendimentos do coração, e com freqüência deixam um relacionamento morrer mesmo que estejam realmente interessados nele. A verdade é que vocês não sabem como comunicar os seus sentimentos. As palavras estão ali, prontas para serem pronunciadas, mas quando sentem a emoção a mente fica em branco.

A intimidade é o seu caminho da transformação. Será sempre uma lição para vocês, por isso é melhor que vocês entrem fundo nisto agora. A verdade cósmica é que a Terra é formada de casais. Todos na Terra estão continuamente atraídos pelo seu oposto. Como diz a canção: "O amor faz o mundo girar" e vocês não são imunes a este fascínio. E quando se rendem a ele, será como um clarão de iluminação, em geral durando a vida inteira. Uma vez compromissados, são companheiros maravilhosos porque são basicamente compatíveis. Por isso um aviso: vocês possuem uma tendência a ver somente o que é bom, portanto, cuidado. Se forem atingidos pelo raio do amor, certifiquem-se de que não estão se sobrecarregando com um pesadelo em vez de um sonho. É muito difícil para vocês *saírem* de um relacionamento. O ponto de vista aquariano está no poder da alma para originar algo de valor, pois romper com alguma coisa fica fora do cenário. Não gostam de ser infelizes ou de fazer alguém infeliz, e criticar os outros não é algo que os deixe à vontade. Por isso esperarão até haver um grande acúmulo emocional, transtornados demais para discutir, e a pressão finalmente forçará uma separação. O problema pode-

O Que o Seu Signo Solar Revela ♒ 287

ria ser trabalhado pacificamente no começo, se vocês aprendessem como expressar os seus verdadeiros sentimentos. Quando o seu coração se abrir, a sua mente ficará clara, e surgirão as palavras perfeitas.

Com o dom da originalidade, a sua mente é capaz de grandes feitos. Os aquarianos são pensadores avançados e muitas vezes possuem memória fotográfica. Isto é especialmente verdade nas áreas em que estão mais interessados. Meu irmão é aquariano. Desde a infância, ele sabia os nomes e as estatísticas dos principais jogadores de basquete do mundo. Em geral o aquariano precisa ter interesse num assunto para aprender tudo sobre ele, e vários aquarianos com um Q.I. alto são conhecidos por terem falhado na escola pela atitude de rebeldia contra o sistema educacional como um todo. Os aquarianos adoram desafiar o *status quo*, e mudar as regras não funcionará bem numa escola (ou em qualquer outra organização estabelecida) antes que consigam o apoio necessário dos outros.

A originalidade e a rebeldia podem andar de mãos dadas, por isso precisam ser equilibradas. O seu bloqueio do ego pela rebeldia, por motivos egocêntricos, é uma espiral descendente. A autoridade não os impressiona, e o seu dom da originalidade os agita para ver o que pode ser mudado. Quando ficam agarrados a um ambiente estéril, precisam refrear a urgência de destruir tudo implacavelmente para que possa surgir o novo.

Os guardas-florestais no Parque Nacional do Yosemite aprenderam que, se apagassem todos os incêndios que começavam naturalmente com os raios, a floresta morreria. O fogo era parte do processo de nascimento, morte e renovação necessários à terra. Também o nitrogênio do fogo era necessário para o crescimento das árvores. Se não houver um certo caos

288 ♒ **Signos da Alma**

e uma mudança, a madeira morrerá. Thomas Jefferson disse: "Um pouco de rebeldia é bom para a alma."

Aquário foi regido somente por Saturno até Urano ser descoberto em 1781 e destinado a ser co-regente pelos astrólogos daquela época. Os aquarianos saturninos são estudiosos, tradicionalistas e previsíveis, talvez um pouco formais, porém prontos a fazer as mudanças necessárias. Os aquarianos uranianos são o oposto. A tradição e a autoridade não os impressionam. Eles adoram tentar novas idéias e chocar as pessoas. Um tipo saturnino em geral trabalha em algum negócio conservador, atribuindo a isto, porém, alguma originalidade — como corretor de valores, banqueiro, professor universitário ou especialista em computadores. Os tipos uranianos escolhem ideais mais incomuns. Gostam de trabalhar com assuntos que requeiram muita análise. Gostam de formular as próprias hipóteses. Apreciam ser consultores em pesquisas científicas, astrologia ou psicologia, e são excelentes para desenvolver produtos em qualquer área. Os aquarianos uranianos são atraídos por computadores, televisão e qualquer coisa relativa à eletrônica.

Vários uranianos são atraídos pela política. Ronald Reagan foi um aquariano que quebrou um monte de regras durante a sua carreira política. Houve até uma astróloga nos seus primeiros anos, Carol Richter, embora Nancy reprovasse a sua crença na astrologia. Após ter sido eleito governador da Califórnia, tomou posse à meia-noite. *Sabemos* que um astrólogo deve ter detectado aquele horário incomum!

Os aquarianos possuem um sério problema de comunicação. A sua mente trabalha tão rápido que falam resumidamente. O seu bloqueio do ego é o silêncio. Parece estranho que alguém com uma mente tão brilhante possa verbalmente ser

O Que o Seu Signo Solar Revela ≋ 289

uma negação, incapaz de se explicar quando tem de discutir sobre os seus sentimentos. Se a conversa for sobre um assunto abstrato, poderá pontificar por horas e colocar os seus pontos de vista muito bem. Entretanto, quando se trata das suas próprias necessidades ou dos sentimentos pessoais se atrapalham. O seu caminho da transformação da intimidade e o seu bloqueio do ego pelo silêncio são interdependentes. Quando a sua emoção aflora, a sua mente elétrica é inundada e entra em curto-circuito. Vocês quase sempre funcionam no modo analítico. Prendem-se ao que está em sua mente e encontram dificuldades para expressar os seus sentimentos mais profundos.

A resposta é, naturalmente, voltar para o presente em vez de pular para a frente nos pensamentos do futuro. Como pensadores, vocês possuem uma tendência a projetar a sua energia para o resultado, perdendo o poder do presente. Isto lhes traz expectativas falsas. Voltem para o seu corpo[1] Quando estiverem tendo uma experiência fora do corpo, poderão ter uma grande visão geral, mas não sentirão as suas emoções. Qual é a dúvida?

Quando os aquarianos dominam a insegurança e o medo que se encontram na base deste dilema, são os melhores comunicadores. O bloqueio do ego de todos os signos solares é primeiramente o desejo de controlar. Cada um possui a sua própria especialidade. A sua é o desejo de estar em situações onde possa tomar todas as decisões, e tentar. É estranho que o seu signo governe a mudança e vocês tenham tanto medo dela. Outro enigma é que, embora Aquário governe todos os instrumentos elétricos no mercado atualmente, nenhum deles funciona por vontade própria. Todos realizam coisas maravilhosas, mas precisam de alguém para lhes dar a partida. É como

290 ♒ **Signos da Alma**

se precisassem de um pavio de dinamite para se moverem —
então, quando menos se espera, vocês mudam com uma palavra, um pensamento ou um estado de humor. A maioria dos
aquarianos vive no tempo de Deus, um reino do eterno presente, por isso a sua perspectiva é muitas vezes de outra dimensão.

O Aquário é um signo muito atraente. Parece sempre ter
uma aparência distintamente diferente e gosta de se destacar. Em geral os aquarianos são bem altos e ligeiramente
andróginos nas feições. Uma aquariana possui uma aparência marcadamente masculina na cabeça, sendo muito franca
na sua apresentação, enquanto um aquariano pode ter um
rosto incomumente bonito que chega quase a mostrar feições femininas. Essas belas pessoas com testas altas, olhos
claros e aparência aristocrática são uranianas, encontradas
com mais freqüência nesta época aquariana. O aquariano
saturnino também é bonito, porém com maneiras bem mais
conservadoras. Paul Newman é um exemplo perfeito deste
tipo, vejam os seus olhos azuis aquarianos penetrantes. Embora seja um dos atores mais respeitados no mundo, suas
maneiras são calmas e gentis e a sua filantropia é bem conhecida.

Com o advento da nova era, os padrões tornaram-se mais
andróginos. Existem poucas diferenças nas roupas que homens
e mulheres usam. Tudo começou com o *blue jeans* na década
de 1950. A moda pode ir e vir, mas os *jeans* permanecem atingindo todo o nosso mundo aquariano. Em 1980, soube por
intermédio da mestra espiritual Ella Vivian Power, de Santa
Fé, Novo México, que uma nova raça evoluiria na era de Aquário. Seria o Povo Dourado. A capa da revista *Time* em 1993
mostrou uma composição fotográfica de sete jovens adultos

de culturas diferentes; o resultado foi claramente andrógino e dourado. Estamos mais próximos do que imaginamos.

Em geral os aquarianos são conhecidos por suas mentes ansiosas e visões independentes. Clássico e chocante, o tipo aquariano é belamente exemplificado por Vanessa Redgrave, Cybill Shepherd e Farrah Fawcett. O gênio da televisão Oprah Winfrey é a aquariana favorita de todos. Nick Nolte é a quintessência aquariana, com a testa alta e uma abordagem casual. Outros aquarianos bem atraentes e excepcionais são Alan Alda, Clark Gable e Robert Wagner.

O símbolo do Aquário é um glifo de duas linhas onduladas. Essas ondas representam a energia masculina e feminina movendo-se para frente no tempo embora nunca se encontrando ou se separando. Como o símbolo da onda, as ondas de energia do rádio e da televisão nunca se misturam. Vocês têm direito ao seu comprimento de onda próprio, embora precisem aprender a se conectar com os outros com uma consciência elevada, em que não existe separação.

Os cientistas dizem que a luz se torna uma onda simplesmente quando observada. Quando não observada, reverte ao caos ou às partículas que se movem ao acaso. Para mudar a forma da luz, bastam conscientização e atenção concentrada. O símbolo ondulante de Aquário ilustra o livre-arbítrio que forma o nosso mundo consciente. Os pensamentos têm poder.

Este elo conector entre os meridianos masculino e feminino é representado no cérebro pelo corpo caloso, um grupo de fibras que liga os dois hemisférios. Este feixe sofreu um engrossamento durante o curso da evolução, sugerindo que estamos nos movendo para uma sincronicidade maior entre os nossos cérebros direito e esquerdo. Os primeiros humanos eram primordialmente dominados pelo cérebro direito.

292 ≈ **Signos da Alma**

Suas vidas não eram lineares e sua linguagem, limitada. Posteriormente, da Idade do Ferro até agora houve um desvio para o cérebro esquerdo racional e do pensamento verbal. Por meio da pesquisa na psicologia humanista, estamos começando a compreender que ambas as metades têm uma importância igual. Uma dependência excessiva no cérebro esquerdo focaliza a mente mais para o resultado do que para a concentração na ação. Perde-se o sentido de controle, e isto implica padrões de pensamento obsessivos e fala repetitiva. A ênfase maior sobre o lado esquerdo leva as pessoas a ficarem ansiosas e competitivas em excesso. A sua vida é cheia de urgências, tentando vencer ou simplesmente alcançar. Este sentimento de nunca estar completo ou acabado produz um estado de desesperança, até de depressão, e a mente nunca encontra a satisfação. Lembrem-se, *não existe satisfação verdadeira fora do momento presente*. Isto não significa dizer que os seus objetivos estão errados. Vocês precisam saber o que desejam para poder realizar alguma coisa, mas necessitam da sensação de término e de conclusão para ficarem contentes. Qual o aspecto benéfico da conclusão se vocês nunca param para desfrutar dela?

Nestes dois séculos, desde que o planeta Urano foi descoberto, o método científico assumiu a precedência sobre Deus. Tudo precisa ser identificado, medido e pesado. Ganhamos muito com este processo, embora a ciência com todo o seu poder seja limitada. O amor não pode ser mensurado.

Várias crianças nascidas nesta época possuem uma sincronicidade dos cérebros direito e esquerdo. Não se enquadram na psicologia competitiva de seus pais. Os nossos sistemas escolares terão de mudar da escola do tipo saturnino, com o ensinamento do cérebro esquerdo, onde as crianças são conduzidas

O Que o Seu Signo Solar Revela ≈ 293

para respostas previsíveis, para o tipo uraniano de escola que ensina a resolução do problema de modo holístico. A resposta é encontrada num processo criativo de possibilidades. Aquário rege a multiplicidade e a escolha.

O Que Pode Ser Feito

Aquarianos, vocês são muito avançados. Têm aquilo de que precisam para se equilibrar e criar uma vida original e excitante. As suas virtudes básicas da tolerância, da honestidade, do respeito pela verdade, da cooperação e da compaixão ficarão mais auto-evidentes quando superarem o medo de serem controlados. O seu desejo de marcar novas trilhas e de parecer original a qualquer custo pode ser equilibrado, e a sua mente poderá holisticamente canalizar um futuro positivo.

Quando estiverem bem com os seus sentimentos, o aperto na garganta se abrirá e o seu mutismo desaparecerá. O seu poder da alma para a originalidade é a chave para aprenderem novos métodos que superarão o medo da intimidade e o silêncio que os impede de prosseguir. A consciência do cérebro integral está conectada ao coração. A mente é uma coisa maravilhosa, porém sem o coração ela é muito árida.

Três Passos para Curar o Seu Bloqueio

1. Quando agarrados ao cérebro, vocês são aprisionados pelo mecanismo da mente que dispara um desejo profundo de controlar a qualquer preço. A sua maneira normal de pensar, que é gentil e atenciosa, desaparece.

294 ♒ **Signos da Alma**

Surgem então idéias revolucionárias e destruidoras que os colocam num caminho arrasador. Se agirem sob esses pensamentos será de modo não material. Tornam-se pessoas muito nervosas e todo o seu sistema elétrico entra em curto. Este é o seu bloqueio do ego pela rebeldia. Quando ficam emocionalmente perturbados, não conseguem falar ou dizer aquilo de que realmente gostariam. Muitas vezes os aquarianos falam de modo entrecortado porque o estresse faz com que as sinapses do cérebro entrem em curto. O seu bloqueio do ego pelo silêncio pode estar evidente ou escondido. Ele permanece ali até que vocês possam resolver o medo da mudança e da perda do controle.

2. Vocês são dotados do cérebro integral. São os precursores do futuro, quando a humanidade terá mais poder cerebral do que atualmente. Quando equilibrarem os meridianos do seu cérebro, estarão operando a partir do seu poder da alma para a originalidade. A sua compreensão em relação aos outros é o seu poder da alma para o humanitarismo. A sua alma se torna um impulso vivo que transporta um poder transformador.

3. Vocês precisam aprender a estar em harmonia com o seu caminho da transformação da intimidade. Não podem se esconder das outras pessoas, afinal são pessoas. A discriminação da qual são capazes está nas pontas dos seus dedos — basta somente um pequeno esforço da sua parte para colocá-la em uso prático. Os aquarianos são tão capazes de afeto e precisam ser "aquecidos" quanto qualquer um.

O Que o Seu Signo Solar Revela ♒ 295

Bem, aquarianos. Desliguem o computador por um minuto. Vamos ver o que precisam fazer. O seu poder humanitário da alma de cuidar dos outros e de ser habilidoso criando processos originais que ajudam os outros é nobre e desejável, mas e quanto a vocês? Não se deixem do lado de fora.

Tive uma cliente aquariana que vinha para uma consulta todos os anos com a precisão de um relógio. Tinha permanecido num casamento difícil por vários anos e queria sempre saber quando o seu problema seria resolvido. O marido era um homem maravilhoso, mas a sua vida era inteiramente dedicada ao trabalho. O problema era que ela era empurrada para duas direções que esperava do casamento. O símbolo do Aquário das duas linhas é na realidade um signo dual, como Gêmeos ou Peixes. O aquariano pode vacilar muito tempo antes de tomar uma decisão. Minha cliente não estava infeliz com o marido, mas temia que quando os filhos fossem para a faculdade (tinha gêmeos, um rapaz e uma moça) ela ficaria sozinha.

Muitas vezes os aquarianos caem na armadilha criada pela sua própria auto-suficiência. São casas de força para ajudar os outros. Podem parecer independentes e capazes, mas, quando a situação é precária, despertam para descobrir que, com a sua maneira superindependente, criaram um mundo sem um sistema de apoio.

O aquariano deseja como companheira a melhor amiga. Embora isto seja bom a princípio, existem armadilhas neste padrão. Vocês não gostam de virar o barco com confrontos emocionais e deixar sentimentos importantes não resolvidos. Com os amigos fora de casa, vocês poderão esclarecer estes problemas com facilidade porque não precisam conviver com eles diariamente. Com a companheira é preciso permanecer

296 ≈ **Signos da Alma**

emocionalmente ligados ou o laço que criaram juntos no início do relacionamento se desfará. A sua companheira deseja partilhar da sua vida de todas as maneiras. Não são somente amigos — são amantes e parceiros emocionais na vida.

No seu caminho, precisam ficar alerta ao que realmente está acontecendo, e fazer perguntas. Precisam ficar bem conscientes da sua comunicação com os outros. Devem saber com clareza o que desejam e partilhar as suas necessidades com a companheira para manter o relacionamento crescendo. O bloqueio do ego pelo silêncio da minha cliente era o responsável pelo seu dilema. Na sua torre de marfim, os aquarianos tendem a não ver o óbvio. A mim pareceu que os problemas dela no casamento estavam ligados à sua própria negação, ao seu mutismo e não ao seu marido. Havia também um toque do bloqueio da rebeldia. Ela não precisava de ninguém! Outra vez!

Como Aplicar os Três Passos Nessa Situação

A verdadeira questão da minha cliente aqui era o caminho da transformação da intimidade. Um aquariano não consegue ver as árvores na floresta. Vocês gostam de ver o quadro inteiro e não querem se deter ao trivial. A primeira coisa que a minha cliente precisava ver era o que ela queria e precisava no seu relacionamento com o seu marido. Não faz sentido ter uma conversa sem alguma idéia do que se quer resolver. Acredito que escrever sobre estes pontos ajuda a imprimi-las na sua mente, como uma afirmação.

Minha cliente finalmente compreendeu que seu marido era realmente uma boa pessoa. Ela tinha contado com o marido por todos aqueles anos e, para sermos honestos, ele fizera a mesma coisa com ela. Reconsideraram então o casamento encarando-o como o projeto mais importante em sua vida, e a última vez que tive notícias, eles estavam indo bem. Embora ela tivesse de aprender a jogar golfe!

Peixes

17 de Fevereiro a 20 de Março

Signo da Água regido por Netuno

PODER DA ALMA: *Imaginação, Compaixão*
BLOQUEIO DO EGO: *Escapismo, Auto-engano*
CAMINHO DA TRANSFORMAÇÃO: *Ilusão, Transcendência*

Peixes é o último signo do zodíaco. É o final da jornada e, ao mesmo tempo, o início de um novo ciclo. Peixes é o ápice da busca da liberação da alma, que começa em Áries e atinge o auge da entrega e da paz na casa 12. O verdadeiro lar de Peixes está no que Carl Jung chamou de inconsciente coletivo, ou mente grupal. É absolutamente necessário para os piscianos reconhecer a realidade da sua visão: ela está além da mente comum, bem real, poderosa e complementar à sua

300 ♓ Signos da Alma

natureza. Sem o devido respeito pelo seu poder da alma da imaginação, vocês abrem mão do seu maior presente e podem ficar perdidos num deserto de aborrecimentos auto-induzidos.

Vocês são muito impressionáveis. O seu poder da alma para a imaginação abre mundos ilimitados para serem explorados, enchendo a sua vida com criatividade e experiências místicas. Mas como visionários e místicos podem achar difícil permanecer centrados no mundo comum. A sua cabeça fica nas nuvens, por isso os pés devem ficar plantados no chão ou serão carregados pela corrente do coletivo, sem nunca manifestar todas as coisas maravilhosas das quais são capazes. Com o seu poder da alma para a compaixão e sendo tão receptivos às sutilezas, são sensíveis e cuidam das necessidades dos outros. São naturalmente dotados da capacidade de desfrutar de momentos maravilhosos de consciência expandida com os quais são literalmente abençoados. Mas qual a vantagem de possuir este dom se não forem transformados por estas revelações maravilhosas? Precisam aprender como se centrar no momento presente ou poderão ser arrastados num mar psíquico da ilusão. É imperativo que busquem pessoas e situações positivas pois são facilmente influenciados pelo ambiente e precisam assumir a responsabilidade pela sua capacidade de afetar os outros. Qual a vantagem de uma revelação mística se ela não puder ser aplicada à vida real?

Não possuem os limites mentais firmes do signo precedente, Aquário, ou a vontade e ação ígneas do signo seguinte, Áries, mas o seu poder da alma da compaixão abre um sentido de unidade que os outros signos sequer imaginam. Tudo é possível para um pisciano. São sensíveis às influências suprafísicas

O Que o Seu Signo Solar Revela ♓ 301

e, com a sua intuição, possuem também os atributos do místico. São atraídos para a sua própria experiência espiritual pessoal.

Netuno, o deus do mar, é o regente de Peixes. Sua mensagem planetária é o princípio da dissolução e unificação no universo. Netuno lava tudo que não é mais necessário e cria um anseio pela união com tudo aquilo que inspira. A aplicação perfeita desse anseio é revelada pelo seu poder da alma para a imaginação e a compaixão. Vocês são pessoas elevadas. Seu propósito é a purificação. Reconhecer esta verdade é o seu objetivo mais alto, e a sua maior lição de vida é o discernimento. Com um bom julgamento e um desejo pelo autêntico, são capazes de separar o puro do impuro.

Netuno, o seu regente, disciplina o seu reino das águas tendo como seu cetro um tridente, um garfo com três pernas. Rege o psíquico, o inconsciente coletivo, um nível de conhecimento que está acima da razão e ao qual vocês estão conectados através das suas emoções e sentimentos. O pisciano Edgar Cayce, um grande visionário da Virgínia, que viveu na primeira parte do século XX, foi chamado de O Profeta Adormecido. Quando entrava em transe, era capaz de penetrar no inconsciente coletivo e dar informações às pessoas sobre a sua saúde e outros assuntos. Nesse estado de consciência, passado, presente e futuro estão todos ligados; existe uma sensibilidade às influências suprafísicas e um sentido de harmonia com toda a vida.

Como piscianos, vocês vivem tanto no mundo físico do corpo como no mundo psíquico da alma, interligados e interdependentes. Além desses dois mundos pessoais, existe o mundo ainda mais elevado do espírito, que também está entrelaçado na formação do seu ser. O seu corpo e sua alma

302 ♓ **Signos da Alma**

são partes da sua identificação de ego e serão seus enquanto houver lições a serem aprendidas no plano terreno. O seu espírito é a força eterna de vida que nunca morre e é impessoal, estando conectado a tudo no universo. Vocês são corpo, alma e espírito. Peixes rege a compreensão desses mundos não visíveis. O tridente de Netuno é um símbolo desses três princípios.

Netuno rege os mundos da moda, da música e da arte. As tendências culturais oscilantes são formadas nos níveis sutis da consciência além da compreensão lógica. Por que todas as pessoas querem pintar a sala de amarelo quando nas últimas duas décadas o pêssego era a paixão? Com Netuno sendo tão ilusório, é difícil prever estas inclinações a partir da lógica. É muito mais divertido observar as tendências e novidades crescerem. A música popular, a moda e as gírias pertencem a esta área e são um campo de estudo bem interessante. O cinema é definitivamente netuniano, isto é, pisciano. É a maior forma de arte que temos atualmente no mundo. Quantas vezes já gritamos pelo herói e choramos com uma história triste no cinema? Chorei tanto em *A cor púrpura* que pensei que teria de ir embora do cinema. Sendo fanática por filmes, descobri que a minha mente é cheia de recordações dos filmes tanto quanto dos eventos da vida real. Os melhores tratam de temas sociais, e podemos aprender muito estudando-os. Os filmes são os nossos mitos, nossos sonhos acordados e podem ser bem úteis quando trazem informações sérias para o público. São também símbolos de processos culturais mais profundos.

Peixes é um signo de dualidade. Seu símbolo é formado por dois peixes. Algumas fontes astrológicas dizem que os peixes são golfinhos. Acho que é uma boa escolha. Eles são

O Que o Seu Signo Solar Revela ♓ 303

mamíferos que desenvolveram um cérebro límbico ou emocional. Existem aqueles que acreditam que são os animais mais inteligentes da Terra. O cérebro límbico proporciona aos golfinhos a habilidade de cuidar e vocalizar com o propósito de manter contato e brincar. Os peixes possuem somente o cérebro reptiliano, que está primeiramente ligado ao domínio territorial e à autopreservação.

O símbolo pisciano dos dois peixes nadando em direções opostas mostra a dualidade e o conflito que incita os piscianos a uma ação contínua. Os peixes simbolizam a mente nadando em torno do oceano emocional do inconsciente. Eles nunca estão parados. Ficam continuamente em movimento e, como os camaleões, mudam de cor de acordo com as cores da água. Vocês, piscianos, como o símbolo do peixe, estão constantemente em movimento e nadando em todas as direções. É preciso grande determinação para realizar os seus objetivos.

Os peixes são desenhados como duas luas crescentes. Uma significa a dissolução da forma antiga e a outra, o início do novo. Se os glifos da lua crescente forem virados para o lado contrário, eles formarão um círculo ou assumirão uma forma de ovo — símbolo da totalidade. Com o seu caminho da transformação da transcendência, vocês são constantemente colocados em situações em que nadam contra si mesmos. O seu poder de alma vem da convicção interna, não da busca pelo prazer, e devem permitir que o seu dom da visão interior construa um ambiente seguro no mundo real.

Segundo o mito grego, um golfinho permitiu que um garoto órfão montasse em suas costas. Um dia o menino afundou enquanto nadava para encontrar o seu amigo no oceano. O golfinho trouxe o menino até a praia e piedosamente per-

304 ♓ Signos da Alma

maneceu com ele na praia para fora d'água também morrer. Vários piscianos são tão emocionalmente afetados pelos outros que desistem da própria felicidade em simpatia pelas necessidades do outro. Netuno e Peixes regem o amor incondicional. A sua natureza empática é uma das suas melhores características, e várias pessoas são ajudadas pelo seu poder da alma da compaixão. Os outros signos precisam aprender essa compaixão, mas para vocês ela é tão natural quanto o ato de respirar.

No antigo Egito, o universo era considerado um ovo "concebido na hora do Ser Único da força dual". Esta analogia representa o vasto potencial inerente no cosmo. Tudo é possível. Talvez seja esta a razão do símbolo que consiste nos dois golfinhos representando o equilíbrio, as correntes cósmicas duais, uma da *involução*, que significa "absorver ou ocultar" e a outra a da *evolução*, que significa "crescer para uma forma diferente e mais complexa".

Em Peixes há muito simbolismo referente à água e aos pés. Os pés na Índia são considerados como a fonte da graça. Os pés dos grandes gurus são venerados. Sempre pensei que isto simbolizasse a centralização do poder universal. Jesus caminhou sobre as águas. Seus pés, que simbolizaram a sua compreensão, ficaram firmemente apoiados sobre a água, representando a sua ligação com o inconsciente. Ele compreendeu a intercomunicação do universo pelo princípio do amor. Como Peixes rege os pés sobre os quais caminhamos, o ato de Jesus lavar os pés dos seus discípulos simbolizou a limpeza do seu entendimento — a permanência na verdade.

O nascimento de Jesus anunciou a era precessional de Peixes há dois mil anos. Esta grande era foi tripla na sua natureza pisciana. Um efeito foi o advento de um grande ensinamento espiritual, embora bem pisciano, não muito compreendido. O segundo foi a dissolução das fronteiras continentais. Todas as principais explorações do mundo foram realizadas e registradas nos últimos dois mil anos. Os limites territoriais estão sendo dissolvidos pela competição e pelo materialismo. Talvez no futuro haja ainda uma integração melhor com princípios e padrões mais elevados. O terceiro e mais importante aspecto da era pisciana tem sido a educação do mundo, principalmente por intermédio dos missionários da igreja cristã. Esta dissolução das fronteiras culturais pela educação tem dado resultados tanto positivos quanto negativos — novamente os dois peixes indo cada um para um lado.

A água tem o poder de transformar pela limpeza, ou retirando algo antigo. Uma das coisas mais importantes que vocês, piscianos, podem realizar nesta vida é ver através do seu bloqueio do ego da auto-ilusão e lidar com fatos sólidos. Despertem e sintam o cheiro do café! Lembrem-se de que o outro peixe está ali oferecendo uma perspectiva diferente e um novo começo. A confusão sempre precede a decisão. Tenham coragem, embora estejam confusos, pois vislumbra-se uma lucidez no momento em que se centrarem e acertarem os detalhes com lógica.

Peixes está em casa no vasto e vago oceano do inconsciente. As cores de Peixes são o verde-água, o azul-claro, os tons de lavanda e o violeta. Vocês vêem os eventos da vida como uma mistura de cores suaves, como a paleta de um impressionista. Nascidos com um forte lado psíquico, são harmonizados com as sutilezas da vida e com os seus poderes da alma da empatia e da imaginação, e formam a primeira classe dos

306 ♓ **Signos da Alma**

clarividentes. Contudo, num mundo excessivamente emocional da reação, não existem limites entre uma área e a outra, e a sua visão nebulosa causa uma falta de confiança e promove a procrastinação.

Quando os seus bloqueios do ego pela auto-ilusão e pelo escapismo emergem e se manifestam como medo, cuidado! O ego doente é sempre assustado. Vocês podem incorrer no erro de ver somente aquilo que desejam. É difícil para vocês separar os seus sentimentos das emoções dos outros. Os piscianos são inclinados a derramar lágrimas à menor provocação se a história for realmente boa. Afetados pelos outros e vacilando para frente e para trás, permitem-se ser dependentes da opinião dos outros. Fisgados como um peixe e tirados do seu ambiente da água, fazem o que lhes dizem. Há uma tendência a ser a vítima e permitir que os outros os controlem. Fazem barganhas para se sentirem seguros e colocam em risco as próprias necessidades. É preciso assumir a responsabilidade por si próprios!

É muito bom sentar e chorar, e os piscianos estão sempre próximos das lágrimas. A força e a resistência necessárias para interromper o fluxo das suas emoções naturais é muito destruidora e desnecessária. Como seres humanos, vivemos as nossas vidas principalmente através das nossas emoções, mas devemos aprender que os nossos sentimentos são somente uma parte da história e nem sempre a verdade. Saber estabelecer a diferença é algo que precisam aprender.

Como a pequena sereia, acham uma tortura ter de sobreviver num duro mundo da realidade sem a felicidade ilusória e a imaginação criativa possíveis no seu lar de águas no mar. Peixes rege a dança, mas, como a pequena sereia que decide voltar para a sua cauda de peixe e para o mar, devem evitar

O Que o Seu Signo Solar Revela ♓ 307

dançar nas pontas dos pés quando a anatomia humana deixa claro que ficam mais confortáveis sobre os pés inteiros. Digo constantemente aos meus clientes piscianos que se apóiem sobre seus pés e tenham a coragem de assumir suas próprias convicções.

Li uma vez um mapa de uma bela pisciana mãe de dois filhos. Descobri que estava tendo um relacionamento muito negativo e que realmente corria perigo. Meu conselho foi que deixasse o homem, assim que fosse possível, pelo bem da sua família. Ela deu todos os tipos de desculpa, e chegou ao ponto de demonstrar ter medo dele. Nessas circunstâncias, sugeri maneiras de se proteger emocional e fisicamente. No ano seguinte, ela me procurou e disse que ele colocara um revólver sobre a sua cabeça na frente das crianças antes que tivesse despertado para a realidade. Disse que me viu na sua mente dizendo como sair daquela situação. Usando a sua forte conexão psíquica e espiritual, trouxe de volta o seu poder da alma, livrou-se da situação e criou uma vida nova.

Na grande era de Peixes, as drogas e o álcool foram liberados para uso público. Antes dessa época, os sacerdotes e os xamãs eram os únicos que tinham direito de usar drogas alucinógenas, e as ingeriam nas cerimônias religiosas. O uso do álcool acontecia nas festas e celebrações. Quando Netuno foi descoberto em 1846, trouxe consigo a revelação de um mundo escondido de germes microscópicos dando início a um período de pesquisas médicas e desenvolvimento de drogas. Peixes e Netuno regem as drogas de todos os tipos, incluindo o café e os cigarros. Agora o discernimento está em nossas mãos, e parece que falhamos. A maior parte do mundo está sofrendo com o vício do álcool,

308 ♓ Signos da Alma

e as drogas estão destruindo as vidas das pessoas. Particularmente alarmante é o uso das drogas pelas crianças de pouca idade.

Os vícios do amor e do sexo também prevaleceram em Peixes. Com o seu bloqueio do ego pelo escapismo e a sua tendência à negação, estão sendo presas fáceis de qualquer tipo de vício. O objetivo subjacente destes vícios é a busca pela sua alma. Vocês estão, como canta Willie Nelson: "Buscando o amor em todos os lugares errados."

Vocês pertencem a um signo da Água e a sua consciência flui facilmente de uma dimensão para outra, tentando encontrar a resposta num mar de probabilidades. Estão ligados a uma fonte de possibilidades infinitas e os seus empenhos nunca terminam. Não precisam do álcool para serem imaginativos: este é um dos seus poderes da alma, e as drogas que alteram a mente definitivamente *não* são boas para ninguém. Elas amortecem a sua ligação com a alma. Embora vários artistas afirmem que as drogas aumentam o seu desempenho criativo, eles estão somente se iludindo.

É muito importante cuidar da sua saúde porque a sua sensibilidade à prescrição de drogas pode fazer tanto bem quanto mal. As dietas vegetarianas são boas para os piscianos, assim como qualquer dieta cuidadosa, com base em alimentos não tóxicos. Peixes é suscetível à toxicidade de qualquer forma, e vocês devem considerar com cuidado onde, como e com quem passam o seu tempo.

Muitas vezes ficam confusos com a sua identidade. Várias vezes inteiramente confusos sobre o que pensar, são pegos num oceano cósmico de sentimentos sem uma distinção clara. Isto cria o seu bloqueio do ego pelo escapismo. Vocês podem passar toda a sua vida como se estivessem num barco

O Que o Seu Signo Solar Revela ♓ 309

sem leme flutuando ao acaso num oceano de eventos. Os seus poderes da alma da empatia e da imaginação ficam obscurecidos por esta confusão e então os seus bloqueios do ego pela auto-ilusão e pelo escapismo assumem o comando.

À procura de estabilidade, os piscianos com freqüência se casam com signos de terra somente para descobrir que o mundo deles seco e realista abafa tudo que têm como sagrado. Precisam se centrar mais em si mesmos antes de enfrentar as pessoas de terra. Também são atraídos pelos leoninos porque ambos têm atração pelo dramático — mas poderão descobrir que a natureza ígnea deles é incompatível com as suas sensibilidades da água. Os seus companheiros da água, Câncer e Escorpião, são os melhores para vocês. Também já descobri que os piscianos podem ser bem felizes casando entre si desde que aprendam a ser mais realistas.

A maior lição que têm de aprender é a discriminação. Isto está disponível para vocês durante todo o tempo através do poder recíproco do seu signo oposto, Virgem. Vocês precisam aprender a parar de colocar energia em coisas que são uma perda de tempo. O seu poder da imaginação pode se transformar rapidamente em noções fantasiosas, decorrendo uma perda total do que é bom e verdadeiro para vocês. Finalmente a festa termina, as contas chegam e vocês têm de pagar a orquestra. Saturno, o planeta da realidade, assume a precedência sobre a emoção e confronta o Peixes mais do que qualquer outro signo. Ele é a sua antítese. Tive um cliente pisciano que queria formar um grupo para comprar um míssil e tirar Saturno do céu. Mas isto não é fácil.

Vocês precisam conferir a realidade todos os dias. Pensam sempre em escapar de qualquer maneira. É uma atração

310 ♓ **Signos da Alma**

constante, mas os seus poderes da alma não estarão abertos para vocês antes de se entregarem à realidade. Vivemos num mundo tridimensional e precisamos estar centrados para sermos verdadeiramente felizes. Devem ter uma idéia estável do que precisam e desejar sempre se manter num chão sólido. O seu poder da alma para a imaginação (grudada na supraconsciência) pode salvar o dia e superar a confusão que cai sobre vocês. Vejam-se como possuindo tudo de que precisam na vida para serem a pessoa poderosa que desejam — e lembrem-se de que existe um nível de mente em que a imaginação é verdadeira.

Por outro lado, sendo impressionáveis, a sua tendência é simpatizar demais com as necessidades dos outros e se deixar de fora. Com um coração aberto, são presas fáceis dos abusos. É difícil para vocês separar os seus sentimentos das emoções dos outros. Este auto-sacrifício contribui com a sua necessidade de se sentirem muito responsáveis, ao ponto de desejarem se afastar, de buscar a reclusão, de escapar. É necessário definir claramente os seus limites. Surgem novamente os dois peixes, ambos dispostos a ficarem afastados, a meditarem e a negarem o ser, o desejo de serem as vítimas.

Quando vocês se imaginam como uma pessoa inteira, digna do bem maior, a sua vontade divina assume e afasta a tendência de se deixarem ser vitimados. A sua lição é dupla: deve endurecer para os fatos difíceis e frios da vida e ao mesmo tempo precisam continuar a colocar a fé na sua alma e no seu espírito e não somente no mundo material. Cuidado! Quando perdem o contato com a realidade, podem levar um tombo. É muito fácil para vocês cair na ilusão.

A física moderna está mudando as nossas idéias sobre a

O Que o Seu Signo Solar Revela ♓ 311

estrutura do universo. Diz-se agora que o mundo físico não pode ser separado do mundo invisível. Vocês não podem separar mais a sua consciência exterior da consciência interior. Vivem num contínuo de possibilidades, e o seu poder da alma para a imaginação é uma grande vantagem. Na verdade, estão sempre ativamente criando o seu mundo. Os piscianos apreciam esta abordagem multidimensional e seguem naturalmente o fluxo. A sua cura está em ficar centrado no momento, totalmente consciente das possibilidades e assumindo a responsabilidade pela sua parte.

A chave aqui é não ficar fragmentado: realidade contra emoção. Como acontece com os outros signos mutáveis, Gêmeos e Sagitário, as propriedades duais da adaptabilidade e a variedade de interesses podem ser um detrimento. Podem ir de um lado para o outro, sendo arrastados de uma situação de sorvedouro para outra. Cada momento da sua vida é precioso, e para atrair tudo que é bom é preciso ficar centrado no seu coração com os pés firmemente plantados no chão.

O seu caminho da transformação da ilusão é confortável como um sapato velho. As suas lições de vida lhes são tão familiares quanto o seu rosto no espelho. É verdade que precisam estar em harmonia com a sua própria lição de vida, pois ela acontece no mundo físico, embora seja fácil descartar o que é tão familiar. Quando estão preparados para superar o bloqueio do ego pelo escapismo encarando a verdade, o seu caminho da transformação da transcendência os leva numa espiral ascendente para um mundo de harmonia com os seus princípios superiores. Vão além do alcance comum da sua mente e penetram num lugar conhecido em seu coração onde reside a alma. Esta é uma emoção que

312 ♓ **Signos da Alma**

transcende a compreensão, vai além dos limites humanos e traz "a paz que transmite a compreensão". Para vivenciar qualquer coisa ao máximo, vocês precisam confiar inteiramente, e o seu signo, Peixes, é o signo que rege este amor incondicional. É uma propensão natural de vocês atingir as grandes alturas da compreensão espiritual e ser uma força curadora no mundo.

Peixes é um dos signos mais belos. Os seus olhos são uma das suas características especiais. Regidos pelo mar, seus olhos muitas vezes são azul-esverdeados ou da cor da avelã, mas se forem marrons mesmo assim ainda caracterizarão uma aparência psíquica sonhadora. Em geral possuem uma boca sensual e uma face estreita e maliciosa. Normalmente o cabelo é grosso com belas ondas naturais, como as ondas do oceano.

A pisciana mais famosa de todas é Elizabeth Taylor, conhecida pelos olhos cor de violeta e pela beleza duradoura. Ela tem a tendência pisciana de ver o mundo através de óculos de lentes cor-de-rosa, especialmente no que diz respeito a sua vida amorosa. Todos os seus casos de amor tiveram começos dramáticos e se desenvolveram em fantasias fabulosas. Quando a bolha rompe, como sempre acontece, as coisas voltam ao normal e a festa termina. Amando o amor, os piscianos precisam esperar um pouco para saber se o seu relacionamento tem uma chance de dar certo. A verdade é mais romântica ao longo do caminho e não precisa ser adornada. Oh, piscianos, será que um dia aprenderão?

Muitos piscianos são atormentados por problemas de peso. É difícil para vocês fazer uma dieta devido a sua propensão aos prazeres físicos. É preciso refrear as indulgências de todos os tipos. Vocês possuem uma reputação de serem os suscetí-

O Que o Seu Signo Solar Revela ♓ 313

veis ao álcool e viciados em drogas do zodíaco, por isso, cuidado. Comprar e comer estão no topo da sua lista, e vários tipos piscianos precisam se recuperar já a partir deste momento dos seus hábitos viciosos.

Naturalmente existem sempre as exceções que estão no auge da sua forma. Cindy Crawford, Sharon Stone e Vanessa Williams, por exemplo, não possuem um grama a mais em seu corpo. Kurt Russel, William Hurt, Sidney Poitier e Bruce Willis são o namorado pisciano ideal que certamente captam a imaginação.

O Que Pode Ser Feito

Peixes é um signo da Água, e a água simboliza a emoção e o sentimento. Em nosso mundo atualmente somos propensos ao materialismo e fortemente inclinados na direção da ciência, da mente racional. Isto teve início nos tempos antigos quando estávamos passando da era de Touro (a era da deusa) para a de Áries, o período do Antigo Testamento. Agora estamos passando uma outra transição, da era de Peixes para a de Aquário.

A era aquariana equilibrará as polaridades masculina e feminina. Desde o advento da era ariana, há quatro mil anos, as nossas culturas no mundo têm sido dominadas pelo arquétipo masculino, e o feminino foi suprimido. Talvez esta seja a causa de tantas mulheres (como um meio de sobrevivência) terem se tornado tão fortes na nossa sociedade atualmente. Homens e mulheres ficarão mais equilibrados mental, emocional e espiritualmente no futuro. Começou a ocorrer um desvio na

314 ✶ **Signos da Alma**

década de 1990 quando nos aproximamos da era de Aquário: os homens sairão da segurança da sua predominância masculina imaginária e entrarão em contato com o seu lado feminino interior, a sua *anima*. Uma boa dica sobre isto é que na última década os homens têm mostrado a sua emoção nos filmes, até chorando.

A falta de respeito pela convicção e pela intuição femininas interiores criou uma sociedade materialista para a qual homens e mulheres sentem a repressão da expressão emocional. O lado psíquico é em geral representado como negativo, e os nossos sistemas escolares foram estabelecidos para o ensino do lado esquerdo do cérebro, abandonando o elemento criativo e intuitivo do lado direito. Por isso aumentou o número de viciados que escapam para os mundos não lineares utilizando drogas e álcool. As nossas naturezas místicas e artísticas precisam ser integradas em nossas personalidades, sejamos homens ou mulheres, se quisermos utilizar o nosso poder da alma.

Para realmente nos mesclarmos com o inconsciente coletivo, onde reside o equilíbrio da mente e do sentimento, devemos entregar o nosso ego pessoal. A entrega é uma parte importante da consciência pisciana. Quando vocês entregam o ego, penetram no divino, no cósmico. Isto acontece a partir da graça. A graça é maior e mais poderosa do que as leis do mundo físico. Até o seu caminho da transformação da ilusão fica esclarecido quando têm a graça de confiarem em si mesmos. A autoconfiança é crucial para os seus sonhos. Quando sentem que merecem o bem na vida, vocês o atraem para si. A névoa da crise emocional não resolvida se desfaz e vocês podem ver claramente, transcendendo o seu bloqueio do ego pela auto-ilusão. Este nível de esperança está disponível o tem-

O Que o Seu Signo Solar Revela ♓ 315

po todo, mas não pode ser visto com os olhos físicos. É preciso ter os olhos da alma.

Três Passos para Curar o Seu Bloqueio

1. A auto-ilusão e o escapismo são os seus bloqueios do ego. É muito desgastante ficar dando voltas e nunca ancorar em terra. Quando vocês não sabem quem são ou onde precisam ficar, estão desistindo do lugar mais valioso que possuem — o momento em que estão vivendo agora — e do poder de criar o futuro com os seus pensamentos.

2. A compaixão é a forma mais elevada do amor que temos no plano terreno. É o seu dom nesta vida, o seu poder da alma. Nasceram com o dom de serem capazes de sentir as necessidades dos outros. O seu outro poder da alma é a imaginação. Dois grandes piscianos que foram inspirados e guiados pela sua visão e imaginação interiores são Michelangelo e Albert Einstein. A sua visão artística e as realizações científicas foram monumentais e continuam a inspirar o mundo.

3. O seu caminho da transformação é a sua habilidade de ver além dos limites normais, e a sua lição é como utilizá-la positivamente. Com a sua capacidade de visualizar as possibilidades do futuro e de recorrer ao passado, podem realizar o quase impossível e transcender o comum. A chave é aprender a permanecer centrado na realidade. Sem a habilidade de utilizar produtivamente estas idéias místicas e artísticas, vocês

316 ✳ **Signos da Alma**

deslizam de volta para os seus bloqueios do ego pelo escapismo e pela auto-ilusão. Ficam perdidos num mundo de ilusões sem um objetivo verdadeiro e fora de contato com a sua criatividade.

Tenho uma cliente pisciana que é uma artista. As suas telas são mágicas; ela pinta cenas orgânicas maravilhosas. As figuras vagas podem ser animais, flores ou pessoas. É difícil dizer exatamente, embora elas intriguem e captem a nossa mente. Quando olhamos para uma das suas telas, é como se uma história estivesse escondida nas cores do arco-íris que surgem dos matizes mais suaves. Cabe a cada um vê-las enquanto elas se desenvolvem dentro da sua imaginação. Está tudo no olho do observador. Muito pisciano! Maravilhoso!

Superficialmente, tudo isso é bom, mas ela tem um problema sério. Seu pai era alcoólatra e ela guarda muito ressentimento contra ele. Ele a deixou quando ela tinha três anos. Sua mãe tornou-se também seu pai e, sobrecarregada pela responsabilidade, sofreu de depressão. Minha cliente era o terceiro filho na família. Estressada por nunca se sentir segura e sempre esperando pelo próximo discurso, ela se anulou. Fechou tantas portas sobre pessoas, locais e coisas que a sua vida inteira foi manter-se afastada de tudo. Este tipo de situação consumiu muita energia emocional e física.

Nas famílias atingidas pelo vício do álcool, cada filho assume um papel e, inconscientemente, sente que curará o problema. O primeiro filho é o herói e inconscientemente consegue realizar o que espera para curar a família. O segundo é o rebelde ou o bode expiatório, muitas vezes agin-

O Que o Seu Signo Solar Revela ♓ 317

do para mudar a dinâmica familiar. O terceiro, o filho perdido, se perde na confusão e aprende a se cuidar ficando sozinho, onde parece estar em segurança. O quarto é o mascote, o esperto que acha que o mundo lhe deve alguma coisa. Muitas vezes o filho perdido desenvolve um talento artístico em vez de repetir o padrão familiar do vício do álcool. Ele cria o seu próprio mundo particular. Isto não quer dizer que todos os artistas — ou os sensitivos neste caso — não funcionem bem, mas que os seus dons são com freqüência desenvolvidos em situações complexas como mecanismos de defesa.

Embora a minha cliente tenha sido encorajada por todos os que viram as suas pinturas, ela não permitiu que o seu trabalho fosse exposto publicamente. Não poderia suportar o pensamento de ter alguém se intrometendo na sua privacidade. Os seus bloqueios da auto-ilusão e do escapismo estavam a pleno vapor, acionados por eventos em sua vida que não podia controlar. Era prisioneira do seu medo de ser explorada e se decepcionar com os outros.

Como Aplicar os Três Passos Nessa Situação

O abandono do pai era o ponto central do medo da minha cliente para mostrar as suas pinturas para o mundo. Quando a figura paterna é negativa, seja por abandono ou por abuso, ela possui um impacto destrutivo sobre os sentimentos de valor pessoal. Simbolicamente o nosso pai na Terra representa o nosso pai no Céu, e a criança teme não ser digna aos olhos de Deus. Naturalmente, a mãe também faz parte desta dinâmica e parece um deus para a criança.

318 ♓ **Signos da Alma**

Quando os piscianos se sentem inseguros quando crianças, tornam-se muito criativos ao construir defesas para que se protejam. Os mecanismos de defesa da minha cliente consistiam em esconder os seus pensamentos mais internos e criar o seu próprio mundo. Como o filho perdido, ela se limitava em detrimento próprio e, como resultado, se isolava do restante do mundo. Quando encarar o seu bloqueio do ego pelo escapismo e cultivar a intimidade com os outros, ela se abrirá para a fama que o seu trabalho poderá trazer. Sugeri que um programa de 12 passos como o dos Filhos dos Alcoólatras poderia ajudá-la no que se refere aos seus assuntos da realização em excesso, ao perfeccionismo e à falta de auto-estima.

Como piscianos vocês devem se lembrar de que o seu caminho da transformação é a ilusão: existe sempre uma aura sonhadora e não realista em sua vida. Permanecer centrados não é fácil para vocês, mas é prioritário. Precisam conhecer os seus limites. Com o seu poder da alma da compaixão, estão bem conscientes do que está acontecendo em um nível mais profundo. Este dom psíquico deve ser direcionado para a autocura antes que possam ajudar os outros. Até que consigam a compreensão necessária para que se ajudem a estabelecer os limites certos, ficarão constantemente num estado de autodelírio.

Os artistas piscianos precisam ir até o fundo assim como os alcoólatras. Era difícil lidar com o seu caso porque no seu isolamento não havia ninguém para confrontá-la. Nenhuma resolução seria possível até que se prejudicasse tanto que faria qualquer coisa para ficar bem. A sua bolha precisava ser quebrada — e seria. A vida é uma grande mestra, e mais cedo ou mais tarde os nossos problemas precisam ser encarados.

O Que o Seu Signo Solar Revela ♓ 319

A vida nos atinge continuamente, forçando-nos a transcender situações nas quais nos encontramos. A busca pela verdade e pela beleza, que é o próprio alento do Peixes, finalmente os conduzirá para a realidade.

Parte IV

O Signo Solar e o Seu Oposto

Dualidade

Quem ainda não ouviu a expressão "os opostos se atraem"? Os franceses dão um passo mais adiante e dizem: *Vive la différence!*

Os taoístas chineses compreenderam há muito tempo que no universo semelhante atrai semelhante e oposto atrai oposto. Compreenderam que este princípio magnético, que chamaram de *yin* e *yang*, criava dramaticamente a tensão e a paixão que tornam a vida digna de ser vivida.

Na Índia, o deus criador chama-se Shiva e a sua consorte, Shakti. É desta forma que Jnaneshwar Maharaj, um místico indiano, descreve a união de Shiva e Shakti:

> Sentam-se no mesmo nível
> Usando um manto de luz.
> Das lembranças do passado eles viveram assim...
> Unidos em felicidade.

A própria diferença se mescla em sua união
Quando, ao verem a sua intimidade,
Não encontram uma dualidade na qual se apoiar.

Em virtude de Deus, existe a Deusa,
E sem Ela, Ele nada é.
Um existe por causa do outro.

Quando o Mestre da casa dorme,
A Dona permanece desperta,
E realiza a função de ambos.

Quando Ele desperta, toda a casa desaparece,
E nada é deixado para trás.

Embora Ele esteja manifesto,
Não pode ser visto.
É somente pela graça d'Ela
Que Ele aparece como a forma universal.

Jnaneshwar diz que, quando Shiva e Shakti dançam, o processo criativo e a consciência superior ficam envolvidos na natureza.

Se vocês observarem com cuidado, podem ver esta dupla dinâmica *yin* e *yang*, Shakti e Shiva, na sua vida diária. Existe um grande princípio unificador no universo que afeta a todos nós.

É claro que existe muito mais num relacionamento do que os olhos conseguem ver e que algumas experiências exercem mais *impacto* do que outras. O fator X, que poderíamos chamar de química, é necessário para atrair a outra pessoa. Acon-

O Seu Signo Solar e o Seu Oposto

tece o mesmo com os amigos, a família e o ser amado — é preciso haver uma conexão mais profunda.

Todos os relacionamentos são baseados nesse fator X. Nós não o compreendemos, podemos somente senti-lo e, se ele não existir, o relacionamento é inútil.

O seu relacionamento consigo mesmo pode ser tão repleto de alegria como num romance. Na verdade, é a relação mais importante que você jamais terá. Vocês precisam considerar e respeitar a si próprios como o fariam com o maior amor da sua vida.

Enquanto estiverem na terra, vocês se confrontarão com as dualidades em todas as áreas da sua vida. Carl Jung diz que os homens possuem uma mulher escondida no seu íntimo chamada *anima*, e as mulheres possuem um homem escondido no seu interior chamado *animus*. Vocês estão constantemente envolvidos com os opostos constrangedores e interessantes do masculino e feminino no mundo e também dentro de vocês. A sua *anima* ou *animus* é uma parte da sua alma e deve ser tratada com grande respeito.

A vida é uma constante fusão de opostos. Sem este estresse sutil, vocês seriam mentalmente preguiçosos, felizes com as coisas como elas se apresentam, e a vida seria muito desinteressante.

O Sol

O símbolo do sol no mapa é um círculo com um ponto no centro.

Signos da Alma

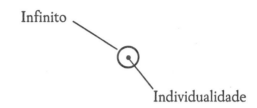

Este é um símbolo da consciência, da criatividade ativa, e é onde começa a dualidade. Quando olharem para o símbolo do sol no seu mapa, poderão perguntar-se: O Sol simboliza o ego ou a alma? Ele simboliza ambos, e vocês estão constantemente lutando para equilibrar o nobre *círculo do infinito* com o *ponto do ego da individualidade*.

A consciência na sua natureza original é calma, pura e além do dualismo. As nossas mentes é que são dualistas. O ponto no círculo simboliza a centelha de vida que anima o seu sentido do *self*. O ego começa imediatamente a pensar e a colocar as coisas em ordem. A maior parte da sua vida é passada reunindo as dualidades da consciência atemporal, que é o tempo de Deus, e da individualidade, que é o seu tempo, na sua personalidade. Huston Smith, um conhecido estudioso de religião, cita um mestre budista que lhe deu uma definição de Zen que está envolvida primeiramente com a união dos opostos. O mestre disse: "Podemos colocar numa fórmula: serviço infinito para todas as coisas presentes; responsabilidade infinita por todas as coisas do futuro. Isto é Zen." A gratidão, o serviço e a responsabilidade nos conduz ao todo.

Ao entrarmos na era aquariana, teremos mapas astrológicos que são solares: o Sol, e não a Terra, no lugar central. O seu mapa com o Sol no centro é algo para o qual vocês crescem.

O Seu Signo Solar e o Seu Oposto

Quando vocês crescerem em consciência e aprenderem a equilibrar os padrões confusos e muitas vezes autodestrutivos do ego com a sua própria consciência da alma do signo solar, a energia de todos os 12 signos estará disponível para vocês. Isto é chamado de astrologia solar ou heliocêntrica. O seu poder da alma está conectado a todos os outros signos. É um lugar maravilhoso para se estar, e não acontece da noite para o dia. O primeiro passo é a entrega do seu ego para a sua orientação de alma. Os limites da sua alma são multidimensionais e os outros signos estão abertos para vocês. Por meio da sua imaginação, abrem-se novos mundos de experiência.

Após este primeiro salto de fé a um nível mais elevado de compreensão, vocês são capazes de se libertar das características de separação e de autodefinição. A natureza egocêntrica do signo solar precisa ser descartada. Com a emergência de todos os signos, o seu signo solar é utilizado como uma referência geral e não restringe tanto. Quando vocês se unirem à perspectiva solar, poderão viver com tudo que existe para ser oferecido aqui na Terra como uma alma livre que não é restringida por nada.

A sua alma não é limitada, é o seu ego que estabelece os limites. A palavra latina *mediator* significa "ir para o centro". Existe uma outra chave para o fato de a harmonia vir da meditação e da contemplação. O centro é calmo, até mesmo um furacão possui um ponto central onde reina a calma. Para acessar o poder do centro, precisamos mudar a nossa perspectiva. Precisamos nos sentir plenos e não vazios. Quando se sentirem completos dentro de si próprios, será mais fácil permanecer centrados. Não será preciso muito tempo para resolver problemas, e vocês perderão a necessidade de se identificar tanto com eles. Quantas vezes vocês já ouviram os outros e a

328 Signos da Alma

si próprios dizendo a *minha* saúde debilitada, os *meus* problemas de dinheiro, o *meu* casamento errado?

Para atingir a harmonia, vocês devem aceitar o conflito como um princípio criativo, um momento pleno de potencial; então a vida terá uma oportunidade para ser completa. Quando entrarem num estado harmonioso de consciência, usarão o ego com maior leveza, como um casaco pousado levemente sobre os seus ombros.

Seis Signos Solares

O *primeiro passo na consciência solar é se unir ao seu signo oposto*. Duas cabeças são melhores do que uma, e o mesmo se aplica aos signos solares. Cada um possui atributos que não ficam completos até que o significado do seu oposto tenha sido reconhecido e conscientemente atraído para a personalidade. Vocês devem ver o zodíaco como se houvesse somente seis signos solares: Áries/Libra, Touro/Escorpião, Gêmeos/Sagitário, Câncer/Capricórnio, Leão/Aquário e Virgem/Peixes.

A Oposição

A astrologia é um sistema holístico. O Sol, a Lua e todos os planetas encontram-se numa trama complexa de inter-relacionamentos. Esses relacionamentos são chamados de *aspectos*. O seu sistema nervoso é sensível a esses padrões, e vocês podem esperar certas reações baseadas nos aspectos dos signos.

Como estudantes de astrologia, a primeira coisa é aprender sobre os signos solares. Depois é necessário conhecer como

O Seu Signo Solar e o Seu Oposto

os planetas se relacionam entre si no mapa e como tais relações afetam o seu comportamento.

Os aspectos são determinados pelo número de graus que existem entre os signos solares e os planetas no zodíaco. Esses padrões podem ser visualizados e memorizados facilmente quando vocês se familiarizam com o zodíaco.

Uma leitura astrológica revela os traços da personalidade com os quais vocês nasceram e como os planetas os afetam atualmente. Os astrólogos utilizam os aspectos na análise dos mapas dos indivíduos e também nos mapas de sinastria dos casais. Os melhores dias para os eventos importantes também são encontrados desta maneira.

Existem vários tipos de aspectos envolvidos na interação dos signos no seu mapa. Alguns são positivos; outros, difíceis. Na astrologia do signo solar, existem signos que são mais compatíveis do que outros. Isto está relacionado aos aspectos entre eles. Acredita-se que um trígono (120 graus de separação) seja um bom aspecto que traz sorte, e uma quadratura (90 graus de separação) é considerada difícil, trazendo lições de vida.

Áries está em trígono com Leão, e os relacionamentos entre esses dois signos são considerados favoráveis, embora o aspecto de quadratura entre Áries e Câncer cause conflito e estresse. Nos mapas de relacionamento, os trígonos indicam compatibilidade e as quadraturas mostram as fontes de conflito. Com um pouco de estudo é fácil conhecer quais são os melhores signos para vocês.

Já foram escritos vários livros sobre a compatibilidade. As colunas de astrologia que vocês lêem nos jornais e revistas utilizam este sistema. Pessoalmente acredito que todos os signos são compatíveis em algum nível, mas é verdade que exis-

330 Signos da Alma

tem combinações que parecem mais favoráveis, tornando a comunicação mais fácil.

O aspecto que consideramos agora é chamado de oposição, sendo em geral visto como estressante. Uma oposição é exatamente isto, dois pontos, dois planetas, ou neste caso dois signos solares que estão diretamente opostos entre si.

Não pode haver um relacionamento sem o estresse de uma oposição. Conseqüentemente, a maneira como encaramos as oposições age como uma força complementar com a possibilidade de combinar ambas as energias e tendo mais poder com o qual trabalhar.

Quando comecei a estudar astrologia, notei que o Capricórnio tinha muito das características cancerianas a ponto de muitas pessoas acharem que eu era do signo de Câncer. Ter uma casa para cuidar e dedicar grande parte do meu tempo aos meus filhos era muito importante para mim.

Era uma pessoa caseira. Adorava cuidar da minha casa e da cozinha, e até trabalhava em casa como artista e astróloga. Compreendi mais tarde que tinha desenvolvido em excesso o meu signo oposto de Câncer, e como o meu caminho da transformação era o da responsabilidade, agarrei-me ao lar. Não estava usando o meu poder da alma da contribuição da maneira correta na minha carreira. Foi necessário que integrasse o lar e a carreira — Câncer e Capricórnio. Por isso comecei a viajar para equilibrar a polaridade e também para impregnar a minha carreira como uma atitude mais apropriada. Isto aconteceu quando comecei a ser uma astróloga profissional e me vi assumindo uma carreira em vez de simplesmente fazer o mapa para amigos.

(Por falar nisso, o meu ascendente é Sagitário, com a polaridade de Gêmeos — ambos signos de viagem — por isso a

O Seu Signo Solar e o Seu Oposto

solução veio pela integração da polaridade do meu ascendente com o meu signo solar!)

O mesmo princípio da oposição se aplica ao seu ascendente e à posição da sua Lua. Vocês têm o seu signo solar, o ascendente e o signo lunar e também os seus opostos à sua disposição. Por isso lidam com uma possibilidade de utilizar os seus poderes da metade do círculo do zodíaco. Digo possibilidade porque podem ter o mesmo signo solar, lunar ou ascendente, pois nem sempre os três estão separados.

Quando vocês equilibram as polaridades do signo solar, do ascendente e o lunar, a sua visão pessoal se expande. Ficam libertos dos limites estreitos do ego do seu signo solar e os outros signos abrem suas portas com todas as suas características disponíveis para o seu crescimento.

Com toda essa expansão, forma-se um sistema de valores pessoais mais amplo que os ajuda a desafiar as antigas crenças autolimitantes e abre portas para meios novos e variados de se ver. Se você é um pisciano e continuamente se acha agarrado a situações de vítima, seja ariano e delimite o seu território. Terá a sabedoria de Libra nas pontas dos dedos e a profundidade do Escorpião. A vida será muito mais rica se você se movimentar sem medo.

Pontos de Oposição

A oposição é composta de uma força ativadora e de uma força limitadora que equilibra o poder para um lado e para outro. O estresse desta polaridade os mantém indo e vindo até que aprendam a ver os opostos como complementares.

Da perspectiva do ser básico (a parte da sua personalidade

332 Signos da Alma

que não racionaliza), o estresse entre estas duas forças é impossível de ser resolvido, embora as polaridades sejam mutuamente dependentes e lapidem a mesma unidade. É preciso haver um desvio para uma compreensão superior para atingir este novo estado de equilíbrio. Para realizar isto, vocês têm de realmente *desejar* crescer, e precisam estar abertos para um ponto de vista mais amplo.

A chave para o sucesso está no seu desejo de harmonia. Até que desenvolvam a tolerância, haverá muitas lutas de poder vindo dos pontos de vista opostos. É isto que torna a vida difícil. Enquanto não se livrarem do estresse da oposição, não poderão canalizar a energia para atrações positivas e para uma tensão sexual apropriada, evitando a apatia ou as ansiedades intermináveis. O seu objetivo aqui é equilibrar a dinâmica da oposição. Fisicamente é preciso haver uma conexão corpomente para ver a harmonia em todas as coisas. Uma observação mais detalhada do seu corpo os ajudará a saber se estão centrados ou não.

É óbvio que se o coração está pesando e vocês não conseguem controlar a sua respiração, não estão centrados. Afastem-se da situação até que se sintam bem emocionalmente antes de tomarem decisões importantes. Outra maneira de verificar é conferir para ver se estão se sentindo entorpecidos. Não sentir nada também é uma disfunção. O conflito constante pode consumi-los e torná-los emocionalmente estéreis. Enfim, observar o corpo é a melhor maneira de saber como se sentem. A mente poderá recusar-se a ajudar, portanto, cuidado.

O Seu Signo Solar e o Seu Oposto

Integração do Seu Oposto

O poder da alma e o bloqueio do ego do seu signo oposto já existem dentro de vocês e esperam ser trazidos para a sua consciência objetiva. Precisam utilizar a imaginação para atrair as qualidades do seu signo oposto. É importante aprender quais são os seus signos opostos e as suas características. O seu signo solar e o seu signo oposto têm lições distintas para lhes ensinar. Quando estiverem desapegados o suficiente para observar os seus sentimentos de ansiedade e retardar a ação até que possam tomar uma boa decisão, já terão andado metade do caminho.

Ao considerar o seu signo oposto, poderão beneficiar-se do poder da alma dele e ampliar a sua conscientização. Quando tiverem o tempo necessário para compreender as características do seu signo oposto, será fácil integrá-las na sua personalidade. O padrão oposto faz parte do seu poder não realizado já existente no fundo do subconsciente esperando para ser puxado para a sua mente consciente.

Por exemplo, se você é de Capricórnio, existe no seu interior um terno canceriano esperando para entrar em contato com as suas emoções. O nativo do signo de Virgem analítico tem o poder do aspecto psíquico na ponta dos dedos — você deve buscar dentro de si estas maravilhosas habilidades piscianas. Cada signo tem um dom maravilhoso esperando para vir para a consciência e se abrir para novas fontes de enriquecimento e de compreensão mais profunda.

334 Signos da Alma

Equilíbrio

Os signos do zodíaco são divinamente inspirados e codificados com uma mensagem espiritual para o seu crescimento pessoal. A astrologia é única na sua habilidade de conectar simbolica-mente o que está acontecendo no seu mundo exterior com os significados interiores de maior significado. A palavra grega *symbolos* significa "juntar". Utilizar um sistema simbólico como a astrologia para o crescimento pessoal conduz a uma compreensão maior, e nos maravilhamos com a maneira milagrosa pela qual o nosso mundo funciona. Quando comecei a estudá-la, vi como era refinada a maneira de funcionamento do universo. Compreendi que, como humanos, queríamos fazer Deus à nossa imagem porque é muito difícil compreender as qualidades multidimensionais desse estado de consciência.

Vocês têm a oportunidade de se colocarem no ponto médio entre o seu signo solar e o seu oposto para obter o benefício de todas as características. A aliança que é criada pela polarização dos dois signos opostos é muito poderosa. É o início do seu caminho espiritual para a sua unicidade.

Existe um ponto médio exato numa oposição que é geometricamente perfeito e poderia ser descrito como o ponto perfeito da iluminação. Esta é a lei da geometria espiritual: *o equilíbrio perfeito traz a simetria perfeita.*

A apreciação da posição do seu signo oposto os ajuda a chegar ao meio do caminho e encontrar a solução. Quando vocês encontram o equilíbrio entre os dois pontos, ficam naturalmente elevados para um raciocínio superior, para um estado de contrapeso.

Os casais cujo casamento é bem-sucedido por vários anos parecem irradiar esse estado. Podem até ficar parecidos entre si. Há um sentimento especial quando se encontra esse tipo de compromisso no qual a união é gentil e amorosa, e as provações da vida foram encaradas e superadas.

Totalidade

Vocês são uma combinação dos 12 signos do zodíaco. O seu signo oposto oferece a simetria necessária para unir os outros signos. Quando esta polarização ocorre e se ocorrer, vocês são capazes de integrar o poder da alma dos outros dez signos solares e de experimentar limitações menores na mente e no corpo.

Serão capazes de realizar algo realmente extraordinário. Estarão encaminhando-se para a totalidade onde não ficarão separados em dualidades, masculino e feminino, dominante e fraco. Além disto, a totalidade, a alegria da unicidade absoluta com Deus expande a sua conscientização favorecendo a paciência e a compreensão de que vocês precisam para continuar a crescer nos planos superiores. Esse é o casamento de corpo e alma. Em vez de ficarem aprisionados ao corpo com sentimentos de medo, vergonha, raiva e confusão, saberão que as suas experiências estarão somente aprofundando o seu conhecimento.

Com esses dons extraordinários da conscientização e da energia, cada pensamento formulado será uma força no universo. Nesse estado de totalidade, poderão ver a sua responsabilidade perante o seu mundo e perante os outros.

Vocês são participantes na busca sagrada, liberados do sentido de separatividade de Deus, seres que dignificam o desconhecido. Como as galáxias, vocês não têm limites.

Áries e Libra

Ação Responsável

O *ponto de equilíbrio perfeito entre Áries e Libra é a ação responsável.*

Áries instiga as novas idéias e permanece até ter satisfeito o seu interesse, e depois prossegue para novos desafios. Contrariamente, os librianos descobrem um desafio, seguem através dele resolutamente e terminam o seu projeto sem qualquer necessidade de se apressar. Enquanto os arianos tendem a ver o projeto como uma aventura excitante, os librianos são capazes de sustentar a idéia dentro de um processo linear necessário para completar a tarefa. Áries e Libra são o iniciar e o terminar, e precisam um do outro para realizar o seu objetivo. É o sábio Áries que aprende a controlar a sua impaciência e a

338 ♈ ♎ **Signos da Alma**

permitir que a energia equilibradora de Libra o conduza ao término do projeto. Libra se beneficia da coragem de Áries e da sua habilidade de assumir os riscos.

A necessidade de Áries de uma atividade constante, combinada com uma atenção de curta duração, está diretamente oposta ao processo esmerado envolvido no sucesso. "Faço ao meu modo", um ditado ariano, é o seu bloqueio do ego da autogratificação, da explosão, sem a integração do poder da alma de Libra da conscientização. Mas Libra, sendo tão cautelosa, precisa da energia de iniciativa do poder da alma da coragem e da instigação de Áries para manifestar algo novo.

Quando chegam a uma decisão, os librianos afundam tentando ser perfeitos. Existe uma lei da ordem divina funcionando no universo. Todas as coisas chegam para aqueles que as esperam. Mas o perfeccionismo de Libra não confia nisso. Ao querer mais tempo e mais informação, Libra perde a condução. Por outro lado, Áries pula rapidamente para as situações somente para descobrir que era necessário mais tempo para acessá-las corretamente.

Esses dois signos regem os relacionamentos. Áries rege a relação que você tem consigo mesmo, enquanto Libra rege os relacionamentos com os outros. Áries deseja a excitação do desconhecido, e Libra ama fazer as coisas exatamente como elas foram feitas no passado. Cada signo requer os atributos do outro para ser mais produtivo. Essas duas mentes diferentes inicialmente se repelem uma à outra até que vocês compreendam que o seu signo oposto é complementar e tem o que é necessário para chegar a um equilíbrio.

Cada signo parece ser uma força oposta para o outro até que vocês vejam que eles valorizam as mesmas coisas, porém de uma perspectiva diferente. Esta nova visão amplia o seu

O Seu Signo Solar e o Seu Oposto ♈ ♎ 339

horizonte. Gandhi, um libriano que foi líder de um movimento revolucionário não violento na Índia, disse: "O amor é a força mais sutil do mundo." Esta frase exemplifica a combinação perfeita de Áries e Libra — o início de uma aliança nobre de ação e mente. A paz é atingida na vida diária quando cada ação é realizada com compaixão. A hiperatividade de Áries torna-se concentrada e o perfeccionismo de Libra é superado! A guerra acabou. Prevalecem o equilíbrio e a beleza, e muito é realizado.

Entrar neste portal requer tempo, paciência e grande coragem, princípios que são inatos nesses dois signos solares. Na combinação evoluída de Áries e Libra, uma das mais poderosas do zodíaco, o amor e a compreensão triunfam — e a *ação responsável* age no universo.

Touro e Escorpião

Valores Transformados

Touro e Escorpião regem os recursos pessoais; estão ligados ao domínio.

Touro rege a manifestação no mundo físico, enquanto Escorpião está ligado aos recursos internos. Escorpião trata das coisas que não são visíveis. Podem ser acordos financeiros, heranças e investimentos e também recursos psicológicos e elevados. Para integrar o poder de ambos os signos, vocês precisam fazer uma mudança nos valores.

Touro é um signo que aprecia a qualidade tanto quanto a quantidade. Touro sempre deseja o melhor, e o seu objetivo é desfrutar da beleza e da paz num ambiente seguro. Embora a abundância chegue a ele naturalmente, um medo de invasão interrompe o fluxo de nutrição.

342 ♉ ♏ Signos da Alma

Escorpião, por outro lado, é extremista. Vocês podem ser muito evoluídos, um professor espiritual como Billy Graham, ou o pior entre os piores, como Charles Manson. Os escorpianos querem o controle para obter as gratificações pessoais. Isto pode vincular sexo, poder e dinheiro, como também os poderes psíquicos.

Isto nos faz pensar em Hitler, que era taurino com influências de Escorpião. Ele combinou perfeitamente os bloqueios do ego de Touro e Escorpião — a autogratificação combinada com a dominação. Os taurinos são os encantadores do zodíaco. A habilidade de Hitler para encantar as multidões era semelhante ao culto dos heróis e das estrelas do cinema da nossa época. Ele se interessava muito pelo ocultismo, e poderia ter sido ajudado por essa sabedoria se a sua ganância não tivesse maculado todas as suas decisões.

O taurino precisa da concentração e da focalização do Escorpião. A sua extrema sensibilidade e a sua tendência para reagir em excesso podem ser equilibradas pela atenção de longa duração e comprometimento intensamente confiável do Escorpião. Nos momentos traumáticos, o Touro foge com medo enquanto o Escorpião se coloca numa posição estrategicamente delimitada. A fuga do Touro deve ser temperada pela coragem escorpiana e pela capacidade de encarar o inimigo. Isto é um aviso para o taurino: o seu tremendo poder de se defender não deve ter malícia. É o amor taurino pelos prazeres simples e a sua atitude pacífica que acalmam a raiva e a agressão do Escorpião.

Em todo o zodíaco, não existem outros dois signos tão teimosos quanto Touro e Escorpião. É quase impossível mudar a sua mente quando se sentem desconfortáveis ou zangados. Um dos maiores desafios que Touro/Escorpião precisa aprender é

O Seu Signo Solar e o Seu Oposto ♉ ♏ 343

como ser mais flexível para se ajustar aos desafios constantes da vida. Uma construção alta deve apresentar um desvio projetado na sua estrutura, ou virá abaixo durante os terremotos ou ventos fortes.

Os poderes da alma da transformação do Escorpião e da manifestação do Touro trabalham juntos para curar as características de autogratificação de ambos os signos. Ficar compulsivamente concentrado no resultado não produz o efeito desejado. O presente está onde todo o trabalho é realizado e onde repousa todo o prazer.

Como escorpianos, vocês precisam da riqueza de sentimento e da percepção extra-sensorial do Touro para que compreendam as necessidades emocionais dos outros ou para simplesmente aproveitar a vida. Escorpião, o curador com o poder da alma da transformação, deve abdicar do bloqueio do ego do domínio e, compassivamente, realizar a cirurgia psíquica nos medos enraizados do abandono e da falta de amor de Touro. Anseios, atitudes e desejos desgastados devem ser extirpados e liberados para criar uma expectativa receptiva e entusiasmada.

A beleza é um dom de Deus. Ela não é realmente necessária para razões funcionais, porém, como uma chave tranqüilizadora para a preocupação universal pelo prazer humano, dotou Touro e Escorpião com a esperança dos *valores transformados*.

Gêmeos e Sagitário

Visões Inspiradas

Gêmeos e Sagitário regem a versatilidade e o movimento; são signos da dualidade.

Gêmeos é o signo dos fatos e das opiniões, das preferências e aversões, enquanto Sagitário é o signo da visão ampla das grandes verdades e dos conceitos espirituais. Ambos regem a comunicação.

Os geminianos estão constantemente buscando a variedade. Podem dispersar a sua energia tentando fazer muitas coisas ao mesmo tempo. Queimando a vela pelos dois lados, vocês deixam várias pessoas frustradas. Algumas podem pensar que desistem fácil, mas vocês parecem ser abençoados com a habilidade de materializar o que é necessário até no último mi-

346 ♊ ♐ Signos da Alma

nuto. Com mais freqüência do que nunca, as suas mentes inventivas triunfam e vocês deliciam a todos que são abençoados por lhes conhecerem — exceto quando perdem o seu delicado equilíbrio. Algumas vezes, a sua mágica funciona; em outras, não — provavelmente quando o seu regente planetário, Mercúrio, fica retrógrado.

Os sagitarianos são expressivos, agindo com uma determinação ígnea. São bons atiradores, tomando decisões baseadas numa longa caminhada, e abordam os seus objetivos com moral e um estado de consciência ético. Os sagitarianos também podem ter uma duplicidade, porém tendem mais a esconder a verdade do que a dizer uma mentira completa. Sendo positivos, gostam sempre de pintar um cenário positivo, e de olhar a longo prazo, por isso algumas vezes não conseguem ver as árvores da floresta.

Gêmeos precisa da visão a longo prazo do Sagitário para transcender as dualidades que o assolam diariamente, e o Sagitário precisa da preocupação com os detalhes diminutos do Gêmeos. As pequenas coisas na vida que são tão preciosas podem escapulir dos sagitarianos na sua pressa de viver em busca de pastos mais verdes. Lembre-se de Dom Quixote, um tipo sagitariano que estava sempre combatendo os moinhos de vento. O amor de Gêmeos pela conversa e pelos benefícios da socialização pode combinar, em termos espirituais, com a preocupação do Sagitário sobre o que é melhor a longo prazo em vez de simplesmente buscar uma diversão mental.

Eternamente jovem, o geminiano pode aprender o comprometimento e a responsabilidade com o sagitariano. Quando o geminiano diminui o ritmo e dedica ao assunto o tempo de que ele precisa, é muito produtivo. O poder da alma da visão e da aspiração do Sagitário está dentro da mente espe-

O Seu Signo Solar e o Seu Oposto ♊ ♐ 347

rando para ser liberado para a consciência. Tudo que os geminianos têm a fazer é diminuir o ritmo e olhar para o cenário geral, assumindo a sua parte da responsabilidade.

Quando o sagitariano está aberto para a criatividade mental do Gêmeos, torna-se um comunicador inspirado, tais como oradores públicos e escritores com boa vendagem. Algumas vezes a mente teórica de Sagitário está tão longe no futuro que precisa da atenção geminiana do que está acontecendo agora.

O bloqueio do ego de ser facilmente desviado e dispersado do Gêmeos é remediado pelo poder da alma da aspiração do Sagitário — vocês precisam buscar um compromisso espiritual. O bloqueio do ego da extravagância e do pensamento ansioso de Sagitário pode ser empurrado para a harmonia pelo poder de alma da inspiração de Gêmeos. O aqui e agora é onde as coisas realmente acontecem. A capacidade de disponibilidade de Gêmeos complementa as teorias e conceitos de Sagitário.

Gêmeos e Sagitário são signos de movimento e avanço. As suas *visões inspiradas* contribuem para um estilo de vida interessante e excitante que influencia a todos com os quais entram em contato.

Câncer e Capricórnio

Orientação na Criação

A compaixão de Câncer e a disciplina de Capricórnio, quando equilibradas, conduzem a um caminho de sabedoria.

Estes são o símbolo do ninho, dos cuidados carinhosos, do desejo profundamente assentado de formar uma unidade familiar e de ter um lugar seguro para nutrir os mais jovens.

Capricórnio é o pai e Câncer é a mãe, os pais do zodíaco e, na sua maneira antiga, conservadores e confiáveis. A polaridade de Câncer/Capricórnio combina a nutrição com a disciplina, a satisfação pessoal para satisfazer os outros. O primeiro dom que têm a oferecer é a capacidade de fornecer uma estrutura. Câncer e Capricórnio honram o passado e criam estilos de vida centrados na tradição.

350 ♋ ♑ Signos da Alma

Câncer trabalha sobre o nível de sentimento psíquico, instintivo e inconsciente; os seus sentimentos e emoções são muito mais fortes do que a lógica. Vocês investem muita energia emocional em tudo que fazem e esperam um retorno do seu investimento.

Os capricornianos têm uma grande responsabilidade com a família e com a sociedade em geral. Sentem que é seu dever sair para o mundo e sustentar a sua casa. São muito conscientes das suas obrigações com a sua família de origem e também com a comunidade.

Câncer é a Grande Deusa e Capricórnio é o Pai Tempo. Embora sejam opostos polares, não estão tão distantes como alguns outros signos. Quando Câncer se casa com Capricórnio, eles são muito compatíveis, assim como pão e manteiga. Capricórnio precisa da gentileza e do calor de Câncer. Precisa dos sentimentos que correm livres em Câncer para unir amor com afeto. Câncer sempre coloca a família em primeiro lugar, enquanto Capricórnio se sente atraído para os compromissos da sociedade.

Sendo regidos pela Lua, os cancerianos são muito afetados pelos ciclos lunares e, sendo intuitivos, fluem com a natureza. Estão bem harmonizados com o ser básico, que é o instinto animal na sua personalidade. A Lua rege o inconsciente, tornando os cancerianos altamente sensíveis ao ambiente.

Saturno é o planeta que rege Capricórnio, exercendo uma influência sensata nas suas decisões diárias. É o planeta do raciocínio, e assegura que os fatos estejam sobre a mesa. Esta regência força Capricórnio a encarar as limitações, levando os capricornianos a se tornarem guerreiros crônicos. O seu verdadeiro serviço é promover o que é real e trazer a consciência para fora da ilusão de maya.

O Seu Signo Solar e o Seu Oposto ♋ ♑ 351

Digo sempre que Saturno acende as luzes do teto para se assegurar de que tudo seja percebido com grande certeza. Os capricornianos são inclinados ao perfeccionismo, e este traço desgastante parece ricochetear sobre Câncer causando muito desgosto. Por outro lado, a rigidez do Capricórnio é atenuada com o amor pela gentileza e pela habilidade de fornecer conforto de Câncer, seja por uma alimentação boa e nutritiva ou por um ambiente confortável para repousar. A Lua emotivamente combinada com Saturno cria uma fundação firme baseada nas necessidades reais.

Quando o poder da alma da contribuição do Capricórnio se une ao poder da alma da nutrição do Câncer, essa sinergia cria uma capacidade maravilhosa de ser sensível aos outros e de realizar um planejamento prático e confortável. O dom pessoal da *orientação na nutrição* aliado a uma profunda compaixão por toda a humanidade cria um ambiente sereno no lar ou no escritório.

Leão e Aquário

Doação Inovadora

Existe muita eletricidade e excitação na conexão Leão/Aquário.

Estes são signos da liberdade e da unidade. Leão quer a liberdade para governar o seu próprio domínio, enquanto Aquário deseja a unidade para todos.

Leão é o signo que rege o ego. Por isso tantas vezes vocês são muito sensíveis ao que as pessoas pensam de vocês e desejam o poder supremo dos reis antigos. Todos nós temos Leão em nosso mapa em algum lugar, com o direito divino de ser quem somos. Até que encaremos quem somos (o nosso signo solar), como podemos esperar nos tornarmos as pessoas que queremos ser? Como poderemos descobrir a nossa alma? An-

354 ♌ ♒ **Signos da Alma**

tes de entregar o ego à alma, precisamos primeiro ter um ego ao qual se entregar. Esta é a contribuição do Leão.

O Aquário tem uma atitude mental em relação à vida. Vocês estão interessados nas pessoas e o seu altruísmo é uma das suas melhores características. Aquário é um signo de grupos, de comunidade e de organizações que ajudam a humanidade, tais como governos e instituições. Aquário não é totalmente desprovido de ego. Vocês possuem uma mente forte e pensam em termos do todo e não da separatividade.

Leão, com toda a expressão e drama daquele signo solar, possui latente as características de Aquário esperando para pô-las em prática. Da mesma maneira, Aquário, com toda a sua objetividade e capacidade analítica, possui um Leão no interior esperando para jogar e se divertir. Aquário é um pensador abstrato e gosta de olhar para tudo de um ponto de vista científico. Os leoninos poderiam utilizar um pouco desse pensamento analítico para ajudar a planejar os seus objetivos com mais lógica.

A generosidade de espírito, o poder da alma do Leão, e a originalidade, o poder da alma do Aquário, criam as idéias e expressões que podem produzir o aspecto da sensação quando combinadas. Os leoninos são as estrelas do zodíaco.

O bloqueio do ego do otimismo excessivo de Leão pode ser agravado pela rebeldia de Aquário, trazendo um senso egocêntrico de importância pessoal de "eu não erro". Temos aqui o rebelde sem causa, o revolucionário sem o apoio do público. O Leão/Aquário bloqueado aumenta o medo do ego do fracasso pessoal, do criticismo, de não ser amado. Este medo constrói uma atitude defensiva e rebelde contra qualquer figura autoritária que encontrem, real ou imaginária. A natureza animal de Leão deve ser transformada na característica

O Seu Signo Solar e o Seu Oposto ♌ ♒ 355

humanitária de Aquário de ser aperfeiçoado, de se tornar nobre ou divino, que é o refinamento dos dois.

A atração Leão/Aquário pelo poder é ultrapassada quando vocês perdem a visão do seu poder superior e ignoram os seus poderes da alma. Cuidando das suas emoções e das reações defensivas ao conflito de visões e argumentos contrários ou até à guerra, poderão descobrir os seus pontos fracos. A dúvida pessoal faz crescer a divisão; contudo, sem oposição haverá estagnação. Precisamos do estímulo dos opostos. Quando refinarem os seus conceitos de poder com a visão do que for melhor para todos os envolvidos, abrir-se-á um novo nível de consciência.

Com a polaridade Leão/Aquário equilibrada, poderão expressar um sentido de autoridade natural, e os medos do fracasso desaparecerão. Se o Leão/Aquário parar e observar o comportamento de reação e de defesa, poderá vislumbrar a intenção da sua alma de crescimento nesta vida. O desejo do Leão/Aquário de governar e de servir será manifestado com humildade e sensibilidade. Este equilíbrio trará a *doação inovadora*.

Virgem e Peixes

Serviço Desinteressado

Virgem/Peixes acessa a alma com amor e o serviço desinteressado.

A Virgem produtiva, um signo de purificação, combinada com o imaginativo Peixes transforma esteticamente qualquer coisa que toque numa forma superior. Vários grandes músicos, artistas e escritores são Virgem/Peixes. São signos da capacidade e da habilidade, e será que a arte existe sem a técnica?

Peixes é um signo do processo criativo, e a polaridade com Virgem é muito necessária para adicionar estilo e apresentação. Peixes pode ter uma idéia maravilhosa e deixar que ela flutue para o éter sem reivindicá-la. Os virginianos, com uma mente racional e atenção meticulosa aos detalhes, são mes-

358 ♍ ♓ **Signos da Alma**

tres em criar metodicamente um procedimento para conseguir o melhor produto possível. Entretanto, sem o talento para a criação do Peixes, a apresentação visual é pobre, e não agrada esteticamente. É interessante notar que a palavra *arte* (em inglês *art*), que é sinônimo de criatividade, um poder de Virgem/Peixes, soa bem semelhante a *coração* (em inglês *heart*), e *art* é também a segunda pessoa do verbo ser na sua forma arcaica. O dom da arte é divinamente inspirado. Temos de tirar os nossos egos do caminho para sermos mestres nas profissões artísticas. Então a arte, a criatividade e o amor estarão todos ligados ao nosso poder da alma.

A humildade é um atributo de ambos os signos. A sua ideologia é a fé, a graça e a redenção. Virgem/Peixes possui uma tendência para mergulhar na vibração dos outros. Isto é bom, porém há que estabelecer os limites em ambos os signos ou vocês tornar-se-ão vítimas dos altos ideais e ficarão sem defesas. O poder da alma da discriminação da Virgem ajuda a definir a ação apropriada, e o poder da alma da empatia do Peixes traz um espírito de gentileza e misericórdia, e o benefício da dúvida. A Madre Teresa de Calcutá, uma virginiana, foi o exemplo perfeito da combinação desses dois signos. O seu serviço desinteressado ajudou a muitas pessoas, e ela continua a ser uma inspiração para todos nós.

Toth/Hermes e o mago Merlin são tipos virginianos. Estes grandes seres da mitologia pertencem ao nível mais puro da integridade. Ensinaram deuses e reis a serem mais conscientes — a saberem que todas as formas de matéria e todos os seres vivos são padrões de consciência divina. Toth ensinou a Ísis, um tipo virginiano feminino, como curar pelo som quando seu filho Hórus foi picado por um escorpião. Mais tarde, Ísis passou a informação às pessoas para que não perdessem

O Seu Signo Solar e o Seu Oposto ♍ ♓ 359

seus filhos dessa forma horrorosa. Merlin foi o mestre e mentor do Rei Artur, embora tenha perdido os seus poderes por um tempo quando permitiu que Morgana, a fada, que era na verdade uma feiticeira, o seduzisse. Os virginianos podem ser ocasionalmente muito ingênuos. Será uma espiral descendente se vocês permitirem que o bloqueio do ego do escapismo do Peixes os iluda.

Vários piscianos e virginianos possuem vícios de drogas e álcool. O amor também pode ser tão vicioso quanto qualquer substância. Quando a Virgem está equilibrada com o Peixes, vocês têm fatos e sentimentos no seu nível mais elevado, e o poder da alma da discriminação da Virgem traz o comprometimento necessário para serem íntegros e sensatos em todos os casos.

É o altamente habilidoso Virgem/Peixes que aprende como sair da lógica e seguir a sua intuição. Vocês são signos mutáveis e devem aprender com os seus erros. Virgem/Peixes precisa superar a tendência da autonegação. Devem se entregar às suas almas com os ideais mais elevados, ou poderão causar muitos danos a si próprios e aos seus entes queridos. A mestra Gurumayi Chidvilasananda disse: "Sabemos que Deus está em nossos corações; o próximo passo da compreensão é: estamos no coração de Deus." Virgem e Peixes são signos transcendentes. Vocês abrem a porta para novas dimensões e para outros planos da conscientização. Devem agir em harmonia com os seus princípios mais elevados. A humildade constrói o palco para a cura, e o *serviço desinteressado* é a chave.

Bibliografia

Adams, Evangeline. *Astrology: Your Place in the Sun*. New York: Dodd, Mead & Company, 1927.

Baigent, Michael. *From the Omens of Babylon: Astrology and Ancient Mesopotamia*. Londres, Inglaterra: Arkana/Penguin Books, 1994.

ben Shimon Halevi, Z'ev. *The Anatomy of Fate: Kabbalistic Astrology*. York Beach, Maine: Samuel Weiser, 1978.

Bills, Rex E. *The Rulership Book*. Richmond, Va.: Macoy Publishing & Masonic Supply Co., 1976.

Blum, Ralph. *O Livro das Runas*. Rio de Janeiro, Brasil: Bertrand Brasil, 1990

Bogart, Gregory C. *Astrology and Spiritual Awakening*. Berkeley, Calif: Dawn Mountain Press, 1994.

Bucke, Richard M. *Cosmic Consciousness*. Secaurus, N.J.: University Books, 1961

Burt, Kathleen. *Archetypes of the Zodiac*. St. Paul, Minn.: Llewellyn Publications, 1988.

Campbell, Joseph. *O Herói de Mil Faces*. São Paulo: Pensamento, 2000.

Capt, E. Raymond. *The Glory of Astrology*. Thousand Oaks, Calif.: Artisan Sales, 1976.

362 Signos da Alma

Chapple, Christopher. *Karma and Creativity.* Albany, N.Y.: State University of New York Press, 1986.

Chidvilisananda, Swami. *Inner Treasures.* South Fallsburg, N.Y.: SYDA Foundation, 1995.

Cornelius Geoffrey, Maggie Hyde and Chris Webster. *Introducing Astrology.* New York: Totem Books, 1995.

Davidson, Ronald C. *Astrology: Complete Instructions for Casting Your Own Horoscope.* New York: Arco, 1975.

Elwell, Dennis. *Cosmic Loom.* Londres, Inglaterra: Unwin Hyman, 1987.

Erlewine, Stephen. *The Circle Book of Charts.* Ann Arbor, Mich.: Circle Books, 1972.

Fillmore, Charles. *The Twelve Powers of Man.* Unity Village, Mo.: Unity Books, 1989.

Fontana, David. *The Secret Language of Symbols.* San Francisco: Chronicle Books, 1994.

George, Llewellyn. *A to Z Horoscope Maker and Delineator.* St. Paul, Minn.: Llewellyn Publications, 1910.

Green, Jeff. *Pluto: The Evolutionary Journey of the Soul.* St. Paul, Minn.: Llewellyn Publications, 1987.

Greene, Liz. *A Astrologia do Destino.* São Paulo, Brasil: Editora Cultrix, 1987.

Grof, Stanislav, ed. *Ancient Wisdom, Modern Science.* Albany, N.Y.: State University of New York Press, 1984.

Guttman, Ariel e Kenneth Johnson. *Mythic Astrology.* St. Paul, Minn.: Llewellyn Publications, 1993.

Hall, Manly P. *The Secret Teachings of All Ages.* Los Angeles Philosophical Research Society, 1978.

——. *Astrological Keywords,* 7ª ed. Los Angeles: Philosophical Research Society, 1973.

Hastings, Arthur. *With the Tongues of Men and Angels.* Fort Worth, Tex.: Holt, Rinehart & Winston, 1991.

Judith, Anodea. *Wheels of Life.* St. Paul, Minn.: Llewellyn Publications, 1988.

Jung, Carl. *Memórias, Sonhos e Reflexões.* Rio de Janeiro, Brasil: Imago, s.d.

Bibliografia 363

Lubicz, Isha Schwaller. *The Opening of the Way*. Rochester, Vi.: Inner Traditions International, 1981.

MacNaughton, Robin. *Power Astrology: Make the Most of Your Sun Sign*. New York: Pocket Books, 1990.

Mambert, W. A., e B. Frank Foster. *A Trip into Your Unconscious*. Washington, D.C.: Acropolis Books, 1973.

Mann, A. T. *The Round Art*. New York: Mayflower Books, 1979.

Meditations on the Tarot: A Journey into Christian Hermeticism. Rockport, Maine: Element, 1993.

Mitchell, Eric A. *Power: The Power to Create Your Future*. St. Paul, Minn.: Llewellyn Publications, 1990.

Muktananda, Swami. *Play of Consciousness*. South Fallsburg, N.Y.: SYDA Foundation, 1978.

Pagan, Isabelle M. *The Signs of the Zodiac Analysed*. Londres, Inglaterra: Theosophical Publishing House, 1911.

Price, John Randolph. *The Super Beings*. Austin, Tex.: Quartus, 1981.

——. *The Planetary Commission*, Austin, Tex.: Quartus, 1984

Sakoian, Frances e Louis S. Acker. *The Astrologer's Handbook*. New York: Harper & Row, 1973.

Sedgwick, Phillip. *The Sun at the Center*. St. Paul, Minn.: Llewellyn Publications, 1990.

Sitchin, Zecharia. *Divine Encounters*. New York: Avon, 1996.

Smith, Huston. *Forgotten Truth*. New York: Harper Collins, 1992.

Steiger, Brad. *American Indian Magic*. New Brunswick, N.J.: Inner Light Publications, 1986.

Steiner, Rudolf. *Knowledge of the Higher Worlds: How It Is Achieved*. Londres, Inglaterra: Rudolf Steiner Press, 1969.

Szanto, Gregory. *The Marriage of Heaven and Earth*. Londres, Inglaterra: Arkana, 1985.

Thompson, Richard L. *Identidades alienígenas*. Rio de Janeiro, Brasil: Nova Era, 2002.

Trevelyan, George. *A Vision of the Aquarian Age*. Walpole, N.H.: Stillpoint Publishing, 1984.

Waterman, Robert D. *Self-Forgiveness: An Act of Life*. Santa Fé, N.M.: Southwestern College of Life Sciences, 1976.

364 Signos da Alma

Watts, Alan. *The Wisdom of Insecurity*. New York: Vintage, 1951.

Wegner, Fritz. *Heaven on Earth*. Boston: Little, Brown, 1992.

West, John Anthony. *The Case for Astrology*. Londres, Inglaterra: Arkana, 1991.

Wilber, Ken. *The Spectrum of Consciousness*, 2d. ed. Wheaten, Ill.: Quest Books, 1977.

Yogananda, Paramahansa. *Autobiografia de um Iogue*. São Paulo, Brasil: Summus Editorial, 1981.

Este livro foi composto na tipologia Revival, em
corpo 11/15, e impresso em papel off-white
80g/m² no Sistema Cameron da Divisão
Gráfica da Distribuidora Record.

Você pode adquirir os títulos da Nova Era
por Reembolso Postal e se cadastrar para
receber nossos informativos de lançamentos
e promoções. Entre em contato conosco:

mdireto@record.com.br

Tel.: (21) 2585-2002
Fax: (21) 2585-2085

*De segunda a sexta-feira,
das 8h30 às 18h.*

Caixa Postal 23.052
Rio de Janeiro, RJ
CEP 20922-970

Válido somente no Brasil
www.record.com.br